ASAHI SENSHO
朝日選書
1019

# 貧困・介護・育児の政治

## ベーシックアセットの福祉国家へ

宮本太郎



朝日新聞出版

貧困・介護・育児の政治　ベーシックアセットの福祉国家へ――目次

図表作成　報図企

# 貧困・介護・育児の政治

ベーシックアセットの福祉国家へ

宮本太郎

# 序

## コロナ禍が指し示したもの

「外」からの危機は、社会の「内」なる脆弱さを照らし出す。

二〇二〇年に起きた新型コロナウイルスのパンデミックもまた、この国の貧困政治、介護政治、育児政治が達成してきた制度の現状をくっきりと示した。

コロナ禍の打撃をもっとも強く受けたのは、非正規雇用、フリーランス等の不安定就労層、低所得世帯の人々であった。安定した仕事に就くことができず、さりとて福祉の受給条件にも合致しない、いわば制度の狭間にいる人々を、本書は「新しい生活困難層」と呼ぶ。

この層の人々は、経営の悪化に伴い容易に休業に追い込まれ仕事を失い、補償を受けることにも困難が伴う。感染リスクが高い仕事に就いている場合も多い。

「新しい生活困難層」は、すでにバブル崩壊後の一九九〇年代半ばから増大し、旧来の制度が対応できていないことがしだいに明らかになっていた。そして、二〇一五年にようやくこの層を射程に入れた生活困窮者自立支援制度が施行された。

にもかかわらず、生活困窮者自立支援制度でも所得保障の機能は弱く、現金給付は求職中の家賃補助である住居確保給付金に限られていた。

コロナ禍に際して、住居確保給付金の給付対象は在職中の人も含めて拡大された。けれどもこの給付の範囲や水準は十分とはいえず、「新しい生活困難層」が急速に困窮の度合いを深めた時、これに生活福祉資金の特例貸付や自治体による上乗せ給付などを加えても、生活の維持はしばしば困難になった。

住居確保給付金には、二〇二〇年度の第二次補正予算で七三億円の財源が準備された。他方で同じコロナ危機への対応でも、経済産業省が所管する事業者向けの家賃支援給付金の財源は二兆二四二億円で、リクルート社への委託金だけで九四二億円であった。

もちろん単純な比較はできないが、経済政策と貧困対応はなぜここまで「桁違い」になるのか。複雑な思いにとらわれるのは筆者だけではなかろう。

貧困政治における制度改革の進行に比べると、この数十年の間に、介護保険制度を定着させてきた介護政治、子ども・子育て支援新制度を施行させた育児政治の展開は、より根本からの制度転換であったようにみえた。

だが、新型コロナウイルスの感染拡大で揺るがされると、諸制度の基盤は依然として脆弱であることもはっきりしてきた。

二〇二〇年四月の政府による緊急事態宣言に前後して、保育園や認定こども園の登園自粛要請や臨時休園、高齢者の「通いの場」やデイサービスの縮小などが相次いだ。

育児や介護の現場は、公定価格を基礎に決められる賃金の低さなどから慢性的な人手不足で、ぎりぎりのシフトでサービスを提供してきた。「通いの場」は、介護保険財政の切迫もあり、自治体がボランティアなどに依拠する地域支援事業として取り組まれた。

保育士が自身の子どもの臨時休校で出勤できなくなったり、住民によるボランティアへの参加が少なくなると、育児や介護のサービスはたちまち立ちゆかなくなる。

福祉制度の支えを外された家族のケア負担は高まり、テレワークで仕事の場にもなっていた家庭では、時にストレスが極限に達した。全国認定こども園協会が二〇二〇年五月から六月にかけて行った調査では、保護者の六〇%以上が「怒りっぽくなった」と答え、「子どもを叩いた。叩きそうになった」も一五%を超えた。

**なぜ貧困、介護、育児か**

本書は、日本における貧困、介護、育児の政治について、その対立構図を明らかにしながら、何がどこまで達成され、なぜどこで歩みが止まっているかを示す。

とくに生活困窮者自立支援制度、介護保険制度、子ども・子育て支援新制度を中心に、社会的投資や準市場という視点からその可能性を検討する。そして最終的には、ベーシックアセットという考え方に、福祉国家と社会民主主義再生の手がかりをみいだしていく。

こう述べただけで、説明しておくべきいくつものポイントが浮かんでくる。

なぜ貧困、介護、育児なのか。政治の対立構図というが、この三つの制度をめぐって明確な対立軸はあるのか。とくに社会民主主義の影響力などこれまであったのか。そして、準市場や社会的投資とはどのような仕組みで、日本の制度にどこまで当てはまるのか。ベーシックアセットとはいったい何か。

そもそも、貧困、介護、育児という言葉の並び方に、違和感をもつ人もいるのではないか。この三領域は、政治と行政の都合による制度の不必要なまでの複雑さもあって、通常は別々に論じられることが多い。

介護保険制度と子ども・子育て支援新制度は、多数の人が必要とする「普遍主義的なサービス給付」であるのに対して、貧困関連の制度は、生活保護制度が象徴するように、認定された「弱者」だけに対する「選別主義的な現金給付」という印象も強い。

だが、サービスか現金給付かという点からいえば、介護のサービスは年金給付と不可分であるし、保育サービスについても育児休業給付金や児童手当は一体である。他方で貧困関連の制度においても、生活困窮者自立支援制度のような支援サービスが重要になっている。

また、普遍主義か選別主義かという区別を超えて、これらの制度は相互に密接に関係している。たとえば二〇四〇年には未婚、離別の（つまり寡婦年金のない）高齢単身女性の四割が生活保護受給水準以下の収入に落ち込む、というシミュレーションがある（稲垣　2018）。介護保険制度が、誰でも利用する普遍主義的な制度であろうとしても、このように困窮と格差が広がるなかでは、利用者負担や保険料が払えない低所得層が制度から排除されてしまう。

さらに重要なことは、貧困、介護、育児の制度は、必要とする人に最適なサービスを、当事者の選択もふまえていかに提供するか、という共通の課題を抱えている点である。

介護保険制度や子ども・子育て支援新制度では、そのために準市場という仕組みが提起された。準市場とは、後で説明するように、公的財源による福祉制度のなかで市場的な選択の自由を実現しようとする仕組みである。貧困の分野でも、生活困窮者自立支援制度は、行政が生活困窮者を一方的に保護するのではなく、包括的相談支援で必要なサービスや所得保障につなぐことを目指す。このように人々の力を引き出し高めながら社会参加を広げていく福祉のかたちを社会的投資という（三浦編　2018）。

準市場がいわば「下から」の人々の選択によって、社会的投資はどちらかといえば「上から」の働きかけでという違いはあるが、二つの仕組みが目指すのは、当事者の事情に適したサービスと所得保障を実現し、人々が積極的に社会参加できる条件を提供していくことである。こうした保障が本書のいうベーシックアセットの考え方である。

## 政治の対立軸はあるのか

本書は、貧困、介護、育児の政治に、社会民主主義、経済的自由主義(新自由主義)、保守主義の対立をみいだす。この三つの潮流は、これまで福祉国家のあり方を決めてきた基本的立場である。

日本の福祉政治にそんなに明確な対立構図があるのか、と首をひねる読者もおられよう。介護政治では、高齢者が住み慣れた地域で最後まで元気で、という主張がどこからも聞こえてくるし、育児政治では、待機児童解消が超党派的な目標になっているようにもみえる。政治がこうした分野で何を争っているのか分かりにくい。

三つの潮流などあるのか。これまでは、社会民主主義といえば大きな政府で高福祉、経済的自由主義は小さな政府で市場原理優先、保守主義は家族やコミュニティの役割強調というのが典型的な主張であった。

日本では、もともと社会民主主義、経済的自由主義、保守主義の(それぞれに近い)立場は、政党ごとにではなく、自民党や旧民主党のなかに混在し、ここに行政や関連団体なども絡むかたちになっていて、対立の構図が読みとりにくかった。

加えて、今日の福祉政治における三潮流の対立は、単純に政府か市場か家族か、いずれかの選択というむき出しのかたちはとらない。よほど極端な立場でない限り、政府と市場、そして部分的には家族が連携する制度を構想せざるをえない。

こうした点で、たしかに対立軸はみえにくい。だが、決して対立が緩和されたわけではない。介護政治や育児政治においては、先に触れた準市場のあり方をめぐって、政府責任の貫徹したものにするか市場原理に近づけるかが分岐する。貧困政治においては、「自立支援」かベーシックインカムかが争われているようだが、実はそれぞれの提起のなかに、公的支援を優先する立場と自己責任重視の立場が隠れている。

似たような主張にみえて、実態としてはまったく異なった内容になりうるからこそ、そこを見分けるフレームが大事なのである。

**日本における福祉資本主義の「三つの世界」**

社会民主主義、経済的自由主義（新自由主義）、保守主義は、福祉政治が展開するなかでその時々に表明される立場である。だが、貧困政治、介護政治、育児政治の分析をすすめると、それに留まらず、社会民主主義、経済的自由主義（新自由主義）、保守主義のいずれかの主張が、とくに通りやすくなる、あるいは前面に出てくる局面ないし「パターン」ともいうべきものがあることに気づかされる。

本書ではそれらを、「例外状況の社会民主主義」「磁力としての新自由主義」「日常的現実としての保守主義」と呼ぶ。

## ①　例外状況の社会民主主義

介護政治において、介護保険制度が実現していったのは、一九九三年に非自民連立政権が成立し、その後、自民党・社会党（その後に社会民主党）・さきがけの連立政権へ移行するという状況の下でであった。

育児政治において子ども・子育て支援新制度が、貧困政治で生活困窮者自立支援制度がうみだされたのも、二〇〇九年から二〇一二年にかけて、民主党と自民党の間で政権交代が繰り返されるなかでであった。

すなわち二〇〇九年前後の自民党は、構造改革路線への世論の反発などもあって政権を失いかねない状況にあった。また民主党政権は、成立してしばらくすると、マニフェスト路線を維持できないという危機的状況に陥った。

筆者はこの時期、自民党政権下であれ民主党政権下であれ、社会保障改革に関する政府の諸会議で、社会民主主義的な観点に近い提言を重ねたが、予想以上に議論が受け入れられたと思う。

つまりこの国で、福祉の機能強化を唱える主張が前面に出たのは、政治的な例外状況のなかにおいてなのであり、社会民主主義的施策はいつも「例外状況の社会民主主義」の枠内にとどまるのである。

ここで例外状況という時には、もう一つ重要な共通項がある。二つの時期には社会民主主義的傾向をもった施策が実際に制度化されていったが、その際に、財務省（介護保険法の時には大蔵省）は、その制度化の動きに少なくとも反対はしなかった。もちろん、諸施策が増税のためのカードとして使えるという思惑があってのことである。

介護保険制度導入時には、消費税を三％から五％に、子ども・子育て支援新制度の導入時には消費税を一〇％に引き上げようとする財務省（大蔵省）が、政治的例外状況のなかで社会保障の機能強化を増税とむすびつけようとしたのである。そして時々の政権および厚生労働省（厚生省）と連携を試みた（岸　1998：清水　2015b）。

ところがいったん制度が導入され、他方で政治が相対的に安定すると、今度は財政当局は支出抑制に舵を切り、一連の政策には新自由主義的な圧力がかかり始める。当初掲げられた政策の社会民主主義的理念は、しだいに揺らぎ始める。

ただし、こうした経緯から「例外状況の社会民主主義」そのものが、増税のための「仕込み」であったかのようにいう議論もあるが、それは間違っている。

積み重ねられてきた政策の可能性や、そこに向けられてきたエネルギーを頭から否定するならば、いつまでも新たな制度転換の入り口に辿り着くことはないであろう。

### ②　磁力としての新自由主義

「例外状況の社会民主主義」の後に、新自由主義的な圧力が復調するというパターンがみいだせると述べた。

だがそれは、一貫したイデオロギーとしての新自由主義が、市場原理を信奉する「新自由主義者」たちに担われ、政治過程をもくろみ通りに操っているという構図ではない。そうであるならば、そのような「新自由主義者」たちがいなくなれば、経済自由主義的な政策展開は止まることになる。新自由主義的施策が優位に立つ現実は、ある意味ではもっと構造的で、根深いものである。それは、「磁力としての新自由主義」ともいうべきものである。

ここで「磁力としての新自由主義」とは、ある政策がそれ自体として市場原理主義を打ち出していなくても、制度の運用の実際が、鉄粉が磁石に引き寄せられるように、新自由主義的な方向を辿ってしまうことをいう。

政策を具体化し執行する際に、それに関わる人々が、新自由主義をとくに信じていなくとも（たとえ違和感をもっていても）、日常の業務を遂行し評価を受ける上で、さらには過度な摩擦を避けるために、新自由主義的な方向でものごとをすすめざるをえなくなる、という構造である。

本書は、この新自由主義をうむ磁力の源泉として、①国と地方の長期債務（および負担を回避するグローバルな資本）、②有権者、納税者の社会保障制度と税制への不信、③自治体の制度構造、をみいだす。

磁力などという比喩に頼ると、いささかトリッキーな議論に聞こえるかもしれない。だが、たとえば行政学の政策実施研究などでは、行政の資源や制度構造から、政策の実施にバイアスがかかっていくことは日常的にあることとみなされている（リプスキー　1998：関　2012)。

こうした「磁力としての新自由主義」の構造については第二章で詳しく検討する。

新自由主義的な影響力が優位になりやすい構造を、資本主義のシステムに還元させて説明する議論もある。マルクス主義的な立場から国や自治体の政策を批判する論者に多い。とくにグローバル化した資本主義というシステムでは、グローバル資本の利益がすべてを方向づけるとされる。

こうした新自由主義万能論にかかると、介護保険制度や子ども・子育て支援新制度も、福祉に利用者と事業者の契約関係を導入した時点で、すでに新自由主義の道を走り始めていることになってしまう。そして生活困窮者自立支援制度など、生活保護削減に向けた策謀として切って捨てられる。

もちろん、福祉政治において資本の権力の存在はきわめて大きい。新自由主義的な政策に利益をみいだし、その実現のために働きかける勢力も、確実に存在する。だが、福祉政治を始めから終わりまで新自由主義が仕切っているかの議論は正しくない。

たとえ様々な欠点や限界があっても、積み重ねられ、達成された制度の可能性をきちんと評価することが必要である。

保育や介護の利用者が、契約関係でサービスを選択できるようにすることは、公的財源が保障される限り、新自由主義ではなく利用者の影響力拡大である。生活困窮者自立支援制度の現場では、むしろ多くの人を生活保護につなげている。

大事なことはこうした制度の可能性を十分に開花させていく道筋をみつけることである。

## ③ 日常的現実としての保守主義

いずれにせよ、「磁力としての新自由主義」が幅をきかすことで、子育て、介護、困窮に関して自助と家族で切り抜けるしかない、という場面も増える。

子ども・子育て支援新制度が二〇一五年に施行されたにもかかわらず、すでに翌年には「保育園落ちた日本死ね」というブログが国会で取り上げられ、流行語大賞のトップ一〇入りをした。

そして介護保険制度の施行後二〇年以上が過ぎた今、学業を犠牲にして介護を担う「ヤングケアラー」が注目される（澁谷 2018）。二〇二〇年の毎日新聞などの調査では、介護保険のケアマネジャーの一六・五％がこうした「ヤングケアラー」のいる世帯を担当したことがある、と答えている（毎日新聞、二〇二〇年八月一一日朝刊）。

また、老老介護を超えて認知症当事者が認知症当事者を介護する「認認介護」が話題となる。やや古いデータになるが、二〇一〇年に自治労山口県本部が県内の居宅介護支援事業所と訪問看護事業所に対しておこなった調査では、二四・五％にあたる老老介護世帯のうち一〇・四％が認認介護であるという結果となった。

さらに、八〇代の老親の年金収入に依拠して五〇代の息子娘世代がひきこもるような事例を「8050問題」と呼ぶようになった。無職で独身の四〇代から五〇代の子が高齢の親と同居し生活費を親に頼っている家庭は、約五七万世帯に及ぶという推計もある（朝日新聞、二〇二〇年三月三〇日いる。

朝刊）。ここに老親からすれば孫の世代も絡んで、「８０５０２０問題」などという言い方も現れている。

結果的に地域では「日常的現実としての保守主義」が既成事実化することになる。

ここで「日常的現実としての保守主義」といっているのは、介護保険制度や子ども・子育て支援新制度が成立した後も、家族負担を軽減するに十分な公的給付を得ることができず、最後は家族に頼るか自助しかないという現実が広がってしまっていることを指す。

この点に関して、国立社会保障・人口問題研究所の「生活と支え合いに関する調査」の結果は興味深い。

困りごとについて、頼れる人が「いる」と答えた人に誰を頼るかを問うたところ、「家族・親族」が突出して多く、「子どもの世話や看病」は七五・三％、「（子ども以外の）介護や看病」は六七・五％、「いざという時のお金の援助」で七七・二％であった。もっとも低所得の層（所得第１十分位）では、そもそも「頼れる人」がいないという回答が多かった（国立社会保障・人口問題研究所 2019：30–34）。

自助頼み、家族依存が日常化することで、税や制度への不信が募り、他者との連帯が広がらず、これが政治にフィードバックして「磁力としての新自由主義」を強める。このような負のサイクルが循環しているようにみえる。

これを「日常的現実としての保守主義」と呼びたい。

かつて、一九七〇年代の終わりに、大平正芳政権のブレーンなどを中心に、欧米の福祉国家の様々な問題点をあげながら、「日本的」な家族やコミュニティさらには企業福祉の優位性が謳われたことがあった。いわゆる日本型福祉社会論である（堀 1981）。

これに対して、今日の「日常的現実としての保守主義」は、保守主義といっても家族主義の規範が共有されているわけではない。「認認介護」や「ヤングケアラー」、さらには「８０５０」家族が、家族のかたちとしてどうなのか。まっとうな保守主義者であれば、むしろこれらを「伝統的家族」からの容認しがたい逸脱とみるであろう。

## 「例外状況の社会民主主義」を超えて

本書は、貧困、介護、育児の政治の展開を整理し分析することを目的としている。必ずしも具体的な政策提起を目指すものではない。ただし、福祉政治の客観的分析から、社会民主主義的な福祉国家再生への手がかりを得たいとも考えている。分析の客観性と規範的な提起は矛盾するものではない。

政治と行政の流れをみると、「例外状況の社会民主主義」の脆弱さから、「磁力としての新自由主義」がこれを侵食している。そして地域社会の実態としては、「日常的現実としての保守主義」が広がっている。ところが、私たち自身が依拠する価値原理については、むしろ私たちは生活保障を支える原理について、何かの価値を積極的に選び取る機会を奪われてきたのではないか。

選択の機会を奪われたのは、社会民主主義的な公正の価値だけではない。経済的自由主義の効率という価値や保守主義の伝統という価値もまた空洞化していった。

本書がこれから示そうとしている点でもあるが、貧困、介護、育児の政治をとおしてうみだされてきた諸制度においては、社会民主主義的な価値が貫かれているわけではないが、かといって、市場原理主義的な効率が高まっているわけでもない。

介護や育児の負担に追われ続ける人々の日常が大きく変わらなければ、福祉や社会保障についての無力感、諦めの気持ちのみが膨らみ、人々の間の連帯感も高まらず、結果的に「磁力としての新自由主義」をさらに増幅させるであろう。

今、日本社会で分断が生じ、政権の評価等をめぐってネット上での罵り合いが続くのは、実は深い価値対立があるからではない。まっとうな社会的価値の対立ならば、妥協点を探ることも可能になる。実際のところ多くの福祉国家は、そのような政治的妥協の結果として形成されてきた（エスピン－アンデルセン　2001）。

だが、今日の日本では、多くの人々はこうした社会的価値選択の機会を奪われ、ぽっかり空いた空虚さを、相手への直感的な違和感や反感・憎悪で埋めている。その結果としてのぶつかり合いは、いわばそれ自体が目的であり、充足感の源なのであるから、妥協や合意形成などありえない。

同時にここで強調しておきたいことは、積極的価値選択の機会こそ創り出されなかったものの、これまでの貧困政治、介護政治、育児政治は無意味なもので、制度の「がれきの山」だけを残したというわけでは決してない、ということである。

介護保険制度、子ども・子育て支援新制度、生活困窮者自立支援制度などは、いずれも大きな可能性をもった制度であった。そのポイントは、最適なサービス（および現金給付との組み合わせ）をいかに必要としている人につなげるか、そして人々の（あるいは子どもたちの将来の）積極的な社会参加をどうやって可能にするか、ということである。こうした諸制度の本来の可能性は、先に述べたような政治循環もあって、十分に引き出されてはいない。

私たちは、この三つの制度を始め「例外状況の社会民主主義」のなかで提起されてきた一連の構想を、その果たすべき機能を改めて確認した上で、いわば新たに「選び直す」必要があるのではないか。

本書は、こうした諸制度の可能性を準市場や社会的投資という考え方も参照しながら検討していく。こうした制度を「選び直す」とはどのような福祉のかたちに向かうことなのか。

しばしば誤解を受けるが、準市場とは市場に準じた制度という意味ではない。もともとは社会政策学者ジュリアン・ルグランらが、旧来の社会民主主義を乗り越える、という意図から構想した考え方である。ルグランらは、福祉国家が福祉受給者を受け身の存在としてきてしまったことを批判しつつ、同時に新自由主義とは違うかたちで社会保障の将来を展望しようとした（Le Grand and Bartlett 1993：ルグラン　2008）。

そのために提起されたのが、公的財源により、ＮＰＯや協同組合もサービス供給に加わり、市民がサービスを選択できる準市場の仕組みであった。

ただし、準市場改革がうまくすすんでも、困窮と格差が広がる現状が放置されれば、市民のサービス選択は宙に浮く。そこで準市場と並んで本書が注目するのは、北欧の社会民主主義が貧困抑制の手段としてきた社会的投資という方法である。

社会的投資とは、困窮に陥ってからの救済より、事前の予防や能力形成に力を入れることを指す。具体的には、リカレント教育（生涯教育）、職業訓練、子どもたちのための就学前教育などが重視された。

しかしながら、北欧流の教育や訓練をそのまま日本で実施しても、たちまち皆が元気になって生活が安定するということには残念ながらならないだろう。

「新しい生活困難層」の抱える困難はより複合的で重い。少なくともこれまでの北欧の社会的投資は、グローバルな市場経済で活躍できる人的資本の育成を目指してきたのであり、格差が広がった日本の現状にはマッチしない面がある。

今日の日本で単純に北欧流の社会的投資を目指すと、相対的に恵まれた層だけが教育や訓練を利用できるという「マタイ効果」が生じてしまう。

「新しい生活困難層」が抱える問題群に、相談支援でより丁寧に向き合い、就労を含めて社会参加の回路ももっと多様にしていこうとするのが、第二章で提起する地域密着型の社会的投資なのである。

二〇一五年に施行された生活困窮者自立支援制度や、二〇二〇年の社会福祉法改正等で提起されている「地域共生社会」のビジョンは、包括的な相談支援と多様な参加の場づくりを目指すという点で、地域密着型の社会的投資に発展していく可能性をもっている（宮本 2020b）。

準市場であれ、地域密着型の社会的投資であれ、最適なサービスと必要な現金給付を組み合わせて人々を社会（コミュニティ）につなぐ、というのが目標である。

**ベーシックインカムよりベーシックアセットを**

こうした内容での政策展開を方向づける上で、大きな示唆をもたらすのが、ベーシックアセットという考え方である。ベーシックアセットとは何か。それは、ベーシックインカムと、イギリスの社会政策学者アンナ・コートらが提起したベーシックサービスとに対置される考え方である。

**表序－1**に示したこの三つの立場の比較検討は、終章にて再度行うが、本書の趣旨を伝えるのに必要な範囲で、ここでも議論をしておきたい。

すべての市民に同額の現金給付をおこなおうとするベーシックインカムについては、今日広範な関心を集めるに至っている。

コロナ禍のなかで、二〇二〇年のイースターでは、ローマ教皇までがベーシックインカムの必要性を説いた。また同年に日本では、竹中平蔵パソナグループ会長もベーシックインカムを提起した

表序－１　ベーシックインカム・ベーシックサービス・ベーシックアセット

| | ベーシックインカム | ベーシックサービス | ベーシックアセット |
|---|---|---|---|
| 原理 | すべての市民に同額の現金給付を | すべての市民に同水準の公共サービスを | すべての市民に基本的なアセットを |
| 正当性 | 現金給付の一律性 | 公共サービスの同質性 | アセットの最適性 |
| 重要視される資源 | 私的資源 | 公的（行政的）資源 | 公・私・コモンズの資源 |
| 分配のあり方 | 再分配 | 再分配 | 再分配と当初分配 |
| 主唱者 | ＢＩＥＮ創設者としてフィリップ・ヴァン・パリース、ガイ・スタンディング等提唱者多数 | アンナ・コートらロンドン大学グローバル・プロスペリティ研究所 | マリナ・ゴービスらカリフォルニア・パロアルトの未来研究所デモス・ヘルシンキ |

出所　Demos Helsinki，2019の表を参照しつつ筆者作成

ことから、新自由主義者のベーシックインカム論として話題を呼んだ。

つまり、一口にベーシックインカムといっても、新自由主義的ベーシックインカムも保守主義的ベーシックインカムもありうるのである。この点は第二章で示そう。

また、ロンドン大学グローバル・プロスペリティ研究所の社会政策学者アンナ・コートらは、ベーシックサービスという考え方を提起した（Social Prosperity Network, 2017）。

ベーシックサービスとは、「すべての人々が、その負担能力の如何に依らず、ニーズを満たす上で基本的で十分なサービスを受けることができる」ということを指す（Coote and Percy, 2020）。ここでサービスとは公共サービスのことで、医療、教育、ケア、住宅、輸送、デジタル情報へのアクセスなどを包括する。

これに対して、ベーシックアセットとは、カリフォルニア州パロアルトの未来研究所（ＩＦＴＦ）やフィンラ

ンドのシンクタンク、デモス・ヘルシンキ等が提起している構想である。

ベーシックアセットの構想は、ベーシックインカムと比べればもちろん、ベーシックサービスに比べても、議論の蓄積は浅く、未だ試論の域を出ていない。

にもかかわらず本書がこの議論に注目するのは、これまで述べてきたように、準市場や地域密着型の社会的投資など、人々を最適な社会保障給付（現金・サービス）につなげる仕組みを大きなビジョンとする際に、有効な枠組みになると考えるからである。

以下、ベーシックアセットとは何かについて、ベーシックインカムおよびベーシックサービスとの比較をとおして整理をしておきたい。

### ①アセットとは何か

アセットとは、もっとも広くは、ひとかたまりの有益な資源という意味である。その点では現金給付も公共サービスもアセットである。

デモス・ヘルシンキのレポートにおける整理を借りれば、ベーシックインカムは、私的アセットとしての現金給付を、ベーシックサービスは、国と自治体の公共アセットを、すべての市民に行き渡らせようとする。

これに対してベーシックアセットの提起者は、今日の社会で焦点となるアセットとして、私的、公共的（行政的）なアセットに加えて、コモンズのアセットを重視する。

ベーシックインカムやベーシックサービスが現金給付かサービスかに絞り込んでいる（ようにみえる）のに対して、現金給付もサービスもコモンズも、というのは「贅沢」な理想論といわれかねないのだが、この点はすぐ後で触れよう。

まずコモンズのアセットについてである。コモンズの概念自体について議論の沿革を辿ることはここではできないが、アメリカの政治学者オストロムらの整理も参考に次のようなものとして理解しておきたい。すなわち、コモンズのアセットとは、誰のものでもなく、オープンで、多くの人がその存続に関わるが、その分、誰かが占有してしまう場合もあるようなアセットである（オストロム／ウォーカー　2000：高村　2012：宇野　2019）。ベーシックアセット論におけるコモンズは、コミュニティ、自然環境、デジタルネットワークなどが念頭に置かれる。

本書の議論との関係でとくに重要なコモンズのアセットは、社会とつながり続け承認を得る（そのことで自己肯定感を得る）ことができる、コミュニティというコモンズである。

今日の政治哲学を代表するジョン・ロールズも、人々に提供されるべき基本財（primary goods）の一つとして「自尊（self-respect）の社会的基盤」をあげ（ロールズ　2004：101）、これを「おそらく最も重要な基本財に数えられる」と述べている（ロールズ　2010：519）。

だが、コモンズとしてのコミュニティをアセットとするというのは、どういうことなのか。政府が人々に所属するべきコミュニティを割り当てる、ということだとすれば、逆に恐ろしいことになってしまう。

コミュニティがアセットとなるということは、決してそのような意味ではない。包括的相談支援のサービス等を受け、人々が自ら帰属したいと考える居場所や職場をみつけ、そこに身を置くことで元気を回復できる、ということである。

### ②コモンズというアセット

デジタルネットワークや自然環境というコモンズについても、私的に占有され侵食されることなく、すべての人々がその恩恵を享受できる条件を確保していくことが、焦眉の急を告げる課題となっている。

たとえば、デジタルネットワークというコモンズを考えよう。デジタルネットワークは、すべての利用者が参加して情報を発信し、あるいは検索等で自らの選好や関心を示すことで成立しているコモンズである。にもかかわらず、コロナ禍のもとで流通・小売業が甚大な打撃を被るなか、巨大ITビジネスのプラットフォーマーだけが莫大な利益を手にした。

であるからこそ、社会学者の大澤真幸は、資本主義の未来についての深い考察の最後に、こうしたコモンズのデータベースやアルゴリズムが私的に所有されていることへの疑問を呈する（大澤2020：54）。

あるいはギリシャの経済学者で財務大臣も務めたヤニス・ヴァルファキスは、コモンズからの収益を独占するITビジネスのプラットフォーマーが、コモンズに参加する人々に正当な「配当金」

（デビデント）を支払うことを求める。ベーシックインカムならぬ「ベーシックデビデント」の要求である（https://www.youtube.com/watch?v=tuoc3cZfaNU）。

配当が直接に、あるいは税負担というかたちで還元されることは、デジタルネットワークがコモンズとして共有される上で、一つのステップとなろう。そしてその先には、デモス・ヘルシンキのユーハ・レッペネンの議論のように、ネットワークを成立させるプラットフォームそのものを共同統治するという方向が提起される（Demos Helsinki, 2019 : 5）。

他方で自然環境というコモンズについては、それが私的利益のために浪費される事態に是正が求められて久しい。

社会保障政策と環境政策の連携を提起する広井良典は、環境税を社会保障財源にすることは、労働への課税から資源消費への課税への転換という点で時代に適合的であると述べている。広井もまた、自然資源は人類共通の資産であるゆえに、そこから利益を得ているものはいわばその「使用料」を払うという考え方が成立するという（広井　2006 : 176–178）。

このように、ベーシックアセット論が重視するコモンズというアセットは、一見漠然としているが、実際には、デジタル課税や環境課税による社会保障財源の確保にもつながり、きわめてリアルで今日的なアセットなのである。

最後の章で触れるが、ベーシックインカム論の代表的論客ガイ・スタンディングも、近著では、自然環境コモンズ、知識や情報コモンズ（デジタルネットワークというコモンズに相当）など、コモンズが私的利益に侵食されていることを議論の出発点に置いている。

そしてベーシックインカムをコモンズの私的占有からの配当と位置づけようとしている。これは見方によってはベーシックインカム論からのベーシックアセット論への接近でもある（Standing, 2019a）。

### ③サービスと現金給付のアセット

ベーシックインカムかベーシックサービスかといった議論を経て、サービスも現金給付もという と、あたかもたいへんな「贅沢」のように響きかねない。

ではベーシックインカムは公共サービスを断念するのか。

アメリカの保守主義的なエコノミストであるマレイのように、少額のベーシックインカムを導入することで、福祉国家のサービスのほとんどを置き換えてしまおうという議論はある（Murray, 2006）。だが、少なくともリベラルなベーシックインカム論者で、公的なサービス給付を全廃あるいは大幅削減してよいという人はいない。

他方でベーシックサービスを主張するコートらも、年金や公的扶助などの現金給付はそれはそれで大切だ、とする。

ベーシックインカムへの敵愾心をあらわにしたグローバル・プロスペリティ研究所の二〇一七年レポートも、イギリスにおけるベーシックサービスのコストを四二一・六億ポンドと試算する一方、年金、児童手当、障害者への現金給付についてそれより多い四四五億ポンドと算定している（Social Prosperity Network, 2017）。

結局は、サービス給付と現金給付の組み合わせなのである。

だが、ベーシックインカム論者もベーシックサービスの提起者も、その組み合わせ方は踏み込んで論じない。定額の現金給付や同水準のサービスというエッジの立った分かりやすさが優先されてしまう。

貧困線を下回る人をなくすベーシックインカムは、欧州諸国ではＧＤＰの二五％を超える財源を必要とするとされる。それゆえに、ベーシックインカムがサービス給付を圧迫することを懸念する論者も少なくないが、それ以上議論がすすまない（Ortiz, et al., 2018）。

ベーシックアセットの提起が、サービスも現金給付もそしてコモンズも、と主張するのは、その点では決して「贅沢」なことではない。

むしろ、私的・公共的（行政的）・コモンズのアセットがいかに積極的に連携するかを示すことが重要なのである。

ただし、サービス給付、現金給付、コモンズ（たとえば帰属するコミュニティ）は、市民に一律に配られるギフトパッケージのようにすでに詰め合わせになっているわけではない。

その内容は一人ひとりの市民の抱えている生きがたさや困難によって異なってくるであろう。筆者は、このアセットの複合性と並んで、人々にとってのアセットの最適性が、ベーシックアセット論の大きな可能性であると考えている。

### ④アセットの最適性

三つの制度の正当性、つまりその制度が受け入れられ支持される上で、何が一番のポイントかという問題を考えよう。

ベーシックインカムは、何よりも同額の現金給付である点が正当性の根拠である。ベーシックサービスについては、同じサービスが給付されるという点にポイントがある。

これに対して、複数のアセットの組み合わせであるベーシックアセットにおいては、一人ひとりが抱える多様な困難に応じて、必要なサービスや現金給付の最適な組み合わせが提供されうることがもっとも重要な点になる。

これまでのベーシックアセットの提起では必ずしも前面に出ていない論点ではあるが、筆者はこの点こそ強調されるべきと思う。

なぜなら、最適な給付が提供されるべきというのは自明なことのようであるが、従来の福祉国家においてそのための仕組みはきわめて弱かったからである。個別のニーズにみあった給付に至るプロセスへの配慮が欠落していたともいえる（菊池　2019 : 70-71）。

従来の福祉国家では、社会保険の制度が産業社会の典型的なリスク（加齢、病気、失業等）に対応し、公共サービスがこれを補完した。

ところが、こうした仕組みでは対処できない多様な複合的困難を抱えた「新しい生活困難層」が増大している。しかもこれからの仕組みは、こうした層を単に保護するというより、その社会参加を支えていく必要がある。

複合的な困難を解きほぐし人々を元気にする、というのは容易ではない。そのために当事者に何が必要かは、誰も自明のこととして分かっているわけではない。

その点は、ソーシャルワーカーなどの専門家も、行政も、NPOなどの支援団体も、そして当事者も同じことである。したがってその都度、サービスや現金給付の最適な組み合わせをめぐって、当事者や家族が模索でき、専門家の相談支援を受け、試行錯誤できる仕組みが求められる。給付に至るそのようなプロセスの設計がますます重要になっている。

国家（政府）の決定にただ服するのでもなく、市場に委ねてしまうのでもなく、準市場や包括的相談支援による社会的投資の仕組みを活かし、新たな仕組みを発展させていく必要がある。本書がベーシックアセットの福祉国家を展望するために、準市場や社会的投資をめぐる政治を素材にするのはそのためである。

### ⑤視点の転換

このように述べてきても、ベーシックアセットという言葉に依然として漠然としたものを感じる場合もあろう。

まず、それではベーシックインカムやベーシックサービスという提起が具体的で明快かといえば、必ずしもそうではない。

ベーシックインカムについては、先にも述べたように、いくつかの変数次第でまったく異なった性格のものになる。新自由主義型にも社会民主主義型にも、さらには保守主義型にもなる。本書の第二章では、何がベーシックインカムの多様性をうむかを整理する。

ベーシックサービスとは何かも、実は曖昧なところがある。もっとも普遍的とされる保育の現場をみるだけで、保護者の働き方、児童の発達障害やアレルギーの有無などに応じて、どれだけ多様で柔軟なサービスが必要とされているかが分かる。

他方で、たとえば障害者のために義肢装具や意思伝達装置を提供するサービスは「特殊」とされがちであるが、誰もがそれぞれの事情に応じたサービスが必要という点では、「特殊」であるのは程度の差にすぎない。

きわめて多様なサービスから、「普遍」的で「ベーシック」な部分だけを切り出すことが可能か。可能であるとしてもそのことにどれだけの意味があるか。

これに対してベーシックアセットは、社会保障給付の内容を鮮明にするということより、給付をめぐる三つの視点の転換に重点を置いた考え方といえる。第一に、コモンズというアセットを視野に入れるという転換である。そして第二に、これに関連して財としてのアセットを社会参加の基本条件と位置づけつつ、第三に、そのためにアセットの複合性と最適性を追求することである。

第一の視点転換であるコモンズというアセットについては先に触れたので、あと二つの点に関して補足しておきたい。

まず第二の視点転換は、アセットという言葉の響きとも関連するが、社会保障の給付を事後的な再分配というより、人々の社会参加を可能にする事前の資源と位置づける視点である。

こうした視点転換について、本書では「事後的補償から事前的予防へ」という転換を説いた社会的投資論の流れと重ねて考えていく（Hemerijck, 2017）。これはアメリカの政治学者ハッカーがいう「再分配」から「当初分配」へという議論とも共鳴する（Hacker, 2015）。

こうした転換を象徴する施策として、分かりやすい例をあげると、たとえばアメリカの憲法学者のアッカーマンとアルストットによる政策提言がある。それは、二一歳の若者すべてに高等教育や事業のためのアセットとして八万ドルを一括給付する、というものである（Ackerman and Alstott, 2000：宮本 2009a：130–132）。これは、若者がその後の人生を切り拓くアセットを給付するという構想である。

ただし通常は、ある給付が事後の「再分配」であるか事前の「当初分配」であるかは簡単に線引きできないことも念頭に置く必要があろう。

第三の視点転換は、すなわちアセットとその組み合わせが人々にとって最適であることを追求することである。旧来の社会保障がこの点で限界があったことは述べた。

実はこの転換は、アマルティア・センが、ロールズの基本財の理論を批判しつつ展開した「潜在能力アプローチ」と重なるところがある（セン　2018：261）。

センは、人々が基本財を活用できる条件は、障害の有無やジェンダー、物的環境や社会的条件で大きく異なっていることを強調した（セン　2011：367-370）。ゆえにセンは、基本財の内容そのものより、それが実際に活用され人々の選択の幅を広げることに議論の焦点を移そうとした。たとえばある仕事をする、旅行をするなど、一定の選択ができるために必要な財の内容や大きさは、人によって違う。センは、ロールズが基本財から出発するのはこの点で限界があるとしたのである（齋藤　2017）。

ただし、こうした議論では、給付の共通の基準を示すことは難しい。したがってセンは、一人ひとりへの財の配分の具体的基準については、あえて踏み込まない（セン　2011：338）。ベーシックアセット論も、アセットの組み合わせや量的な基準については論じていない。

このように、ベーシックアセット論の三つの視点転換はいずれも重要であるが、大きな転換であるがゆえに、具体的な政策として定式化していくことは簡単ではない。サービス給付については、本書が焦点とする準市場や、包括的な相談支援、地域密着型の社会的投資などが重要になる。これらは、誰もが自らのアセットとして、最適なサービスを受けられる条件づくりなのである。

また現金給付については、ベーシックアセットの視点は、ベーシックインカムのような均一給付にこだわるものではない。社会保障の歴史を振り返ると均一の現金給付は、結局はその水準を引き下げようとする政治的な圧力を高める傾向も指摘されている（Korpi and Palme, 1998）。給付の決定やその額が行政の恣意的な裁量に委ねられずに、収入や所得に応じて自動的に決まること、給付対象の絞り込み（ターゲッティング）のプロセスが納得できるものであることが重要なのである。

この点については第二章で改めて述べよう。

**本書の目的と構成**

本書は、福祉政治の展開をめぐってあくまで事実を整理し、何が起こったのかをみえやすくすることを目指している。

議論に先立って、ベーシックアセットといったビジョンにも触れたのは、福祉政治の客観的な分析をすすめるなかで、そこで本来可能であったこと、頓挫したことをとらえ、教訓を引き出していく枠組みとしてである。

ベーシックアセットというのは、遠い夢物語ではなく、ここ三〇年ほどの福祉政治の展開のなかにも、そのような制度に接近するいくつかの入り口があったのではないか。こうした関心から、介護保険制度や生活困窮者自立支援制度などをめぐる政治を振り返ることで、みえてくるものも少なくないと思う。

以上のような問題意識に基づき、本書は次のような構成で議論をすすめる。

第一章では、「新しい生活困難層」の形成という点から日本における生活保障の転換を考える。そして、貧困政治、介護政治、育児政治を分析していく枠組みを示す。

続く第二章において貧困政治、第三章において介護政治、第四章において育児政治の展開を振り返り、そこでいかなる政治と政策の対抗が起きていたか、準市場や地域密着型の社会的投資について、どのような展開があったかを振り返る。

その上で、最終章の第五章において、「例外状況の社会民主主義」を超えた社会民主主義のかたちを考え、ベーシックアセットというビジョンについてもさらにその可能性を探りたい。

# 第一章　「新しい生活困難層」と福祉政治

## 1　転換点となった年

### 一九八九年の物語

一九八九年つまり平成元年は、本書の主題である福祉政治が新たな展開に入る、その起点となった年である。この年は、バブル経済の喧噪がまだ続くなかで、経済破綻の足音もたしかに近づいていた年であった。

世の中は、一見、貧困政治とはまだ無縁のようであった。プラザ合意以後の円高不況は、表層ではバブル景気の狂態に飲み込まれたようにみえた。この年一二月に、日経平均株価は史上最高値の三万八九一五円をつけた。

だがその一方で、雇用の現場では非正規雇用の割合が着実に高まりつつあった。

一九八六年には労働者派遣法も施行されていて、一九八五年から一九九〇年にかけて、正規雇用の増加は一四五万人だったのに対して、非正規雇用の増大は二二六万人になっていた（『平成二五年版労働経済白書』）。パートの求人倍率は、一九八五年が一・五三倍であったのに対して、一九八九年には三・七五倍になっていた（『平成一七年版労働経済白書』）。

この年に介護政治が動き始めた。同年四月、高齢社会の到来に対処する財源確保を理由に、三％の消費税が導入された。夏の参議院選挙で大敗した与党・政府は、消費税の税収を社会保障に充てることをアピールすることに躍起になり、一二月には「高齢者保健福祉推進十カ年戦略」（ゴールドプラン）が策定された。この流れは介護保険制度の導入につながっていく。

育児政治にとっても重要な年であった。この年、一人の女性が産む平均的な子どもの数である合計特殊出生率が一・五七となった。この数字は、「丙午《ひのえうま》」の迷信から出産数がきわめて少なかった一九六六年を下回っていて、翌年に当時の厚生省がこの数字を発表すると、大きな衝撃を呼んだ。一・五七ショックと呼ばれたこの出来事は、その後の育児政治の展開にはずみをつけることになった。

その一九八九年の日本で、「実話」に基づくというある童話がブームになった。

「一杯のかけそば」と名づけられたその童話は、前年大晦日にＦＭ東京の「ゆく年くる年」で紹介され、一月に産経新聞が報じ、ブームに火がついたのである。

この童話は大略以下のような物語であった。

ある大晦日の夜、終業直前の札幌のあるそば屋を六歳と一〇歳くらいの二人の子どもを連れた女性が訪れ、「あのー……かけそば……一人前なのですが、よろしいでしょうか」と注文する。そば屋の主人は、三人の身なりなどをみて密かに麺を半個分増量してそばを出す。三人は一杯のかけそばを囲んで食べる。

「おいしいね」と兄。「お母さんもお食べよ」と一本のそばをつまんで母親の口にもっていく弟。やがて親子は一五〇円の代金を払い、頭を下げて出て行く。

翌年も、翌々年も、この親子連れは大晦日にこのそば屋を訪れ、一杯のかけそばを注文する。店の主人はこの親子がやってくる時間には、値上げしたメニュー表ももとの一五〇円の表に貼りかえ、親子の来店を心待ちにするようになる。

ある大晦日、漏れ聞こえる会話から、父親が事故をおこして死去し、賠償金を払い続ける母子世帯であることが分かる。初めて二杯のかけそばを注文して、借金を完済したことを子どもに話す母親。

「お兄ちゃんは新聞配達をしてがんばってくれてるし、淳ちゃんがお買い物や夕飯のしたくを毎日してくれたおかげで、お母さん安心して働くことができたの」

その後ぱったり親子は現れなくなり、年月がたったある大晦日、スーツ姿の二人の青年が和服姿の女性と共にそば屋に現れる。そして、「あのー……かけそば……三人前なのですが……よろしいでしょうか」と注文する。

一杯のかけそばを注文していた三人であることを知り、オロオロするそば屋の女将。青年の一人は、かけそばを支えにがんばってきたこと、現在は自分は小児科医に、弟は銀行員になっていて、今日は「最高の贅沢」をしようと母親を連れてきたことを告げる。うなずきながら聞いていた女将と主人の目からドッと涙があふれでる（栗 1988）。

誰もが善意で助け合い、貧困に打ち克つこの物語が感動を呼び、フジテレビのワイドショーが特集を組み、「週刊文春」が全文を掲載し、電通が後援をして映画にもなった。

一九八九年二月の衆議院予算委員会では、野党議員が時の総理大臣であった竹下登にこの話を知っているかと尋ねた上で、「新聞などで知っている」という首相の答弁を受け、この童話を時間をかけ読み上げた。涙する議員もいたと伝えられる。

質問した議員は、「人間の善意によって支えられながら励まし合って生きている、必死になって生きている人々の姿が描かれて」いるとこの物語を評した。そして、こうした人々の信頼に応える政治が必要であるとまとめて次の質問に移った。

児童扶養手当の増額であるとか、教育費の家計負担軽減といった議論にはつながらなかった。

**物語の「ツッコミどころ」**

やがて作者についてのスキャンダル報道などと共にブームは去った。

冷静に考えると、これが実話であったかはきわめて疑わしい。少なくともこの物語は「ツッコミどころ満載」であった。

この物語で親子が最初にそば屋を訪れた大晦日は、一九七二年か七三年ごろの設定である。いくら高度成長期であっても、母子世帯の母親が、債務を返済しながら教育費負担を工面して子どもを医師と銀行員にできるどのような職があったか。

一〇歳の兄が八年後の一九八〇年に現役で医学部に入学したとしても、国立大学でも初年度の納付金は三〇万円近くになっていた。母親の就労を支えるため、学童保育を利用することもなく、小学校低学年の弟が家事をいっさい任されたとしたら、それはそれで大きな問題である。

父親との死別で次男が高校卒業時まで母子年金（遺族年金）を受給できていたとしても、当時は母子年金と児童扶養手当との併給は認められておらず、児童手当制度も一九七三年であれば第二子までは給付されていない。

高度成長期に、男性稼ぎ主の雇用に依存した生活保障の仕組みのなかで、もっとも不利な立場の一つが、こうした母子世帯あるいはひとり親世帯であった。

だが、そこに支援が届いていないことへ問題提起がほとんどなされないまま、こうした境遇が「自助」で乗り越えられたという物語が「実話」とされ感動が広がっていたことは、記憶に留めてよい。

仮にこのような必死の「自助」が可能であったとして、この家族のその後はどうであったろうか。介護保険制度の策定にも関わった医師の岡本祐三は、著書の冒頭で「一杯のかけそば」の後日談を次のように想像していた。

母親はやがて仕事を辞めて長男夫婦と同居する。長男の妻は、同居はそう長く続かないものと考えて承諾する。苦労を共にした親子の絆は強く、妻はその空気のなかに入り込めない。やがて同居生活は二五年に及び、母親には認知症の症状が現れる。体調の悪い妻は夫に相談するが、しっかりものの母親像の強い夫は取り合わない。妻のストレスは限界に達し、夫婦仲もおかしくなる……(岡本　1996：6–8)。

### 自助の神話は消えたか

そしてその後、助け合って生きることが困難な家族や、家族をつくることもできない若者たちが、増大していった。

一九八九年に約五五万世帯であった母子世帯(母子のみの世帯)は、二〇一七年には約七七万世帯になった。父親と(死別ではなく)離別した世帯が八割に達しているが、離別世帯に向けられた社会保障給付は少なく、遺族年金も入らないため、所得再分配で貧困率が抑制された効果は二〇一二年で一五%程度に留まる(田宮　2017：26)。ひとり親世帯の貧困率は二〇一五年で五〇・八%と先進国のなかでも突出している。

母子世帯の母親の就業率は、二〇一六年の調査で八一％を超えているが、非正規（パート・アルバイトと派遣）の割合が四八％以上である。他方で、福祉の制度がどれだけ利用されているかというと、児童扶養手当は七三％が利用しているが、生活保護は一一％を少し超える程度である。就労支援を目的とする各種の教育訓練給付金も、受給している世帯は一〇％に満たない（「平成二八年度全国ひとり親世帯等調査結果報告」）。

前述のとおり、高度成長期であっても、旧来の生活保障の仕組みからして、自助の物語には無理があった。雇用の劣化がすすむなかで、自助の神話はもはや成り立たなくなっているのではないか。

ところがそうともいえない。国際社会調査プログラム（ＩＳＳＰ）による意識調査の結果では、日本を「努力すればむくわれる社会」とみるかについて「そう思う」「どちらかといえばそう思う」という回答は、一九九九年には四六％であったが二〇一九年には四九％に増えた。

「人が貧困におちいるのは、努力が足りないからだ」という意見に「そう思う」「どちらかといえばそう思う」は二二％だが「どちらともいえない」が四六％に及ぶ（二〇一九年）。

自助の神話は消えてはいない。

もちろん、慈しみの関係を大切にしたい、前向きに努力したいという人々の気持ちまでも突き放すとすれば、それは正しくなかろう。

要は、自助を称揚し制度の不備にふたをする言説を広げてしまうのか、それとも、人々のこうした気持ちを、未だ実現していない社会に接近するバネにするのか、という問題である。

そのためにも、一九八九年以降の福祉政治が、生活保障のいかなる変容のなかで始まり、何を実現しどこで頓挫しているのかを検証していくことが大事になる。

## 2　日本型生活保障の構造

### 日本型生活保障の三重構造

まず、一九八九年に壊れ始めた旧来型の生活保障を振り返って整理しておこう。

生活保障とは雇用と社会保障を合わせた言葉である。私たちは働くことができるか、それが難しい場合に、社会保障の支えを得ることで、生活することができる。

旧来の日本型生活保障については、筆者はこれまでも論じてきている（宮本　2009a）。あえて単純化すればその特徴は、男性稼ぎ主の雇用保障に特段の力点を置き、家族が扶養される条件を確保するという仕組みにあった。

男性稼ぎ主の雇用保障で家族扶養を支える生活保障とはどのようなものか。それは行政・会社・家族の三層がつながった「三重構造」で成り立っていた。

まず、行政と企業における男性稼ぎ主の雇用のつながりである。先進国のなかでは例外的に、日本では高度成長期をとおして失業率が三％を上回ることはなかった。雇用を解雇規制などで制度的に保障した、というより、護送船団方式の行政指導や業界保護で企業の経営を安定させ、地方の零細な建設業に潤沢な公共事業予算を確保した。

次に、男性稼ぎ主の雇用が家族扶養につながる仕組みである。賃金は大企業に関する限り、年功賃金でありかつ家族扶養分も賃金がカバーする家族賃金であった。欧米であれば家族手当や住宅手当として給付された家族の生活コストが、賃金の一部として支払われたのである。また、同じく社会保障の給付に代わり、扶養に関わるコストが配偶者控除や扶養控除のような所得控除として還元された。

これまでの生活保障は、雇用と家族の安定を前提としつつ、その安定を確保する仕組みを組み込むかたちで成立していたのである。

## 日本型生活保障と社会保険

ただし単純化がすぎると実態をとらえそこねる。雇用保障が社会保障を代替したといっても、日本の生活保障で社会保障が果たした役割もまた無視できない。日本は一九六一年というたいへん早い段階で、国民が皆、医療保険と年金保険に加入するという皆保険・皆年金を実現していた。たしかに支出の規模は小さかったものの、このことの意味は軽視されるべきではない。

「三重構造」は、男性稼ぎ主が定年退職したり病気になるなど、家族扶養の条件を失うと機能しなくなってしまう。ゆえに、男性稼ぎ主の雇用重視の生活保障を完結させる上でも、医療保険や年金保険などの社会保険が不可欠になる。

まだ高度成長も緒に就いたばかりの一九六一年という段階で、すでに成立していた職域保険と並んで、自営業などを対象とした地域保険を成立させるというのは、ハードルが高い課題であった。しかし日本では、多額の税を投入して社会保険財源を補塡することで、皆保険・皆年金を実現した。日本の社会保障が支出の大きさで先進国の水準に追いついたとされるのは一九七三年の「福祉元年」であったが、この時の税支出の拡大も、「五万円年金」や老人医療費無償化などのために、主には社会保険の財源に充当された。

こうして一方では、「税投入に支えられた社会保険」と男性稼ぎ主雇用が連動した。他方では、各種控除などの制度的誘因や男性中心の雇用制度によって、先進国では例外的に専業主婦が増大し家庭における介護や育児の担い手となった。このように税と社会保険が組み込まれて、「三重構造」が完結したわけである。

今日でも税が主に社会保険に投入されるかたちは続いている。二〇一九年度の当初予算ベースでみよう。社会保障給付の総額は一二三・七兆円であるが、その財源のうち資産収入等を除いた一二〇・三兆円の内訳をみると、国と地方による税負担が四八・八兆円、社会保険料が七一・五兆円である。つまり約四割が税、六割が保険料である。しかし給付をみると八割以上が、年金、介護、医療など社会保険としての給付である。

**図1-1**はそのからくりを示している。保育などの財源構成が入っていないことに留意する必要があるが、税支出が多くの社会保険制度の財源に充てられていることが分かる（山崎　2017）。

図1−1　税が社会保険財源を補完する社会保障財源のかたち（2019年当初予算）

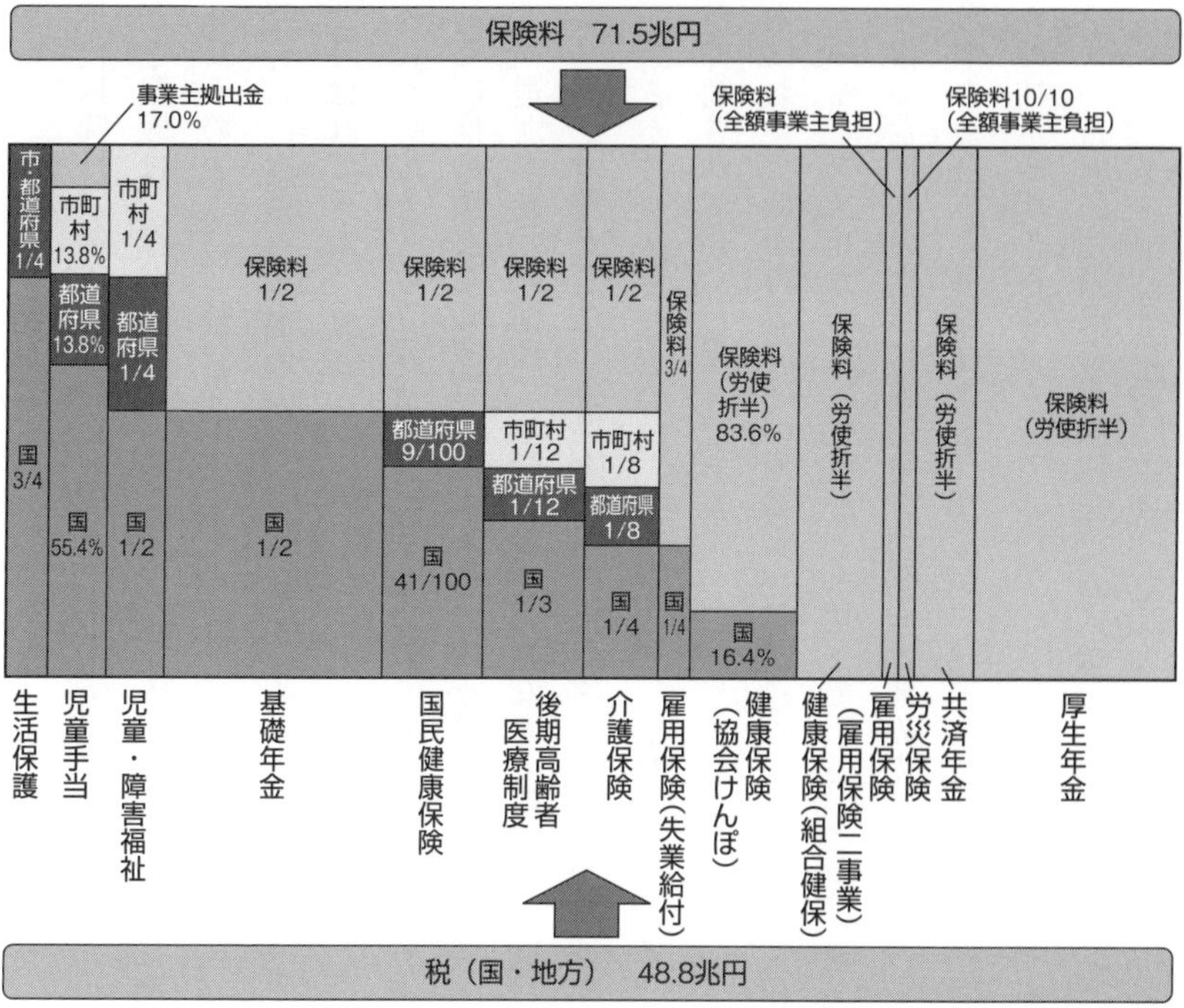


出所　厚生労働省資料を一部簡略化

この支出は税からであるにもかかわらず、社会保険料を安定的に支払うことができた人々だけにその恩恵が届くことになる。

## 抑制された困窮者向け給付

逆にいえばその分、税財源だけに頼らなければならない生活保護制度などに向けられた給付は抑制された。

生活保護制度そのものは、稼働能力の如何を問わず、必要のある場合は保護をすることを原則としている。

しかしながら、とくに一九

八〇年代以降は、第二次臨時行政調査会の影響下で生活保護についての国の補助金が減額されたことなどを契機に、稼働能力のある人が受給することはしだいに困難になっていった。

アメリカのように、社会保障支出を全般的に抑制してきた国は、税による給付を低所得層を対象としたものに限定する傾向があった。このかたちは、対象を絞り込み選別することから「選別主義」と呼ばれてきた。

日本についても、生活保護給付の対象が絞られたことなどから、アメリカなどと同様の「選別主義」的な制度の国ととらえる議論もある。だがこれは正しい見方ではない（星野 2000）。

通常「選別主義」の国は、社会保障支出のなかで低所得者向け支出の比重が高い。これに対して日本は、多くの税支出を社会保険財源に重点的に投入し、男性稼ぎ主の家族扶養を支えた。生活保護の受給者が絞り込まれたのは、「選別主義」の考え方が徹底されたからというより、充当できる財源が抑制されていったからである。

日本において低所得者向けの所得調査付き給付が社会保障支出に占める割合は三％とイギリスの二四・一％、アメリカの七・五％などと比べて小さい（Adema, Fron and Ladaique, 2011）。

その結果、日本の生活保護受給者の割合は他の先進国に比べて明らかに少なくなった。二〇一〇年の数字によるごく単純な比較になるが、日本の生活保護受給者一九五万二〇〇〇人に対して、アメリカの補足的所得保障七六五万六〇〇〇人、イギリスの所得補助・雇用生活補助手当二〇九万人、フランスの積極的連帯所得手当四三〇万人などとなっている（厚生労働省資料）。

図1-2　所得下層、所得上層が社会保障給付を受給する割合
（平均受給額に対する割合　2009年前後）

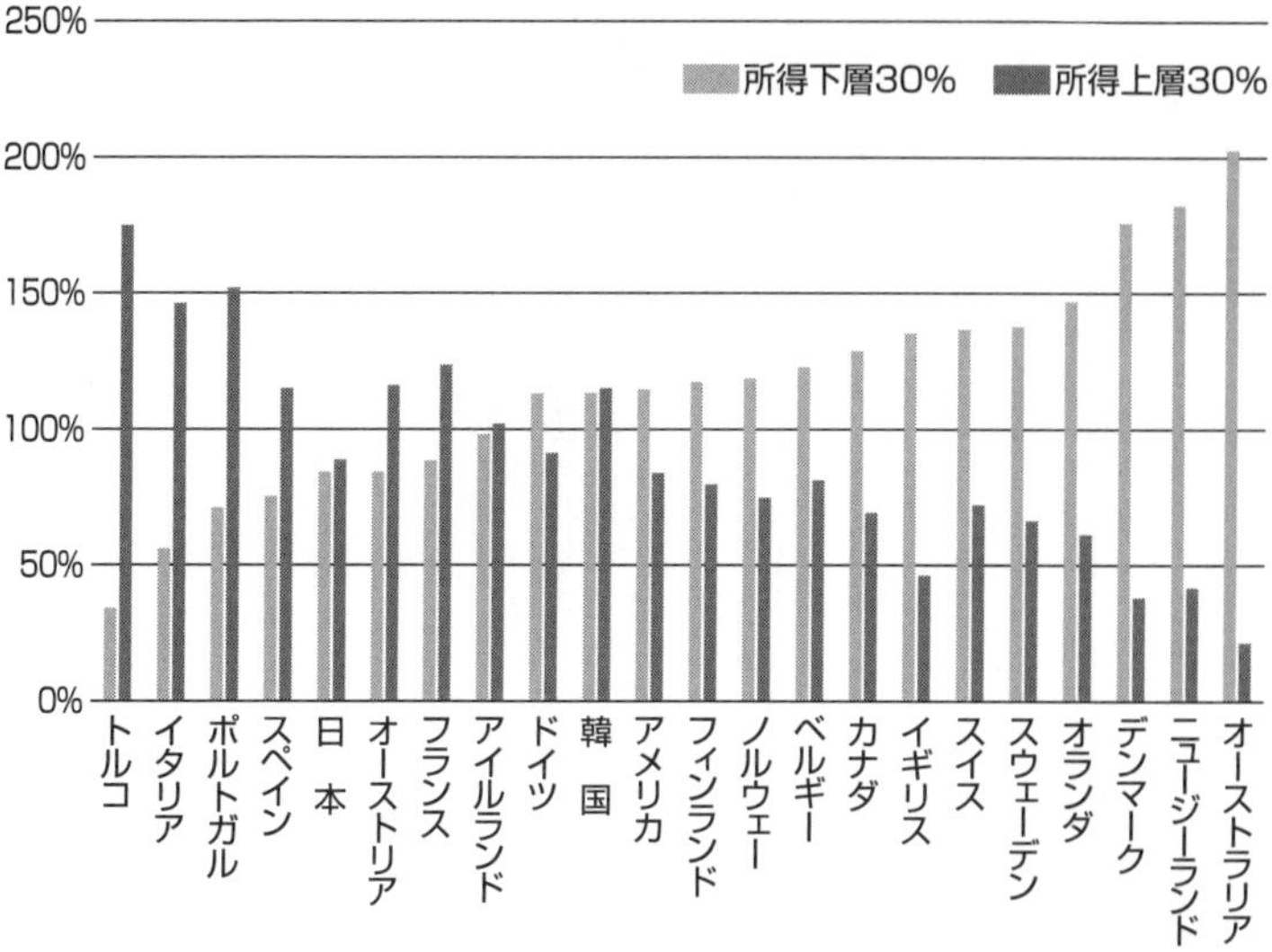


出所　OECD, Society at a glance 2014

図1－2は、日本の社会保障給付の多くがむしろ低所得層以外に向けられていることを示している。この図は、各世帯が受給する社会保障給付の平均を基準とした場合、所得下位三〇％層と所得上位三〇％層がそれぞれどれだけを受給しているかを国際比較したものである。

アメリカやイギリスなどの「選別主義」が強い国は、下位層が平均を上回る給付を受けている。これに対して、日本では下位層は平均の八〇％ほどの給付しか受けていない。

つまり日本は「選別主義」というほど低所得者に限った給付をしてこなかった。そしてそれゆえに、給付対象が

絞り込まれることになり、低所得層のなかでも福祉受給層と受給に至らない層の分断が生じた。つまり「選別主義」の国でみられた負担のみを求められる納税者と低所得で負担能力のない福祉受給者という単純な構図とは異なった分断構造が形成されていったのである。

## 3 何が起きているのか？

### 対応されるリスク、されないリスク

今日、この日本型生活保障の仕組みが根本から揺らいでいる。

まず雇用の変容である。グローバルな市場経済の下で労働コストの削減圧力が強まるなか、雇用の不安定化と非正規化が進行した。日本の行政にも、もはや行政指導で企業経営を安定させるノウハウはなく、公共事業や業界保護は財源の確保が困難になった。

家族もまた揺らいでいる。ライフサイクルは長くなり、子育てが直面する問題も複雑化し、さらには共働きでなければ家計の維持が難しい世帯も増大した。育児や介護を家族だけに委ねることはもはや現実的ではない。

雇用や家族の揺らぎから様々な困難が生まれ、貧困が広がることを「新しい社会的リスク」と呼ぶ。新しいという言葉を使うのは、これまでの生活保障が対応していないリスクだからである（田中 2017：235–262）。

本書が扱う貧困政治、介護政治、育児政治は、いずれも、これまでの生活保障が正面から対応してこなかった「新しい社会的リスク」に関わる政治である。であるからこそ、これからの生活保障のかたちを決めるのである。

では、これまでの生活保障が対応していたリスクとはどのようなものであったか。

一方で「三重構造」に組み込まれ、税でも補塡された社会保険は、男性稼ぎ主の典型的なライフサイクルに想定される典型的なリスクを抽出した。そして想定されたリスクが現実になった場合に給付をおこなった。対応可能なのは加齢、病気、失業、労働災害などであった。

他方で、（残りの）税で賄われる福祉の制度は、主には働くことができない人たちに対応した。就労を困難にするリスクを、縦割りの制度に合ったかたちで類型化して、福祉受給の条件が決められた。生活保護や障害者福祉などである。

福祉の縦割りについてはその弊害がいわれ続けてきた。だが、働くことができない人々を絞り込み、保護するという機能上の要請に応えるためには、自治体における縦割りの制度はむしろ適合的であった。

人々の抱えている困難、とくに就労や社会参加を難しくしている事情というのは、それほどきれいに分別できないのは今も昔も同じである。だが、特定の人を保護する理由を地域住民に納得してもらうためにも、人々の困難を類型化して解釈し、高齢、障害、困窮といった形式的な基準を当てはめる必要があったのである。

## 「新しい生活困難層」の拡大

このように解体しつつある「三重構造」から弾き出され、あるいはもともと安定雇用に就くことが困難であったにもかかわらず、これまでの福祉の制度からも受け入れられていない人々が急増している。こうした人々が「新しい生活困難層」である。

「三重構造」と福祉制度の間に挟まれるかたちで「新しい生活困難層」が増大していることは、図1−3のように表現できるであろう。

「新しい生活困難層」については、貧困政治の章で改めて触れるが、その特質は三点に要約できよう。

第一に、この層の人々が直面しているのは、多様な複合的困難である。

たとえば、なんとか非正規で就労はできていても、老親の介護と就労を両立させるストレスから自身もうつ病を発症し、就労時間も短くなり所得がさらに減少、加えて息子に軽度の知的障害があることが分かった、といったケースは、今日では珍しくない。

このような場合、社会保険への加入や保険料を払い続けることが難しくなる。他方で、積み重なった困難は、一つ一つはまったく就労できないほど「重度」ではないため、縦割りの福祉制度の形式的基準にも合致せず、福祉の利用もままならない。

たとえば、非正規の就労で三〇〇万円近い世帯年収があれば、生活保護の対象にはならない。老

図1-3　日本型生活保障と「新しい生活困難層」の拡大

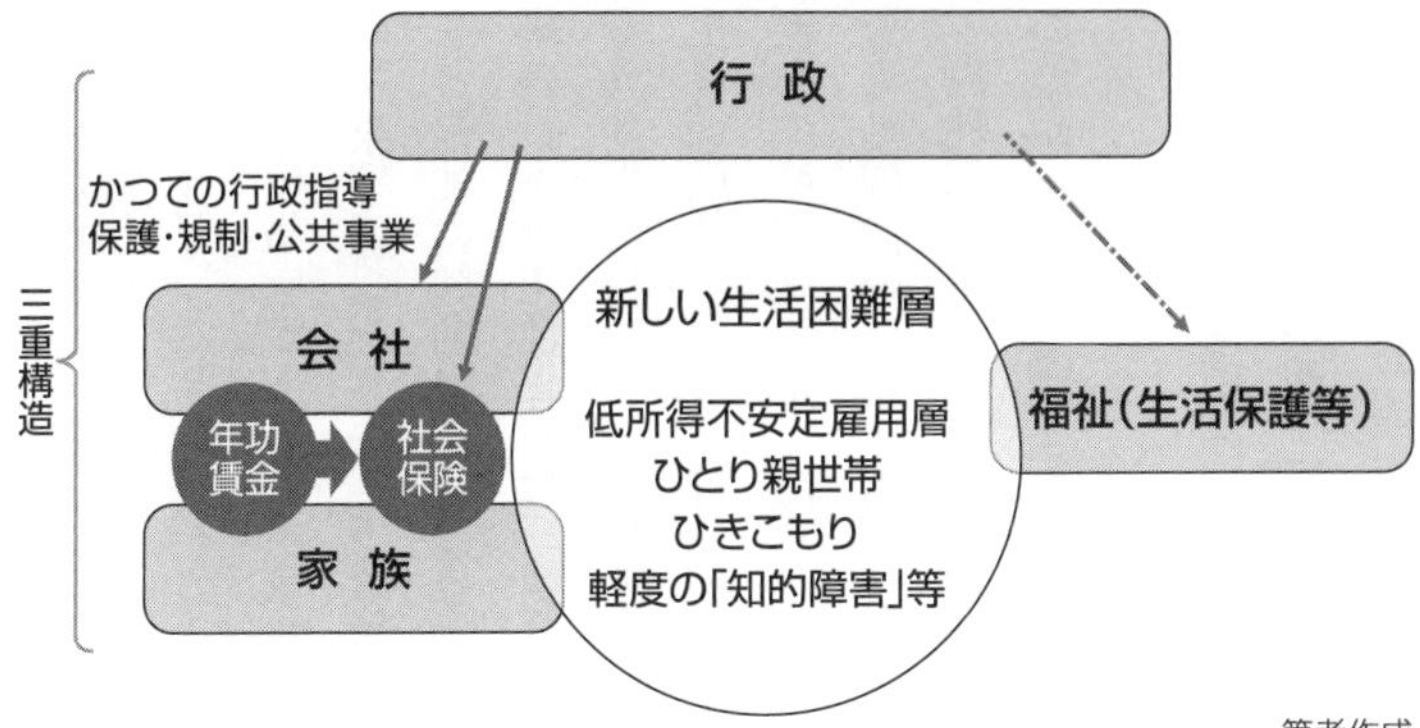


筆者作成

親の要介護度が3を超えなければ特別養護老人ホームの入所も困難である。息子が障害者として療育手帳を取得するためには（自治体によって異なるが）知能指数が七〇以下であることが求められる。

ちなみに、児童精神科医で研究者でもある宮口幸治によれば、知能指数が七〇から八四くらいまでの軽度の知的障害（境界知能）の子どもは一四％もいると想定される（宮口　2019：99）。

いずれにせよ、「新しい社会的リスク」に由来するこうした困難が複合して、たいへんな生きがたさになってしまっているのに、制度が対応しないことがしばしばなのである。

第二には、第一の点ゆえに、この層の現役世代の多くは、働く困窮層あるいはワーキングプアとなっている、ということである。

既存制度には、働くことができる人は「支える側」で福祉を必要とせず、福祉を必要とする人は「支えられる側」で働くことができない、という発想が強く染みこんでいる。

結果的に雇用と福祉が分断され、福祉は働くことができない人々に高齢、障害、困窮などの縦割りの制度で対応してきた。その結果、なんとか働けても複合的な困難を抱える個人と世帯が制度から排除される傾向があることはみたとおりである。

その結果、「新しい生活困難層」は、図1－3に示したように、安定雇用のための仕組み（三重構造）と福祉の制度の狭間にはまりこんだかたちになっている。

旧来の日本型生活保障は、男性稼ぎ主の安定雇用維持の慣行に支えられてきたその分、働いても生活が成り立たないという事態を想定していなかった。ところが制度だけをみると、実際には働いても生活が成り立たない可能性も十分ある。

重要なのは最低賃金であるが、日本の最低賃金は、OECDの統計では、平均賃金の中央値との比率でみて四四％に留まる（二〇一九年）。なぜ最低賃金が低いかといえば、それは三重構造のなかで、男性稼ぎ主の給与を補完する主婦パートが重要になり、家計補完的な就労に必要な水準に落ち着いたからである。ところが、「新しい生活困難層」ではこの最低賃金で家計を担う人が少なくない。

また「新しい生活困難層」は、税が投入された社会保険に加入できず、支払った税の見返りすら得ることができないか、低賃金であるにもかかわらず逆進性が高い社会保険料負担に耐えるか、どちらかになる。

つまり、旧来の制度は「新しい生活困難層」をカバーしないだけではない。最低賃金や社会保険料負担などの問題が示すとおり、働く「新しい生活困難層」にむしろ酷な仕組みになっているのである。

第三に、この層は現役世代のみならず高齢世代を含み、世代横断的であるということである。日本の社会保障制度の問題点に関して、高齢者向けの支出ばかりであって、現役世代は負担のみで給付を受けることがない、という指摘がしばしばなされる。こうした世代間格差論は時に単純化されて、世代間対立が煽られたりする。

そのようにみえるのは、先にも述べたように、多額の税を投入して医療保険や年金保険を成立させているからである。

高齢世代でも現役時代に安定的に年金保険料を払い続ける条件がなかったなら生活困難に陥る。事実、二〇一五年のOECDの統計では、日本における六六歳以上の高齢者の相対的貧困率は一九・六%で、OECD諸国でも一二番目の高さである。

また、就活時にバブルがはじけてしまったいわゆる就職氷河期世代は、「労働力調査」(二〇一九年)でみると、その後の世代よりも一〇〇万人ほど非正規雇用が多い。この世代は今日では壮年に達しており、さらに高齢化すれば、現役世代支援の欠落はそのまま高齢世代の困窮に直結していくのである。

つまり、現役世代のリスク対応を雇用と家族に委ねてきてしまったツケは、世代を横断した生活困難をうんでいるのである。

この層の規模については、測るものさしによっていろいろな見方ができよう。

住民税非課税世帯は、しばしば生活困窮層を示す基準とされてきた。二〇一〇年の厚労省の推計で三一〇〇万人程度がこれにあたるが、ここには標準的な年金額を受給しているが公的年金等控除のために住民税非課税となっている夫婦世帯も含まれる。

年収の低い層をみていくとどうか。国税庁の「民間給与実態統計調査」（二〇一八年度）で、年収二〇〇万円以下をみると約一一〇〇万人、年収三〇〇万円以下をみると約一八六〇万人である。ただしこの数字は、雇用されている人に限定される一方で、主婦パートなど家計補完的な給与所得者も含まれる。また地域ごとの生活費の違いなどが考慮されていない。

さらに、いわゆるワーキングプアは、この「新しい生活困難層」の中核ともいうべき人々である。EUの社会政策ネットワークによる報告書では、二〇一七年でEU加盟国で雇用されている人の九・四％、約二〇五〇万人が相対的貧困の状況にあるとみなされている（European Social Policy Network, 2019）。

日本については、社会政策学者の戸室健作が、就業している世帯のうち、所得が都道府県別、世帯人員別の最低生活費を下回る世帯をワーキングプアとして、二〇一二年におけるワーキングプア世帯の割合が九・七％、約三二〇万世帯と算定している（戸室　2016）。ただし、ここには生活保護を受給している二〇万世帯ほども含まれる。

## 日本はどこまで特殊か?

図1―3に示したような生活保障のかたちは日本独自なのであろうか。

必ずしもそうではない。安定した雇用や家族に依存し、雇用(就労)+社会保険と公的扶助(日本の生活保護等)の二極構造で成り立っていたという点では、北欧を除く欧米の福祉国家も同じであった。

第二次世界大戦のさなかの一九四二年に、戦後イギリス福祉国家の設計図としてまとめられたベヴァリッジ報告の内容に即してみてみよう。ベヴァリッジ報告は、イギリスのみならず多くの国の社会保障制度の形成に影響を及ぼしたものである。

ベヴァリッジ報告もまた、男性稼ぎ主の安定雇用を前提に、人々のライフサイクルの典型的なリスクに対応する、という考え方を基礎としている。

国民は、雇用されている人、自営業者など雇用されていない就労者、主婦、就労していない現役世代、子ども、退職した高齢者の六つに区分され、それぞれが直面するリスクから制度が対応するべきニーズが選び出される。そしてこうしたリスクとニーズに、主には、雇用者や自営業者が働きながら保険料を納付する社会保険で対応する(ベヴァリッジ 2014:191–197)。

女性は主婦として男性稼ぎ主に扶養されることが想定され、夫の失業や死亡に備えるべきものとされた。そして社会保険に加入できない人に給付する補完的な制度として公的扶助が位置づけられた。

以上のような考え方は、日本型生活保障とも基本的に一致する。それでは主な相違点は何か。ベヴァリッジ報告では、社会保険と公的扶助以外で、生活保障のために不可欠となる仕組みを前提A、前提B、前提Cと三つあげる。この三つは、ベヴァリッジ報告が構想した制度と日本の生活保障の違いを理解するために重要である。

前提Cは雇用を安定させる仕組みである。その具体的内容はベヴァリッジ報告の範囲外とされているが、景気循環による失業の発生は不可避とされ、不況期に失業を減らすいわゆるケインズ主義的経済政策が前提とされているといってよい（ベヴァリッジ 2014：256–259）。

日本の「三重構造」における雇用保障は、公共事業などケインズ主義的経済政策と重なる施策もあったが、業界ごとに行政指導などで経営を守る仕組みがより徹底して張り巡らされていた。日本では、景気循環に対応する経済政策の域を超えて、行政の裁量で経営を守る仕組みが構造化されていたといえる。ここにさらに行政と業界をつなげる族議員が介在して、票と献金の見返りに公共事業や業界保護で雇用を維持する仕組みが強力に作動した。

前提Aは児童手当、前提Bは保健医療サービスである。ベヴァリッジ報告でもイギリス福祉国家の実際でも、児童手当と医療は雇用と社会保険から切り離され、税でニーズに応じて給付される仕組みになった。税で運営される国民保健サービス（NHS）は、今日に至るまでイギリス福祉国家を代表する制度である（ベヴァリッジ　2014：240-255）。

これに対して、日本では医療は社会保険で賄われ、とくに組合健保は雇用上の地位と密接につながっている。また児童手当は、育児政治の章でも述べるように、形式上は一九七二年に導入されていたが、近年に至るまで給付対象も額も抑制され、男性稼ぎ主の年功賃金が家族扶養の機能を果たすことで代替されていた。また児童手当そのものにも一部雇用主負担が組み込まれた。

つまり、男性稼ぎ主の雇用で家族を扶養することが想定されていた点では同じでも、日本型の生活保障は、雇用による家族扶養に依存する度合いが格段に高かったのである。ベヴァリッジ構想では、児童手当と医療は税で賄われ、雇用に依存するものではなかった。

いいかえれば、日本の生活保障は、雇用や家族の揺らぎに脆弱であるという点では、欧米福祉国家の弱点がより強調されたところがある。新しい社会的リスクの打撃は、日本型生活保障に対してはいっそう大きいのである。

ちなみに、税で社会保険財源を補塡することも日本だけでおこなわれたわけではない。ベヴァリッジ報告でも社会保険財源の一部に税が充当されるとしているが、初年度で七億ポンド近い財源のうち八六〇〇万ポンド程度に留まるとみこまれた（ベヴァリッジ　2014：19）。

## 4　政治対立の構図

### 基本的な対立構図

雇用と家族の揺らぎが貧困と格差を広げ、「新しい生活困難層」が膨らんでいる。こうしたなかで貧困政治、介護政治、育児政治の行方がこれからの生活保障のあり方を決めるであろう。

それでは、貧困政治、介護政治、育児政治においては、いかなる勢力がどのような争点で争っているのであろうか。

「序」で述べたように、福祉政治の展開においては三つの政治勢力の対抗が重要である。すなわち、社会民主主義、経済的自由主義（新自由主義）、保守主義である。これは、ある意味でたいへんオーソドクスな対立図式である。貧困、介護、育児の政治においてこうした政治対立をみる場合、二点を留意する必要がある。

第一に、今日の日本政治で、貧困、介護、育児をめぐって、正面切った対立があるようにはみえないことである。日頃は経済的自由主義を唱える政治家でも、貧困や格差をあからさまに容認する者は見当たらない。どんな保守政治家でも、女性の就労拡大にはっきり反対し、育児や介護は専業主婦が担うべきと主張することは難しい。

これは（ホンネの）意見をそのまま政治的見解としては述べないことをよしとする「ＰＣ」

(Politically Correct「政治的に妥当」の意）の話法が行き渡っているからである。本来、家族像などが問われるこうした領域ではエモーショナルな対立が広がりやすく、非公式の場面では驚くような極端な見解が表明されることも少なくない。だからこそ、この分野で「ＰＣ」を超えた政治対立の実相を読み解く枠組みが重要になるのである。

第二に、社会民主主義、経済的自由主義、保守主義といっても、対応する政治勢力が今日の日本にどのようにみいだせるかはっきりしない。日本では、政党や政治家の拠って立つ主義主張は曖昧である。以下の分析でも、同じ政党に属する政治家が異なった立場と別個の政策を主張する事例がいくつか扱われる。

とくに、具体的な勢力が浮かばないのは社会民主主義という立場であろう。社会民主党という小政党はあるものの、今日の日本政治で影響力を行使できる社会民主主義勢力は存在しないのではないか。メディアでよく使われるのは、「リベラル」という言葉である。

本書では、生活保障において政府の力で社会的平等を実現することを重視する立場を、社会民主主義（的）と呼ぶ。ただし、近年では社会的平等や政府の役割についての考え方はかつてと比べてかなり多様である。

このように広義にとらえた社会民主主義的な主張は、今日の日本でも、政治、行政、福祉関係者など多様な立場から唱えられている。

これに対して、リベラルという言葉はあまりに多義的である。人々の自律と自由を確保することを主張する場合が多いが、対抗する権力がいかなる性格のものかで掲げる政策手段は変わってくる。保守的な宗教的個人主義の土壌に対峙したアメリカのリベラルは、連邦政府の役割を重視し、社会民主主義に近くなった。これに対して、王権的秩序に対抗することが原点であったヨーロッパのリベラルは、経済的自由主義に近い。リベラルとは、その主張する政策に共通項をみいだすのがなかなか難しい言葉なのである。

加えて、国家、地域、家族の解体にいかに対処するかを示さず、そこからの「自由」のみを唱える議論が、ときとしてあまりに脆弱にみえてしまうことも、念頭に置くべきであろう。

**個別領域での対立構図**

貧困政治、介護政治、育児政治における対立構図がみえにくい理由を二つ挙げた。本書の目的の一つはそこを読み解くことであるが、そのためにも議論をもう一段絞り込む必要がある。

社会民主主義、経済的自由主義、保守主義という対立構図は、福祉政治のそれぞれの領域で異なった現れ方をする。

そのことを表にすると**表1−1**のようになる。各領域での政策にいろいろな呼び方がされていて、いささか煩わしくみえるかもしれない。要するに、貧困抑制、介護サービス、子育て支援においてどのような政策類型が相互に対立するかという問題なのであるが、若干の説明をしておきたい。

介護政治と育児政治においては、それぞれの領域で対抗し合う三つの政策類型は、経済的自由主

**表1-1　福祉政治の対立構図**

| | 社会民主主義 | 経済的自由主義 | 保守主義 |
|---|---|---|---|
| 貧困政治 | 北欧型福祉　第三の道<br>再分配的BI | 新自由主義<br>新自由主義的BI | 保守主義的BI |
| 介護政治 | 分権多元型 | 市場志向型 | 家族主義型 |
| 育児政治 | 両性就労支援型 | 市場志向型 | 一般家族支援型 |

筆者作成

義、保守主義、社会民主主義にそのまま対応する。これに対して、貧困政治の構図は少し複雑である。

　本書は、「新しい生活困難層」の拡大を背景にした貧困政治において、北欧型福祉、新自由主義、「第三の道」、ベーシックインカム（ＢＩ）という四つの立場の対抗をみいだす。

　このうち北欧型福祉とは北欧の社会民主主義に基づくものであり、また新自由主義とは経済的自由主義に拠っており、それぞれ対応関係はみえやすい。だが、後に詳しく述べるように、「第三の道」には社会民主主義を経済的自由主義の方向に引き寄せたという面がある。またベーシックインカム論には、実は社会民主主義的なもの（表でいう再分配的ＢＩ）、経済的自由主義的なもの（新自由主義的ＢＩ）に加えて、保守主義的なもの（保守主義的ＢＩ）もある。

　いたずらに議論を複雑にしているようにみえるかもしれないが、「第三の道」やベーシックインカムについては、こうしたいわば相乗り的で曖昧な性格が、実際の政治のなかで逆に重要な意味をもったのである。

さらに本書は、経済的自由主義について、貧困政治においては新自由主義と呼び、育児政治と介護政治では市場志向型と呼んでいる。この点も、いたしかたのないいいかえであることをお断りしておきたい。

経済的自由主義とは、こうした潮流のもっとも一般的な呼称であるが、貧困政治では、経済的自由主義の主張は、福祉国家を解体する戦闘的な（イデオロギー的な）姿勢が前面に出がちで、また本来は市場原理と対立するはずの家族やコミュニティを動員する主張（新保守主義）とも一体化する。

このような点をふまえれば、やはりここでは新自由主義と呼ぶのがふさわしい。また、介護政治や育児政治では、サービスの供給主体や財源問題が重要になるという点で、経済的自由主義は市場志向型（政策）というかたちで現れる。

## 社会民主主義に可能性はあるか？

本書は、福祉政治の三つの領域における対立構図を読み解くことを課題としている。特定の立場から別の立場を糾弾することを目的とするものではない。けれどもだからといって、本書が厳格に「価値中立的」であるわけではない。

この種の議論で「価値中立的」であることは困難であるし、そのように装う弊害のほうが大きい。

筆者は、表にあげた各分野の選択肢のなかで、貧困政治にあっては北欧型福祉の施策が、介護政治においては分権多元型の制度が、そして育児政治においては両性就労支援型の方向が、課題解決の上でもっとも有力と考えている。つまり、いずれの領域でも広い意味で社会民主主義的な施策に可能性をみいだしている。

ただし、本書は、**表1－1**で社会民主主義の欄の貧困、介護、育児の諸施策をホチキス留めにして作業終了とするわけではない。筆者は、北欧福祉国家の達成を高く評価するものの一人であるが、以下の議論が明らかにするように、今日では、社会民主主義的な政策それ自体が刷新を求められている（新川　2007）。

貧困政治において北欧型福祉は、これまで貧困の抑制と経済の安定を両立させてきた。その方法は、人々がよりよい仕事に就くことを支援する積極的労働市場政策と所得保障の組み合わせであった。こうした施策は、人々の能力を高めつつ貧困を抑制することから社会的投資とも呼ばれた。

ところが、ＩＴ化のなか先端部門の雇用は減少し、皆が安定した仕事に就く条件が崩れている。とくに日本でこうした施策を導入しようとしても、「新しい生活困難層」の人々がすぐに制度を活用していくことは無理がある。たとえば一〇年間引きこもっていた人を職業訓練でたちまち先端ＩＴ企業に送り込むことは難しい。「新しい生活困難層」の複合的困難に対処する包括的な相談と支援が必要になる。

また介護政治において、北欧福祉国家における介護サービスは主に政府と自治体によって供給されてきた。しかしそれでは、高齢者が自律的に暮らすための多様なニーズに応えきれない。本書でいう分権多元型の制度は、その点で社会民主主義のより新しいかたちであるが、その発展と定着のための課題は多い。

さらに育児政治において北欧社会民主主義が目指したのは、両性が等しく働く条件づくりであった。これに対して今日では、両性が等しくケアに関わることも併せて求められている。

三つの領域を通して、旧来の社会民主主義的な施策もまた転換点に立っていることが分かる。日本における社会民主主義的な提起が「例外状況の社会民主主義」においてなされたものであり、「磁力としての新自由主義」と「日常的現実としての保守主義」に阻まれたという問題ももちろんある。

だがそれだけではない。社会民主主義的な施策そのものの再構築が求められているのである。社会民主主義の再構築といえば、一九九〇年代の半ばからイギリス労働党がすすめた「第三の道」路線があった。この改革路線は、その名称が象徴したように、新自由主義と旧来のイギリス福祉国家に対する第三の道を行く、というものであった。

「第三の道」路線の評価については、丁寧な分析が必要である（今井 2018）。しかし、実態としては新自由主義に過度に接近し、福祉の給付を削減しつつ就労を迫る傾向が前面に出た。ゆえに筆者自身は、ポスト「第三の道」の社会民主主義を構想するという課題を提起したことがある（宮本 2013）。

ポスト「第三の道」の社会民主主義像は、北欧型社会民主主義の原点に帰るとする社会的投資論

(Hemerijck, 2017; Esping-Andersen, 2002)、ベーシックインカム論(Jordan, 1998)、エコウェルフェア論(Fitzpatrick, 2003)など多様である。本書ではこれらの議論も参考にしながら、北欧型社会民主主義が直面する問題も念頭に置いた新たな社会民主主義的制度の可能性を検討する。

## 5　貧困、介護、育児の政治をどう説明するか?

### 社会的リスクのあり方

日本における貧困政治、介護政治、育児政治の展開は、旧来の生活保障をどのように転換できたかという点で、それぞれの到達度は異なっている。

介護政治においては、二〇〇〇年から介護保険制度が施行され、制度転換が大きくすすんだ。育児政治においては、それより大きく遅れて二〇一五年から、子ども・子育て支援新制度がスタートした。介護政治と同様に、待機児童解消などについて世論の関心は大きかった。しかしながら、消費増税で財源を充当することが約束されたにもかかわらず、保育サービスの需要は満たされず、生活保障のかたちを根本転換するには至っていない。

貧困政治では、「新しい生活困難層」の増大に対処する施策として、二〇一五年には生活困窮者自立支援制度が施行され、相談支援や就労支援については新たな取り組みも開始された。だが、介護政治や育児政治に比べると、こうした具体的施策についてメディアや世論の反応は強いとはいえない。貧困政治に率先して取り組む自治体も決して多くはない。

こうした貧困政治、介護政治、育児政治それぞれの異なった展開、社会民主主義的性格を有した諸施策が達成された度合いの違いはどう説明できるのであろうか。

本書の枠組みからまず挙げることができるのは、介護保険制度、子ども・子育て支援新制度、生活困窮者自立支援制度が浮上した時期である。「例外状況の社会民主主義」と「磁力としての新自由主義」が交互に主流化するパターンにおいて、介護保険法は一九九七年に立法化され、子ども・子育て支援新制度は二〇一二年、生活困窮者自立支援法は二〇一三年に成立した。

その後、「磁力としての新自由主義」が諸制度の施行を制約していくが、その「磁力」の強度を決める一つの要因が財政的制約である。国と地方の長期債務のGDP比を比べると、一九九七年においては九四・四%、二〇一三年においては二〇二・四%で、その「磁力」は後になるほど増す傾向があった。

併せて重要だったのは、貧困政治、介護政治、育児政治が関わるリスクのあり方の違いである。三つの政治領域は、いずれも新しい社会的リスクに起因するところが大きい。だが新しい社会的リスクといっても、そのあり方は大きく異なる。

介護というリスク（あえてこう呼ぶ）についていえば、老親の介護は、超高齢社会の日本では、ほとんどの人々が不可避的に直面する。かなりの時間を投入し、働き方を変えたり離職を余儀なくされることもある。さらには暮らしに及ぼす影響がたいへん大きい。それゆえにリスクを広くシェアするべきという訴えが浸透し、社会保険というかたちで独自の財源を確保することが可能になった。

これに対して育児というリスク(これもあえてこう呼ぶ)は、誰でも必ず関わることとはいいがたい面がある。いやならば子どもをつくらなければよい、というわけである。「子宝」に恵まれるならば、それは一家繁栄の証であるように考えられていた時代の名残もある。また、介護が長期にわたることが予測されるのに比べて、育児の負担は、子どもが手がかからなくなるまでのことと受け止められがちである。実際には教育費など、育児の負担はその先も長く続くのであるが。

男性稼ぎ主の家族扶養というモデルが維持しがたくなるなか、たしかに育児のリスクについての関心は広がり、自治体の首長がこぞって待機児童解消を公約に掲げるようになった。

しかしながら、かつての介護政治に比べるとその推進力は広がりきらない。育児支援のサービスや児童手当を社会保険で、という提起も散発的になされてきたが、先に述べたような事情から、保育や児童手当の財源を社会保険で賄うことには難しい面がある。

介護と育児に比べて、貧困という問題はどうであろうか。明らかにいえることは、お金に困らないという人は少ないであろうが、自分が貧困のただ中にあると感じている人も多数派ではないということである。介護リスクや育児リスクに比べると、貧困リスクの現れ方は多段階的で、一体感もうまれにくい。

「新しい生活困難層」が増大し、困窮と格差が広がっているが、野村総研の「生活者一万人アンケート調査」では、自分を社会階層として「中の中」と考える人は、二〇〇三年の五三％から二〇一八年の五五％に逆に増えている。この間、「国民生活基礎調査」による相対的貧困率は、一四・九％（二〇〇三年）から一五・四％（二〇一八年）に上昇しているにもかかわらず、である。

野村総研の調査は「世間一般からみた自分の生活レベル」を聞いたものである。客観的な暮らし向きとは別に、意識の上では「中流」がむしろ比重を増し過半を占めている。

貧困というリスクは、その深刻度が段階的であり、またいかなる福祉制度を利用するかも様々であるが故に、介護政治や育児政治にみられたような、一つの改革に向けた圧力は形成されにくい。低所得層のなかでの相互不信や、他に比べて「よりまし」であるという安堵の念に帰着することも多いのである。

**先行制度と関係団体**

本書が、貧困政治、介護政治、育児政治の異なった展開を追うにあたって、新しい社会的リスクのあり方に注目することを述べた。

もう少しだけ政治学の方法に立ち入って本書の分析枠組みを説明したい。現代の政治学は、先行した制度から政治をとらえる歴史的制度論と、多様な集団や個人の選択の結果として政治をとらえる合理的選択論が基礎になって発展している。

本書は、日本の生活保障の制度変容を論じようとしている。つまり制度論から出発しつつも、多様な集団や個人が新たな政策を掲げつつ、制度を転換するべく働きかける動態もとらえようとしている。

その際、制度と現実のズレが広がり、集団や個人がそれまでの制度を受忍し続けることができなくなり、その転換を求めるきっかけになるのが社会的リスクなのである。制度領域ごとに異なる新しい社会的リスクのあり方が、三つの福祉政治の異なった展開につながった。

したがってまず重要なのは、貧困、介護、育児のそれぞれの領域で先行した制度である。

介護政治においては、自治体がすすめた老人家庭奉仕員制度があったものの、事業者団体など既得権集団が影響力をもっていたわけではなかった。故に介護保険制度の形成においては、行政と市民団体との連携が大きな役割を果たした。

これに対して育児政治では、男性稼ぎ主の家族扶養を前提とした幼稚園の制度と、母親が「働いてしまった」ゆえに「保育に欠く」とみなされる児童のための保育所の制度が並立していた。そして、それぞれの業界団体および業界団体につながった族議員が活動していた。

育児政治において浮上した子ども・子育て新制度は、こうした既得権団体や族議員の抵抗を排して具体化される必要があった。

そして貧困政治においては、先行した制度として重要なのはまずは生活保護制度である。先に述べたとおり、日本の生活保障は困窮層に給付が集中する選別主義ではない。むしろ社会保険財源に

表1-2　貧困政治・介護政治・育児政治のリスク条件と先行制度

| | 新しい社会的リスクとしての特徴 | 社会保険化の可能性 | 先行した制度 | 影響力のある団体 |
|---|---|---|---|---|
| 貧困政治 | 現れ方が段階的で多様 | 非現実的 | 生活保護制度 | 困窮層の支援団体等 |
| 介護政治 | 不可避的で長期的 | 可　能 | 介護保険は先行制度なし | 制度創設期は市民団体 |
| 育児政治 | 選択的で相対的に短期的 | 困　難 | 幼児教育制度と保育制度 | 幼稚園・保育園の業界団体等 |

筆者作成

税が投入されたその分、生活保護に充てられた財源は制約されていた。そのために就労可能なワーキングプアはしばしば排除され、「新しい生活困難層」は生活保護制度に不信を抱くことも多くなった。

このように貧困政治においては、先行制度と新たな困窮層との溝が深い。また、貧困政治に関係する団体は生活困窮者の支援団体が多く、こうした団体は生活保護給付の低下につながりかねない制度改革にはきわめて強く抵抗する。

貧困政治、介護政治、育児政治の展開を説明する上で重要な、新しい社会的リスクとしてのあり方と制度条件は表1―2のようにまとめることができる。

## 6　三つの政治の相関

さて、本書が以下で議論をすすめていくための、基本的な枠組みを説明してきた。

生活保障は、貧困、介護、育児に関わる制度に限定されるわけではなく、医療、年金、障害などさらに多様な分野が関係してくる。しかし、この三〇年間の福祉政治を振り返った時に、雇用と家族に直接関連するこの三つの領域での動きにはとくに顕著なものがあった。

貧困、介護、育児の各分野で、制度と現実のギャップがうみだす新たな社会的リスクに対して、どのような政策対応がなされ、それがいかに新たな制度形成につながるかが、この国の生活保障のこれからを決める。

以下では、貧困政治、介護政治、育児政治の順序で議論をすすめていく。なぜならば、貧困政治がうみだしている状況が、介護政治や育児政治の実際の展開を制約しているからである。

介護政治や育児政治においては、少なくとも当初は必要とするすべての市民にサービスを、という考え方に基づいた改革がすすめられてきた。その限りでは、社会民主主義的な普遍主義的制度が目指されたといってよい。

だがこれと並行した貧困政治においては、雇用の劣化に伴う困窮や格差について抜本的な改革は実現しないまま推移した。二〇一五年に施行された生活困窮者自立支援制度にも、求職中の家賃支援以外は所得保障の仕組みはなかった。「新しい生活困難層」の拡大には未だ歯止めがかかっていない。

その結果、介護政治や育児政治において、制度の当初の趣旨とその実際の展開にギャップが広がっていく。介護保険制度は、中間層も給付対象として定着したものの、保険料とサービス利用時の自己負担の増大で、逆に低所得層の制度利用が困難になった。

また、子ども・子育て支援新制度においても、自治体がおこなう保育の必要性の認定において、労働時間の短い非正規雇用世帯のほうが不利になる場合がある。このような条件下でおこなわれた幼児教育と保育の無償化は、制度を利用できる安定雇用層に恩恵が集中する「マタイ効果」を伴うことが指摘されている。

それでは、「新しい生活困難層」の直面する問題群に有効に対処し、介護や育児の制度も誰も排除しない普遍主義に接近させていく道筋はあるのであろうか。本書は最終章において、社会民主主義的な施策を刷新していく方向を考えたい。

# 第二章　貧困政治　なぜ制度は対応できないか？

## 1　生活保障の揺らぎと分断の構図

### トリクルダウンはもう起きない

日本社会で困窮と格差の広がりが改めて注目されるようになったのは、一九九〇年代半ばからである。この時期の出来事は、しばしば、「バブルがはじけた」と表現される。

だが、ここで起きた真に重大な事柄は、バブルの好況が不況に転じたということに留まらず、旧来の貧困政治の前提が覆ってしまった、ということであった。

旧来の貧困政治では、社会民主主義、経済的自由主義、保守主義が以下のように対立していた。社会民主主義は、（後に述べるように北欧諸国とアングロサクソン諸国でアプローチの違いはあったが）政府機能を強化し、社会保障を拡充させることを最重視した。対する経済的自由主義は、経済成長を優先しその果実を社会に行き渡らせるとした。これはトリクルダウンと呼ばれた。保守主義は、家族やコミュニティの扶助機能を重視した。

「バブルがはじけた」背後で進行していた、グローバル市場の形成、資本主義の脱工業化の進行、家族とコミュニティの変容で、こうした対立軸が成立しなくなった。

まず、経済的自由主義が貧困解決のための第一選択とするトリクルダウンはもう起きない。トリクルダウンとは、経済成長の成果が屋根に降った雨が雨どいをつたい降りるように社会に行き渡ることである。（経済という）パイを大きくしてから切り分ける、という比喩もお馴染みであろう。

新興国の廉価な一次産品に依拠し、耐久消費財に対する国内の需要で経済成長を実現した時代には、それは可能であったし必要でもあった。社会保障は国内の消費需要を喚起し成長を支える効果があったからである。

だが、もはや廉価な一次産品は入っては来ず、逆に生産拠点が新興国に移った。先進国の経済は、対外的には国際金融、国内的には知識・サービス産業などの分野で成長を図るしかない（宮本 2020a）。

パイを焼くオーブンは現在は新興国にある。先進国ではそこに投資をして、パイを確保し国内にもってきて切り分ける。

世界銀行のエコノミストであったブランコ・ミラノヴィッチが指摘したように、それゆえ新興国の中間層の所得は大きく伸びているのに対して、先進国の中間層の所得は伸びなくなってしまっている（ミラノヴィッチ　2017）。

さらに、先進国の資本主義ではパイを切り分けるルールが変わってしまっている。本書が議論の出発点としている今から三〇年ほど前に、すでにアメリカの経済学者ロバート・ライシュは、多くの労働者の地位低下を予測していた。

すなわち今日の資本主義では、専門的知識に基づいた分析的な業務に関わるシンボリック・アナリストが所得を増やす一方で、AIやICT（情報通信技術）に役割を取って代わられ、ますます不安定な就労を余儀なくされるルーティン生産労働者や対人サービス労働者の立場が弱くなる。ルーティン生産労働者や対人サービス労働者のパイの分け前は減少していく（ライシュ 1991）。

こうした変化が進行している以上、経済成長の成果を社会に行き渡らせるよほどしっかりした仕組みがない限り、トリクルダウンは起きない。

アメリカの政治社会学者レイン・ケンウォーシーは、各国の一人あたりGDPの伸びと、所得下位一〇％層の所得の伸びの相関関係をみている。そして、両者が相関している国は北欧などに限られていることを明らかにしている（Kenworthy, 2011 : 5）。

にもかかわらず、トリクルダウンを実現するという主張は絶えない。第二次安倍晋三政権が二〇一六年六月に閣議決定した「ニッポン一億総活躍プラン」で打ち出した新・三本の矢にも、この発想がはっきりみてとれた。

第一の矢は「戦後最大の名目GDP六〇〇兆円」の実現で、それを受けて、国民が希望している出生率とされる一・八を実現する「夢をつむぐ子育て支援」が第二の矢となり、そして第三の矢として介護離職ゼロなどの「安心につながる社会保障」が放たれるとされた。だが、二〇二〇年に六〇〇兆円に達するはずのGDPも約五五〇兆円に留まり、第二、第三の矢も，少なくとも掲げられた的を射貫くかたちでは放たれなかった。

### もはや頼れない家族とコミュニティ

保守主義が強調してきたコミュニティの相互扶助は、一見すると近代的な市場経済にも浸透し、これを支えてきた。行政・会社・家族の「三重構造」の中核を構成した日本企業において、疑似家族主義的な紐帯が重要な役割を果たしていたことは広く指摘されてきた（村上・公文・佐藤 1979）。だがこれは日本型生活保障だけの特徴だったわけではない。たとえばアメリカの経済社会も、かつては家族的なつながりや情緒的一体感を労務管理などに取り込み、社会的紐帯を資源として活かしてきた。

アメリカの経営史家のサンフォード・ジャコービィは、コダック社（写真用品）やシアーズ社（流通）などかつてのアメリカの大企業が、温情主義的労務管理や企業ごとの福利厚生など、日本的経営を想起させるような家族主義的な規範を動員していたことを「現代荘園制 Modern Manors」と呼んでいた（ジャコービィ 1999：313-319）。

近代家族もまた、労働力の再生産をめぐる様々なリスクを吸収するバッファーとして機能していた。つまり「前近代的」紐帯を巧みに組み込んで成立していたのが、これまでの市場経済であったのである。

ところが、雇用のかたちが変容し、男性稼ぎ主の雇用を家族扶養につなげる仕組みが機能しなくなり、若い世代には家族形成すら困難になる。

近代社会は、密かに取り込んでいた「前近代的」紐帯を動員できなくなり、建前どおりの個人化を迫られる。さらにここに多様な社会的あるいは自然環境的なリスクが降りかかってくる。こうした時代状況が、ドイツの社会学者ウルリッヒ・ベックのいう「第二の近代」であり、「リスク社会」である（Beck, 1999 : 1-2）。

国立社会保障・人口問題研究所がおこなっている「全国家庭動向調査」では、「年をとった親は子ども夫婦と暮らすべきだ」という趣旨の意見に「賛成」あるいは「どちらかといえば賛成」は一九九三年には六一・五％であったが、二〇一八年には三四・三％まで減少している。

「高齢者への経済的援助は、公的機関より家族が行うべきだ」に対して「賛成」あるいは「どちらかといえば賛成」は一九九三年に三〇・九％あったが、二〇一八年には二三・三％になっている。

にもかかわらず、家族への負荷は、保守主義の描く家族像とはかけ離れたかたちで高まっている。そうした現状を示すのが、序で触れた「認認介護」「ヤングケアラー」「８０５０２０」問題なのである。

してきた。

## 空転する社会保障

これに対して、社会民主主義は、貧困と格差の解消のためにはまずは社会保障の充実を、と主張してきた。

日本の社会保障は、支出規模だけみれば、ヨーロッパの福祉国家と同等か、あるいはそれを超える水準に達している。OECD統計でみた二〇一七年の日本の社会的支出はGDP比で二二・三%と、イギリスの二〇・五%、オランダの一六・六%などを超えている。

トリクルダウンが起きなくとも、あるいは家族やコミュニティがバッファー機能を失っても、社会保障が拡充されるなら、困窮は抑制されていくのではないか。

ところが、生活困窮という問題は依然として深刻である。「国民生活基礎調査」でみると、先にも述べたように二〇一八年の相対的貧困率は一五・四%と、先進国のなかでは高水準である。これに対して社会的支出のGDP比で日本を下回ったイギリスの相対的貧困率は一〇・九%、オランダは七・九%であった(ただしいずれも二〇一五年)。

ちなみに、二〇一二年の相対的貧困率は一六・一%であったので、貧困が改善されたようにみえるが、必ずしもそうとはいえない。

相対的貧困率とは、所得の中央値の半分以下の所得しかない人たちの割合である。一人あたりでみた所得中央値の半分の水準、つまりこれより所得が少ないと貧困とされる水準を貧困線と呼ぶわけだが、この貧困線そのものが、一九九七年の一四九万円から、二〇一八年には一二七万円(新基準で一二二万円）へと下がっているのである。「国民生活基礎調査」で生活意識をみると、二〇一八年では二四・四％の世帯が生活が「大変苦しい」と答えている。「やや苦しい」と答えた三三・三％を加えると、日本では五七・七％の世帯が生活が苦しいと答えていることになる。

社会保障支出の増大が貧困を解消できていないことが分かる。序と第一章では、日本の社会保障の特徴を、男性稼ぎ主の安定雇用を前提に税で社会保険財政を補完する点にみいだした。この仕組みが雇用の揺らぎのなかで裏目に出ている。

日本の場合は高い高齢化率で社会保障支出が増大している面はあろう。年金保険や医療保険を税が支える仕組みは高齢化に反応しやすい。

他方でこの仕組みのもとでは、安定的な雇用に就き保険料を支払い続けることができなければ、社会保険からはもちろんのこと、税からも十分な恩恵を受けられないことになるのである。

### 分断の構造

トリクルダウンも、家族やコミュニティも、現行の社会保障も、生活困窮の解消に成功していない。経済的自由主義も、保守主義も社会民主主義も、他の立場の失敗は責めても、自らの基盤が崩れていることには確固とした自覚がない。

第一章において、雇用と勤労所得にも社会保障にも守られないという「新しい生活困難層」の形成を指摘した。ここに届かない経済成長、家族紐帯、社会保障の拡充は貧困政治のテコにはならない。

この層は、①複合的な困難を抱え世帯内で相互依存にある場合も多く、②それゆえに雇用と社会保障の制度の狭間にはまり現行制度で対応しきれず、③世代横断的で、低所得不安定就労層、ひとり親世帯、低年金の高齢者、ひきこもり、軽度の知的障害者など、多様な人々を含む。

複合的で連鎖した困難ゆえに安定した雇用に就くことができず、他方で個々の困難は縦割りの制度の基準に合致しないため福祉からも十分な支援を受けることができない。

個別には児童扶養手当や就学援助、低額の年金を受給している場合もあろう。だが生活を成り立たせるために十分とはいい難い。

さらに「新しい生活困難層」の多くは、単に制度の対象となっていないだけではなく、非正規雇用であれば正規就労の安定を支えるバッファーとされ、社会保障についてはあるべき見返りがないまま税と保険料を負担し、家族のケアを担っていることも多い。

いかなる分断が生じているのであろうか。今日の社会の分断をとらえる際に、近年では「デュアリズム」(二重構造)や「アンダークラス」という概念もしばしば使われる。

いずれも、グローバル市場の形成と脱工業化・知識経済化の進展で、先進国の労働者が安定就業層と不安定就業層、正規雇用と非正規雇用へと分断されたことを浮き彫りにするために打ち出されている言葉である。

デュアリズムはまさにその二重構造を指している（Emmenegger, et.al. (eds.), 2012）。またアンダークラスとは、社会の底辺に「永続的で脱出困難な貧困状態に置かれた人々」が形成されたということを強調する点にポイントがある（橋本　2018）。

このような概念には今日の社会構造をとらえる上で意義がある。ただし、社会の格差構造において同じように不利な立場であっても、既存制度によってカバーされている層とカバーされていない層の間に新たな亀裂が生じる、ということも忘れてはならない。「新しい生活困難層」の多くは、自らを排除する福祉の制度への不信を強めている。この構造をみない「リベラル派」が一般的に連帯を説いても、反発のみが広がるのは当然なのである。

### 分断と不信の相互作用

「新しい生活困難層」という視点からすれば、人々は、相対的に安定したかたちで就労し社会保険制度の給付を期待できる層、「新しい生活困難層」、そして福祉受給層の三つに分断されていることになる。

この三層の構造に、第一章でみた社会的リスクのあり方を重ねてみることで、貧困政治の困難に満ちたパターンが浮き彫りになる。

すなわち、介護というリスクはほとんどの人が直面するものとなっているし、育児をめぐるリスクも広くシェアされたものである。リスクに対処する制度も、共通の利益という観点から構想しやすい。

これに対して、貧困リスクに関しては人々は依然として自分は無縁と思いたい。困窮に陥っている人々相互の間でも、「彼らとは違う」「自分のほうがまし」という反応がうまれる。逆に「彼らだけが優遇されている」という不信を抱きがちになる。その結果、三層の分断構造のなかでの緊張関係が高まる。

まず、「新しい生活困難層」は福祉受給層あるいは生活保護の制度に対して不公正感をもちやすい。そしてポピュリズム的な政治がこの不公正感を煽る傾向がある。

日本の福祉受給層がとくに恵まれているわけではない。生活保護給付そのものは、単身、四〇歳でみると他の先進国の水準と大きく違わない。ただし、他の先進国の多くがこうした公的扶助より最低賃金や年金の最低水準のほうが額が多いのに対して、日本ではフルタイムで就労した最低賃金所得や全期間納付した基礎年金水準と生活保護給付が近い（山田　2010）。

とくに最低賃金は、日本では男性稼ぎ主の年功賃金を補完する主婦パートの賃金を基準としていたのが実態であった。この最低賃金で家計を担う人が増えれば、当然生活は成り立たなくなる。

このことから、以前は都道府県によってはフルタイムの最低賃金収入を生活保護給付が上回るという、いわゆる「逆転現象」も指摘された。また、生活保護を受給していないひとり親世帯については、税と社会保険料の負担と受け取ることができる給付のバランスから、再分配後に貧困率が増大してしまう場合もあった。

「新しい生活困難層」への支援が欠落している現実が、生活保護受給者が特権的であるといった議論を広げ、さらにこうした亀裂が政治的に煽られることで、分断が深まる傾向がうまれているのである。

国際社会調査プログラム（ＩＳＳＰ）のデータも使った三菱総合研究所の調査によれば、「政府は貧しい人たちに対する援助を減らすべきだ」に「そうは思わない」「どちらかといえばそうは思わない」と考える人の割合は四二・五％と少ない。七〇・四％のスウェーデンや五五％のイギリス、六五・四％のアメリカと比べても、低所得者支援への支持が低くなっている（三菱総合研究所「平成二三年度国民意識調査報告書」）。

他方で非正規雇用で働く「新しい生活困難層」は、年功賃金を受ける正規雇用層に対しても、不公正であるという感覚を抱きやすい。業務内容が同じであっても、正規雇用と非正規雇用の賃金格差が顕著であるからである。

福祉受給層への給付と自らの所得の差の「小ささ」に納得のいかないものを感じた「新しい生活困難層」は、正規雇用の安定就労層に対しては賃金と処遇の差の「大きさ」に不信を募らせる。

ごく単純な数字だけ示せば、国税庁の「民間給与実態統計調査」（二〇一八年）では、正規雇用と非正規雇用の年間賃金差は三二五万円である。非正規雇用については、主婦パートの労働時間調整などもあり正規雇用との単純な比較はできないが、家計を自ら支える非正規雇用層が増大していることを考えると、この差に不信が芽生えるのは不思議ではない。

こうした不公正感をもテコにして、「働き方改革」などでは同一価値労働同一賃金が掲げられる。だが日本においては、「三重構造」のもとで、正規雇用層の年功賃金が、教育費負担や住宅ローン支出に対処するといった生活保障的な機能を担っていた。もし同一価値労働同一賃金が、年功賃金の生活保障機能を低下させて、現在の非正規の賃金水準に近づけていくだけであるならば、それは生活保障の解体になりかねない。

こうした構図は日本だけのものではない。たとえばA・R・ホックシールドは、アメリカのトランプ政権の支持基盤として、最富裕層と福祉依存層の間に挟まれ、多くの生活不安を抱く低所得の白人労働者層の存在をみいだした。この白人労働者層は本稿のいう「新しい生活困難層」と重なる。ホックシールドによれば、左派と右派はこの三層構造に異なったかたちで切り込む。左派は最富裕層から財源が正当に分配されないことを問題にするのに対して、右派は低所得白人層と福祉受給層との分断を図り、やる気のない「怠け者」に政府が給付をおこなうことを不当とする（ホックシールド　2018）。

またスウェーデンにおいては、移民排外主義のスウェーデン民主党が支持を広げ、二〇一八年九月の総選挙では第三党に進出した。スウェーデン民主党の支持層には、かつて社会民主党を支持した製造業男性労働者が流れ込んでいる。

製造業男性労働者は、グローバル市場のもとで雇用が不安定化するなか、社会民主党が移民層を過度に保護しているというスウェーデン民主党の主張に共鳴する傾向がある。スウェーデン民主党も、移民層を受給対象から除いた上で福祉国家を守る、という主張で製造業男性労働者の支持をえようとしている。

ここでも福祉国家の支持基盤である公共部門の労働者（女性の比率が高い）と、製造業男性労働者など生活不安を強める層、そして移民層の三層構造が現れつつあり、「リベラル派」の失墜とポピュリズム台頭の背景となっている（吉田 2020）。

## 2 貧困政治の対立軸

### 貧困政治の選択肢

それでは貧困政治はどのような対立軸で展開しているのであろうか。

**図2－1**は、一九九〇年代以降のの先進国における貧困政治の対立軸を示したものである。

ここでの縦軸には、支援型の対人サービス、すなわち教育、職業訓練、保育、就労支援などの強弱をとっている。そして横軸には、現金給付による所得保障の水準の高低をとっている。この二次元の組み合わせと、主要な働きかけの対象をいかなる層にみいだすかで、四つの立場が分かれてきた。

第三象限、つまりサービスも現金給付も抑制する立場は、新自由主義である。一九七九年に成立

図2−1　1990年代以降の貧困政治の対立構図

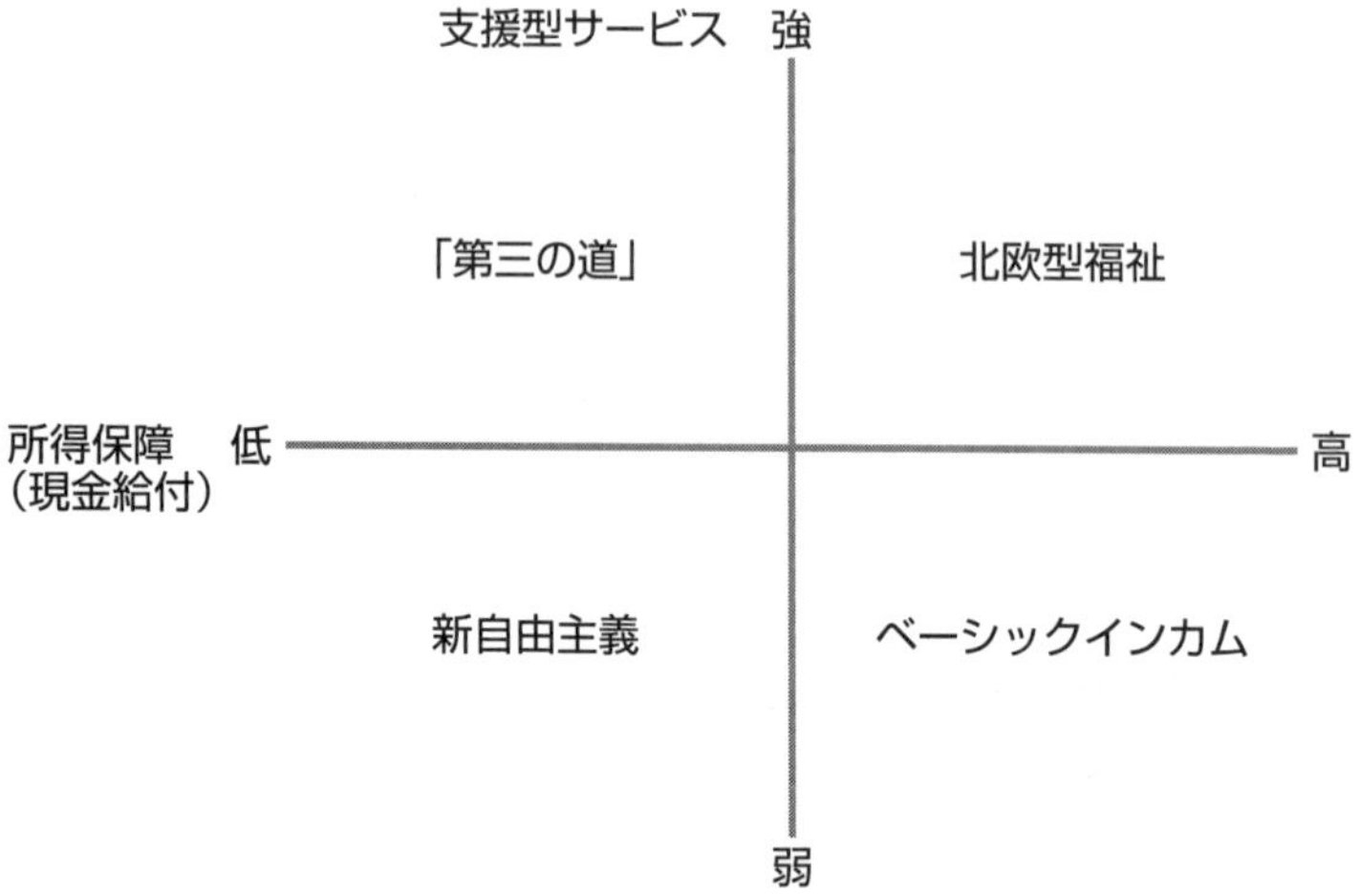


筆者作成

したイギリスのマーガレット・サッチャー政権、一九八一年に政権に就いたアメリカのロナルド・レーガン政権がこの路線を象徴する。

新自由主義は困窮と格差の解消の方法としてトリクルダウンに固執する。困窮層への対応としては、「新しい生活困難層」の福祉受給層への反発もテコにして、福祉受給層へターゲットを定め、給付を減額するなどの「ムチ」の施策で就労を迫る。所得保障に代えて就労を求める方法はワークフェアとも呼ばれる。

第二象限、つまり支援型サービスを強化するが現金給付は抑制するというのは、アングロサクソン諸国の社会民主主義勢力が採った「第三の道」の路線である。アングロサクソン諸国の社会民主主義は、先に触れた選別主義的な福祉をすすめてきたが、「新しい生活困難層」や安定就労層からの反発が広がり、新自由主義も台頭するなかで、旧来の福祉国家路線を改めて「第三の道」を掲げた。

「第三の道」路線は、支援型のサービスを手厚くする一方で、現金給付は削減する方向をとった。主なターゲットは福祉受給層であるが、「新しい生活困難層」の一部（イギリスでは若者層など）も働きかけの対象であった（今井 2018）。

第四象限はベーシックインカムである。「第三の道」路線が欧州の社会民主主義に広がるなか、これに対する反発もあってベーシックインカムを掲げる勢力が増大した。支援型サービスを否定しないまでも、まずは一律の現金給付をおこなうことが肝要であるという主張である。ターゲットは、安定就労層、「新しい生活困難層」、福祉受給層を問わず全階層であった。

第一象限に当てはまり、支援型サービスも現金給付も共に重視していたのが、北欧型福祉である。「第三の道」が新自由主義へ接近してしまったといわれるなかで、北欧型福祉が改めて注目されるようになった。

北欧型福祉は、そもそも、「新しい生活困難層」や固定的な福祉（公的扶助）受給層をうまないことを目指したものであった。安定就労層へ働きかけ、リカレント教育（生涯教育）と職業訓練で知識や技能をアップデートし、失業などで貧困に陥らないようにした仕組みであった。だが、すでに「新しい生活困難層」や固定的な福祉受給層が定着している国にこうした施策を適用しようとすると、困窮層が制度をうまく利用できない「マタイ効果」と呼ばれる現象が生じてしまう。この点については後述しよう。

### 新自由主義における就労義務化

貧困政治における四つの選択肢は、相互に連鎖的に現れてきた。新自由主義への代替策として「第三の道」が浮上し、さらに「第三の道」への反発が一方では北欧型福祉への再評価を促し、他方ではベーシックインカムへの関心を高めた。

以下、この順番で四つの選択肢を検証していこう。

新自由主義は、一九七〇年代にIMF＝GATT体制が解体し、重化学工業を基盤とした成長戦略が見直しを迫られ、さらに一九八〇年代に入って旧来の福祉国家の機能不全が顕著になるなかで登場した。

貧困政治において新自由主義が広がったのは、アメリカやイギリスのように困窮層への選別主義的な給付の比重が高かった国で、スウェーデンの社会学者ヴォルター・コルピのいう「福祉反動」が広がったことが直接のきっかけとなった（Korpi, 1978）。

たとえば、アメリカの「納税者の反乱（Tax Revolt）」はその典型であった。すなわち、カリフォルニア州における一九七八年六月の住民投票で、固定資産税の減税を求めるプロポジション13（提案一三号）が圧倒的多数で可決され、その後四年間で財政支出に上限を課す運動が一八の州に広がっていった（エドソール／エドソール 1995：187-220）。

こうしたなかアメリカでは、一九八一年に就任したレーガン大統領のもとで、公的扶助改革が着手された。レーガン政権は、ひとり親世帯に対する生活保護である「要扶養児童家庭扶助」（AFDC）の受給資格を厳格化し、受給者に公園清掃などの就労を課すコミュニティワーク・プログラムを導入した。

社会保障の給付条件を厳しくして就労を促す施策は、一九七九年に成立していたイギリスのサッチャー政権にも伝播する。一九八二年にサッチャー政権は、アメリカ同様に失業手当受給者に公的雇用への参加を求める制度を開始し、さらに失業手当受給者が合理的な理由なく就職活動や職業訓練への参加を拒否する場合には、ペナルティとして手当の給付を一時停止するなどの措置をとった。

新自由主義の施策の特徴は、「新しい生活困難層」の生活安定を目指すというより、福祉受給層に就労自立を義務づける、ということにあった。その場合も、職業訓練や保育のサービスは抑制されがちで、就職に役立つ履歴書の書き方や職場マナーに関する研修などが重視される。失業手当などの所得保障は、求職活動が活発ではない場合にペナルティとして減額されるなどの措置がとられる。

### 「第三の道」の就労支援

レーガン政権からジョージ・H・W・ブッシュ政権、サッチャー政権からジョン・メージャー政権へと続く新自由主義の覇権に対して、巻き返しを図ったのがアメリカやイギリスの社会民主主義勢力による「第三の道」であった。「第三の道」というのは、新自由主義がアメリカやイギリスの旧来型福祉国家における所得保障を批判してきたことをふまえ、新自由主義も旧来型福祉国家も共に克服した道を選択する、という路線であった（宮本　2013：28-41；近藤　2008）。

「第三の道」で先行したのは、アメリカの民主党改革派のビル・クリントンだった。クリントンは一九九二年に大統領選挙に臨む際に、「おなじみの福祉は終わらせる」（Ending welfare as we know it」というスローガンを掲げる。

ここでいうおなじみの福祉とは、主にはひとり親世帯への生活保護である「要扶養児童家庭扶助」（ＡＦＤＣ）のあり方のことである。同制度はアメリカの公的扶助の柱であった。

クリントンは、この制度が福祉依存層を増やしているという批判をふまえ、ハーバード大学の政治経済学者デヴィッド・エルウッドをブレーンとしてその改革を提起した。すなわちこの制度の給付期間を限定する代わりに、職業訓練や保育サービスを手厚くし、それでも就職が困難な層には、自治体が雇用機会を提供するとした。

イギリスでも同様の改革が提起された。イギリスでトニー・ブレアがすすめたイギリス労働党の路線刷新に大きな影響力をもったのは、社会学者のアンソニー・ギデンズであった。

ギデンズによれば、これまでの福祉国家は、安定した雇用や家族を想定していた故に、雇用の流動化やひとり親世帯の増大などの新しい社会的リスクに対処できていない。それに対してギデンズは、職業訓練などの支援型サービスを社会的投資として位置づけ、これによって人々の能力を向上させることが必要と説いた（ギデンズ 1999）。

こうした「第三の道」路線は、アメリカでもイギリスでも選挙対策としてはいったんは成功を収める。一九九二年のアメリカ大統領選挙でクリントン大統領が誕生、一九九七年のイギリス総選挙でも労働党が地滑り的勝利を得た。

ただしアメリカでは、大統領就任後のクリントンは当初目指した支援型サービスの強化をほとんど実現できなかった。一九九四年の中間選挙で共和党が勝利を収めたこともあって、クリントンは妥協を重ねざるをえなかった。

最終的に一九九六年に導入された制度（「貧困家庭一時扶助」〈TANF〉）は、保護の受給者に週三〇時間以上の就労を求める一方で、自治体の雇用機会提供義務は外され、さらに給付期間を最大五年にするなど、新自由主義的性格がきわめて濃厚なものとなった。

これに対して、イギリスの「第三の道」路線は、低所得世帯の子どもの支援や若者の就労支援については一定の進捗をみた。

しかし、イギリスでも十分な支援型サービスを提供するのに必要な財源は確保されなかった。改革を支えた財源は、民営化された公営企業に一回限りで課税して調達された五二億ポンドなどに限られた。

結果的にイギリスでも支援型サービスには限界が生じ、就労を強制する面も現れてきた。若者の就労支援では、カウンセリングへ出席しなかったり、就職が決まらない場合に課される職業訓練などの義務を受け入れない場合は、失業手当が減額されるなどのペナルティが科せられた。

## 北欧型福祉と社会的投資

教育・訓練など支援型サービスを押し出す社会的投資論としては、ギデンズの「第三の道」論がまず脚光を浴びるかたちになった。だがこれに対しては、いちはやくイエスタ・エスピン－アンデルセンが北欧の経験をふまえた批判をおこなっていた（Esping-Andersen, 2002：5)。

エスピン－アンデルセンの批判は二点である。

第一に、「第三の道」は所得保障と支援型サービスを対立的にとらえているがこれは間違いだ、ということである。スウェーデンでは、たとえば離職して職業訓練を受ける間の所得保障があるからこそ、支援型サービスが効果を挙げた。所得保障は、社会的投資すなわち支援型サービスによって置き換えられるべきものというより、両者は相乗的に組み合わされるべきものなのである。

第二に、「第三の道」の支援型サービスは、失業した成人に対する就労支援など、事後的で救済的な施策に偏っている。これに対して、北欧で取り組まれてきたのは、失業や困窮といった経済的困難に陥る前の段階で、そのような事態を回避する予防的な性格のものであった。とくに就学前教育は重要な役割を担っていた。

社会的投資とは、本来は、貧困が広がった後に保護する「事後的補償」の施策から「事前的予防」の支援型サービスへという転換のはずであった（Morel, Palier and Palme, 2012)。では、事前的予防に重点をおいたスウェーデンの社会的投資戦略とはどのようなものであったのか（宮本　1999）。

まず重要であったのは、就学前教育に始まるリカレント教育（生涯教育）であった。一九七五年の幼保一体化を契機に、就学前教育の質を改善し、家庭の経済状況にかかわらず子どもが認知的、非認知的能力を高める条件を整備していった。こうした就学前教育を基礎に、自治体がおこなう成人教育や職業訓練など、学び直しの機会を提供する制度を構築した。

次に、リカレント教育とも連動した積極的労働市場政策が重要な意味をもった。

スウェーデンでは、個別企業の生産性や利潤率にかかわらず、技能や資格の水準が同じ同一価値労働には同一賃金を設定する連帯的賃金政策がとられた。生産性の低い企業では労働コストが利潤を上回るかたちを意図的につくったのである。こうして将来性の乏しい企業には市場からの退出を迫ったうえで、そこに雇用されていた労働者は、職業訓練と職業紹介により、生産性の高い（したがって処遇がよりよい）企業へ誘導した。

さらに、リカレント教育や職業訓練を受けたり、育児休業を取得したりする際の所得保障が重視された。能力形成や出産・育児が生活水準を劣化させるリスクを伴わないように、失業保険や育児休業中の所得保障は、従前の所得の八割程度を保障する所得比例型の保障を強化していった。

先に述べたように、こうした北欧型の支援型サービスと所得保障は、安定就労層やその子どもたちが、「新しい生活困難層」や固定的な福祉受給層とならない「予防」的施策であることに価値がある。

実際のところ、スウェーデンの生活保護（公的扶助）受給は、開始後五年で移民でも七割以上、ネイティブで八割以上が終了する（日本では受給者の半数以上が五年を超えている）（Mood, 2013）。だが逆にいえば、日本のように「新しい生活困難層」が広がり、福祉受給層の固定化もすすんでいる国に北欧型の「事前的予防」の制度をもちこんでも、何より当面の生活費を必要とする人々が多いという現実とかみ合わない可能性がある。

**ベーシックインカムの台頭**

さて、新自由主義に対抗するはずの「第三の道」の考え方が新自由主義に接近してしまったことへの反発は、一方では「北欧型福祉」への再評価につながると同時に、ベーシックインカムの提起を広げることになった。

たとえば、イギリスの社会政策学者ビル・ジョーダンは、「第三の道」が掲げる就労支援を「新しいブレア・クリントン的正統派」と名付けて批判をした。新しい正統派は、困窮層に就労するよう圧力をかけるが、今日のグローバル経済のなかで先進国が完全雇用を実現することは困難であるし、周辺的な部門で働かざるをえない人々の困窮は改善されない。

これに対してジョーダンは、ベーシックインカムこそが、困窮に対処し、機会の平等を広げ、さらには（勤労所得があっても給付が削減されないため）就労意欲も高めると主張した（Jordan, 1998: 169–177）。

また、フランスの社会学者アンドレ・ゴルツは、かつてはベーシックインカムに反対の立場をとっていた。自由な働き方を保障するならば、労働は権利でもあるという考えからであった。しかし、クリントンが推進したような「第三の道」型の改革がワークフェアに近づき、同様の改革がヨーロッパにも広がっていくのをみて、ベーシックインカム派に転向した。ゴルツもまた、ベーシックインカムこそがより自由な働き方を可能にする条件になると主張したのである（Gorz, 1999：80-88）。

ここでベーシックインカムについても基本的な事柄を整理しておこう。ベーシックインカムとは、この考え方を推進する研究者や実践家の国際ネットワークであるＢＩＥＮ（ベーシックインカム地球ネットワーク）の定義によれば、以下のような施策である。

ベーシックインカムは、所得調査を課したり、就労を求めたりすることなく、無条件に、すべての個人を対象として、定期的におこなわれる現金給付である。

要するに、就労支援を重視する社会的投資の施策とは対照的に、就労や所得の状況とまったく切り離して現金給付をおこなおうとするのがベーシックインカムである。

ベーシックインカムを唱える論者は、ほとんどの場合、生活保護や失業手当、児童手当、年金などの現金給付をこれに一本化し、所得の如何を問わず無条件で給付することを求める。一見たいへん無謀な考え方のようであるが、このやり方には一定の合理性があることは事実である。

自治体が生活保護のケースワーク業務にどれだけの人員を割いているかは周知の事柄であり、また社会保険制度にもたいへんな行政コストがかかる。日本年金機構が所管する複雑膨大な年金の管理業務が、時に「消えた年金問題」などを引き起こしてきたことを想起すればよい。ベーシックインカムを導入すればそのような行政経費が不要になってこれを給付に回すことができるし、生活保障の制度の透明度は向上する。

だが他方で、国の特定の制度に人々の生活が根本から左右されるのは、たいへん危ういことでもある。各種の所得保障を一本化してベーシックインカムが導入され、後にその給付が引き下げられたりすれば打撃は甚大である。

## ベーシックインカムの機能を決めるもの

また、支援型サービス重視の立場が「第三の道」と「北欧型福祉」に分かれたように、ベーシックインカムといっても一括りにはできない。それが人々の生活保障にどれだけの、どのような意味をもつものとなるかは、一様ではない。

まず、ベーシックインカムの給付額によって、制度はまったく違うものになるであろう。仮に給付額が同じでも、ベーシックインカムの導入に際して、既存の制度のうちどこまでをこれに置き換えるか、いかなる税制で財源を調達するかで、ベーシックインカムの効果は大きく異なってくる。

たとえば、日本において早い段階からベーシックインカムを提唱してきた小沢修司と、近年ベーシックインカムについて具体的な政策提起をしている原田泰《ゆたか》という二人の経済学者の議論を比較してみよう。

小沢の提案するベーシックインカムは、子どもを含めて、すべての市民に八万円を給付するというものである。両親と子ども二人の世帯で年間三八四万円の給付となる（小沢 2002：167–183)。これに対して原田は、すべての成人に七万円を、子どもには三万円を給付することを提起する（原田 2015)。同じく両親と子ども二人の世帯で年間二四〇万円になる。両氏のベーシックインカム構想は大きく隔たっているわけではないようにみえる。

しかし、こうしたベーシックインカムを給付するための財源をどのように調達するかという点も含めて比較すると、両氏の提案が目指す社会像はみかけよりもずっと大きく異なることも分かってくる。

小沢の構想では、社会保障の現金給付部分をベーシックインカムで置き換える。介護や保育、医療などのサービス給付は削減しない。税制については税控除を全廃して所得税を一律五〇％に引き上げる。小沢の計算によれば、このような増税をおこなっても、年収七〇〇万円までの世帯はベーシックインカムの導入により再分配後の所得が増大する。

これに対して原田も、社会保障の現金給付についてベーシックインカムに置き換えるという点では共通している。ただしそれに加えて、日本では公共事業予算、中小企業対策費、農業予算なども事実上所得保障としての役割を果たしているという見方から、その一部をベーシックインカムの財源に充てる（原田　2015：121–123）。

そして所得控除をなくした上で、一律三〇％の所得税によって財源を調達する。原田の計算によれば、これは中所得者にとっては現行の制度に比べて負担と給付があまり変わらない制度になる。さらにいえば、一律三〇％の所得税は、高所得者の負担を軽減することになるであろう。

原田はより累進的な制度も考慮できるとしているが、氏の提案のポイントは、再分配の強化というより現行の条件内での実現可能性に力点を置いたものである。原田も認めるように、その給付水準は夫婦と子ども二人を想定した場合、大都市の生活保護水準を下回る。だがこの点を批判するのは、生活保護の受給に至らない困窮層（本書のいう「新しい生活困難層」）の問題に真剣に向き合わないことだと原田はいう。

このように、ベーシックインカムの導入がどのような効果をもたらすかという点でみた時、両氏の構想の差は大きい。原田は小沢との議論の違いを「イデオロギーの問題」としているが、イデオロギーということになれば、原田の議論は経済的自由主義の性格が強いし、小沢の議論はより社会民主主義的ともいえよう。

## 四つの選択肢と三つの立場

さて、今日の貧困政治において政策的対立軸になりうる四つの考え方を、その相互関係を含めて整理してきた。「北欧型福祉」が社会民主主義に基づき、新自由主義が経済的自由主義に由来することはよいとして、「第三の道」とベーシックインカムが社会民主主義、経済的自由主義、保守主義とどう関連するかはもう一度整理しておきたい。

まず「第三の道」は、アメリカやイギリスにおけるその展開を振り返ったとおり、新しい社会民主主義というより、実態としては社会民主主義と経済的自由主義の接近であった。

他方で、しばしば一つの制度であるかに論じられるベーシックインカムも、累進的な所得税で財源を調達し、高い水準のベーシックインカムを導入するか、現行の税制の枠内で（あるいは減税をして）、経済支援の制度全般をここに一本化して財源を調達しつつ導入するかで、まったく別物となる。社会民主主義的なベーシックインカムか、新自由主義的なベーシックインカムかという違いである。

加えて保守主義的なベーシックインカムというものも考えられる。その導入のために保育サービスなどの財源が犠牲になり、給付が世帯主の口座に振り込まれ、女性が家庭で家事や育児を担うことの報償のような意味をもてば、ジェンダー分業を固定化させる結果になるからである。

## 3　日本の貧困政治と対抗軸の形成

### 福祉政治のパターン

さて、以上の枠組みに基づき、日本における貧困政治の展開を振り返ってみたい。

先進諸国における福祉政治の展開には、多くの国で共通するパターンがあった。まず、アメリカのレーガン政権やイギリスのサッチャー政権が代表するような、いわゆる新自由主義的な福祉批判が台頭する。これに対抗して、社会保障と福祉を擁護する勢力がいったんは福祉刷新の論理を掲げ、支援型サービスを軸にした社会的投資型の政策提起も現れる。

ところが、先進諸国はこのころには一様に、「財政再建国家」（シュトレーク　2017）に転じていて、こうした施策はなかなか成就しない。「第三の道」にみられたように、支援型サービスの実現に失敗して、新自由主義に接近する場合も現れる。

こうしたなかで、ベーシックインカムが新たな関心を呼びその実現を掲げる政治勢力も現れる。他方では、北欧型福祉の経験に倣って支援型サービスを強化しようとする提起も現れる。

しかし、「新しい生活困難層」の広がりを背景に、その政治不信を煽ったり利用したりするポピュリズムも台頭するなか、社会民主主義的施策は進捗を妨げられる。

日本における福祉政治の展開も、以上のような流れと重なるところが多い。

だが日本における社会民主主義的な提起は、序においてみたように、政権交代期などの政治的例外状況のなかで提起され制度化されるという、「例外状況の社会民主主義」であった。新自由主義も、小泉政権期などを除けばはっきりした旗振り役がいるわけではなく、政策の実施に携わる際に、財政的制約から受容せざるをえなくなる暗黙の圧力という面が強かった。つまり、「磁力としての新自由主義」であった。

さらに欧米の新自由主義（そして「第三の道」）の目標が福祉給付の減額をテコとして受給者を就労に向かわせることであったのに対して、低所得者向けの福祉給付がしぼりこまれてきた日本では、就労可能な人はすでに働いていた。

したがってたとえば小泉構造改革の主なターゲットとなったのは、福祉国家そのものより、本書がみてきた「三重構造」、すなわち行政が企業経営を庇護し、男性稼ぎ主の家族扶養を可能にする仕組みであった。

「磁力としての新自由主義」は、社会による介護や子育てをすすめようとした社会民主主義的施策を阻んだのみならず、これまで「介護や育児は家族でなんとかする」「自助でがんばる」かたちをどうにか成り立たせてきた「三重構造」を解体したのである。結果的に、地域や家族では「日常的現実としての保守主義」が前面に出る傾向がある。

以下こうした経緯を辿りたい。

## 新自由主義の出現

日本において新自由主義的な福祉国家批判が広がったのは、一九八〇年代の初めに、第二次臨時行政調査会（第二臨調）を主要な舞台として、政府支出の縮小が本格的に打ち出されてからである。日本でも田中角栄内閣時の一九七三年には社会保障支出が大幅に拡大されていた（福祉元年）。これは対前年度比率三七・四％増という潤沢な税収に支えられたものであった。主な税支出は、年金給付の引き上げなど社会保険財源を支え、日本型生活保障の「三重構造」を完成させた。だが、その後の石油ショックを経て、早くも七四年度には税収入は増加率一二・六％に後退し、さらに翌七五年度はマイナス九・一％に落ち込んだ。

こうしたなかで、一九八一年三月に発足した第二臨調は、日本における新自由主義的福祉改革論のさきがけとなった。一九七九年のサッチャー政権、一九八一年のレーガン政権に続き、一九八二年に中曽根康弘が首相に就任し、行政不信を強め始めた都市有権者に対しては、新自由主義的な施策を前面に出す政治を展開した。

たとえば、一九八一年に出された第二臨調の第一次答申では、「行政改革の理念と課題」として、「個人の自立・自助の精神に立脚した家庭や近隣、職場や地域社会での連帯」を基礎とした福祉を実現し、福祉の対象を「真に救済を必要とするもの」に限定していくという考え方が打ち出された。

また、一九八二年の第三次答申（基本答申）では、租税負担と社会保険料負担の国民所得に対する割合である国民負担率を、ヨーロッパ諸国よりも抑制していくべきだとした。さらに、一九八三年の第五次答申（最終答申）では、生活保護について、「不正受給」の排除、医療扶助や生活扶助基準の見直しなどを求めた。

それでは実際の福祉改革はどのようにすすめられたのか。貧困政治にとくに関わった動きとしては、生活保護の給付抑制や生活扶助基準の見直しが進行した。一九八一年の厚生省社会局保護課「一二三号通知」などが、「不正受給」問題を根拠に、給付決定の厳格化や所得・資産調査の徹底を求めた。

また、一九八四年には、生活保護の扶助基準の決め方が、一般世帯と保護世帯の格差縮小をすすめる方式から、所得の低い一般世帯の消費水準との均衡を維持する方式へ改められた。さらに一九八七年からは、地域ごとに生活扶助額等を決める級地制度が細分化され、地方では事実上の扶助額切り下げとなった。

こうしてこの時期、生活保護の受給者が減少し、給付額も引き下げられた。一九八五年におこなわれた「高率補助金」の補助率削減も背景にあった。国の補助率が二分の一を超えていた生活保護費補助金などについて、補助率が削減され、自治体負担が増大した。その結果、負担増大を嫌う自治体では生活保護給付抑制が強まったと考えられる。

給付抑制がすすんだこの時期、どのような人々が生活保護を受給していたのであろうか。

さかのぼって一九五八年では、生活保護受給世帯のうち、稼働世帯が五七・七％、非稼働世帯が四一・一％、稼働停止中の世帯が一・二％という構成であった。この時期には生活保護は就労しても生活が成り立たない世帯への給付という性格をもっていた。

だがその後、生活保護の給付対象はしぼりこまれた（岩永　2011）。その構成は、一九八六年には稼働世帯が二一・二％、非稼働世帯が七八・五％、稼働停止中の世帯が〇・三％となった（国立社会保障・人口問題研究所「世帯業態別被保護世帯数の年次推移」）。

一九八六年に保護が開始された世帯の類型をみると、高齢世帯が一三％、母子父子世帯が一八％、傷病世帯と障害世帯が五四％で、その他世帯が一五％となっている（その他世帯も世帯主と世帯員の傷病を多く含む）（国立社会保障・人口問題研究所「保護開始世帯数（理由、世帯類型、構造別）」）。

つまりすでにこの段階で、生活保護受給者は就労困難層が中心であった。したがって、福祉受給層に就労を迫った欧米の新自由主義とは異なり、日本の新自由主義は、給付をただ減額し、対象をさらにしぼることに終始したのである。

### 対抗軸の形成

このようなかたちで「個人の自立・自助」を打ち出した新自由主義的潮流に対して、それとは異なった福祉理念の刷新を実現していこうとする流れが、当時の厚生省、学者・研究者、全国社会福祉協議会など福祉団体のなかから起こってくる。

第二臨調の流れに対抗する福祉理念刷新の論理は、一九八六年五月の社会福祉基本構想懇談会「社会福祉改革の基本構想」や、一九八九年三月の福祉関係三審議会合同企画分科会「今後の社会福祉のあり方について（意見具申）」、さらには、一九九五年七月の社会保障制度審議会「社会保障体制の再構築（勧告）」などにまとめられていく。

「社会福祉改革の基本構想」は、目指すべき方向が新自由主義的な提起とも、既存の福祉体制の遵守とも異なることを強調した。すなわち、福祉改革を「一方においては財政面での辻褄合わせの便法として捉える向きがあり、他方ではこれに反発する余りに、旧態依然たる要素を残している現行の社会福祉制度を結果的に維持・存続させる」動きがあるとした。

つまりこの構想も、欧米で試みられたように、経済的自由主義でも既存制度擁護のいずれでもない（「第三の」）道をすすむという構想を打ち出していたのである。それでは福祉刷新の方向性とはいかなるものか。

その具体的な内容としてまず強調されたのは、「社会福祉の普遍化・一般化」であった。これはこれまでの日本の福祉が「救貧的・防貧的な選別主義的社会福祉」であったという前提に立ち、そこからの転換を図るというものである。

第一章でも述べたように、日本の社会保障が困窮層に給付を集中する選別主義であったかというと、決してそうではなく、もともと困窮層向けの給付は抑制される傾向があった（星野、二〇〇〇）。しかし、福祉の対象を広げていくという提起自体は、たしかに旧来の福祉からの転換であり、北欧型福祉ともつながるものであった。

提起された第二の方向性は、福祉の供給体制の改革であった。それまでの措置制度を見直し、公的部門と並んで、民間団体が大きな役割を果たす仕組みに転換することが提起された。また、利用者によるサービス選択を可能にする、ということが重視された。ただし市場原理の徹底が説かれていたわけではなく、公的な財源を基礎におこなわれる準市場型制度のビジョンだった。

さらに第三に、福祉は一部の人々の救済や保護ではなく、多くの人々の連帯と自立（自律）を支援するべきだという考え方が打ち出された（菊池 2010）。社会保障制度審議会「社会保障体制の再構築」は、社会保障が「自立と連帯の精神」に依拠するべきであることを繰り返し説いた。

こうした福祉刷新の考え方は、その後、まずは介護保険制度として結実する。その条件となったのが、一九九三年に非自民連立の細川護熙政権が誕生し、さらにその内部対立を経て、一九九四年に自民、社会党（のちに社会民主党）、さきがけ連立の村山富市内閣が成立するという政治的例外状況であった。

介護政治を扱う次章の主題になるが、この「例外状況の社会民主主義」がまずは介護保険制度として結実できたのは、介護という社会的リスクの広がりで社会保険による財源調達が可能になったからである。

そしてこの福祉刷新ビジョンは、高齢者福祉の領域から福祉全般に広がり、社会福祉の「基礎構造改革」として提起され、二〇〇〇年には社会福祉事業法の社会福祉法への再編というかたちで制度化がすすんだ（菅沼・土田・岩永・田中編 2018：314–323；駒村 1999）。

これに対して貧困政治においては、福祉刷新の論理が具体化され生活困窮者自立支援制度がうみだされるには、その後の小泉構造改革というもう一つの新自由主義の波を経て、自民党と民主党の政権交代期という次の政治的例外状況を待つ必要があった。

### 中曽根改革・小泉改革と「三重構造」

福祉の普遍化を打ち出した社会民主主義的な改革路線は、介護保険制度に結実した後は、新自由主義的な方向に傾斜を始める。とくに小泉純一郎政権の成立が大きなターニングポイントとなった。

小泉政権が新自由主義的な志向の強い政権であったことは、誰しも指摘することである。日本の新自由主義は、「磁力としての新自由主義」という言葉で特徴づけたように、特定の規範やイデオロギーを強調することがあまりなく、多くの場合、暗黙の圧力のようなかたちで作用してきた。

これに対して小泉政権においては、総理大臣のみならず経済財政諮問会議のような司令塔が比較的にはっきりと存在していた。また郵政民営化担当大臣などに就いた竹中平蔵のように、新自由主義の理論家もいた。

だが、イギリスやアメリカの新自由主義との相違点はここでも現れた。

イギリスやアメリカの新自由主義が福祉国家の縮小を目指したのに対して、小泉構造改革におけるターゲットは、福祉国家というより男性稼ぎ主雇用を支えた「三重構造」であった。とくに地方に雇用を確保する仕組みが徹底して解体された。

小泉政権に先立って、第二臨調を舞台に「増税なき財政再建」をすすめた中曽根政権も、新自由主義的な性格を指摘されてきた政権であった。だが、中曽根は「三重構造」を解体するつもりはまったくなかった。公共事業や業界保護は、地方で安定的得票を確保するための装置として当時の自民党にとって依然重要であった。

中曽根は、一九八六年の衆参同日選挙で大勝した後の講演で、「自民党は今までの固有のお客さんは大事にして、更に左にウイングを伸ばして」勝利した、と総括した。中曽根政権は、新自由主義の施策を掲げつつ地方における公共事業を継続した。ただしこの矛盾が目立たぬように、公共事業は地方自治体の単独事業を拡大した。

これに対して小泉政権は、「自民党をぶっこわす」ことを唱えて誕生した政権であった。小泉は、中曽根が温存した地方における「三重構造」そのものの解体をすすめた。

とりわけこれまで地方に男性稼ぎ主雇用を創出し、「三重構造」を支えてきた公共事業予算の削減は顕著であった。一般歳出に占める公共事業関係費は、一九九八年度の八兆九八五三億円から二〇〇七年度概算の六兆九四七三億円まで減少した。

中曽根政権時代に構築された、地方債で自治体単独事業の公共事業を続行する仕組みも解体された。小泉構造改革の司令塔となった経済財政諮問会議「骨太の方針」第一弾（二〇〇一年）では、地方債の元利返済を交付税で措置する仕組みをとりやめるべきとした。

その結果、公共事業は地方単独事業においても大幅に縮小される。二〇〇一年に一一兆五四六億円であった地方単独事業費は、二〇〇五年には七兆六六三九億にまで落ち込む。

社会保障そのものについても削減がすすんだ。とくに社会保障支出の自然増分を抑制した施策が大きな影響を及ぼした。二〇〇二年度からの五年間では、社会保障支出の自然増分について、国の一般歳出ベースで約一・一兆円が削減された。

冒頭から述べてきたように、日本の社会保障支出の特徴は、社会保険の財源を税で補塡して皆保険・皆年金を成立させ、「三重構造」に組み込んだことであった。ゆえに、高齢化で医療、年金、介護の社会保険給付が伸びれば、税支出も自動的に増大する。その自然増分の削減は、きわめて対症療法的にこの支出を抑制することを目論んだものであった。

## ワークフェアの空回り

欧米の新自由主義（そして最終的にそこに接近した「第三の道」）が目指したのは、福祉受給者の就労を促し、安定就労層の納税者や「新しい生活困難層」の支持を得る、ということであった。

これに対して日本の新自由主義は、都市部の納税者の支持を当て込み、公共事業予算削減などで地方の雇用基盤を解体した。ある意味では欧米の新自由主義が掲げた「福祉から就労へ」（ワークフェア）とは逆方向に、地方の人々から雇用機会を奪っていったのである。

日本においても、欧米に触発されるかたちで福祉受給者などに就労を促す働きかけはおこなわれた。

だが、そもそも日本の生活保護制度においては、とくに一九六〇年代半ば以降は、働く条件のある人は給付対象から排除される傾向が強まっていった（岩永 2011）。あるいは、アメリカでワークフェアの主な対象となった母子世帯の多くは、日本ではすでに働いていた。したがって日本のワークフェアは空回りに終わった。以下その経緯をみよう。

**①生活保護の加算廃止と児童扶養手当改革**

生活保護については、受給者に就労を求める余地は小さく、ただ給付削減がすすめられた。「骨太の方針第三弾」（二〇〇三年）に基づき、二〇〇四年からは七〇歳以上の受給者に対する老齢加算が減額され、二〇〇六年には廃止された。また母子加算についても、二〇〇九年までに段階的に廃止することが決められた。

よりワークフェア的であったのは、二〇〇二年一一月に改正された児童扶養手当法である。その第二条二項には、児童扶養手当の給付を受けた母親は「自ら進んでその自立を図り、家庭の生活の安定と向上に努めなければならない」と書き込まれた。また、支給開始から五年を経過した段階で、政令の定めによりその一部を支給しないとされた。

給付についてはこれに先だって所得制限を強化すると同時に、就労支援サービスを強めることが打ち出された。

都道府県知事が指定する教育訓練を受講する者にその費用を二〇万円を限度として支給することや、看護師や介護福祉士の資格を取得するために二年以上修業する際に、生活費の一部を給付することなどが決められた。

就労支援を前面に出したこの改革は、アメリカのクリントン政権が一九九六年におこなった母子世帯の就労促進策をモデルとしていた。先にみたように、このクリントンの改革は「第三の道」路線をすすもうとしたクリントンが共和党の新自由主義に阻まれ妥協をした結果、就労の義務化が前面に出ていた。

だが、日本の母子世帯は、この段階でもすでに八割以上が就労していて、この点でアメリカとは前提が違っていた。教育訓練への補助も、所得制限が厳しいことに加えて、就労し育児をしながら資格を取得させるというのは無理があった。正規社員への採用支援を求める母親のニーズともずれていて、制度の利用率は低かった（堺 2020：281–283）。

### ②若者就労支援

この時期、ワークフェア的な施策が展開されたもう一つの分野は、若者の就労支援である。一九九〇年代半ばからの経済停滞のなかで、若者無業者の急増が注目されるようになり、二〇〇五年の内閣府の「若年無業者に関する調査（中間報告）」は、「一五歳から三四歳の若年無業者（通学、有配偶者を除く）は、二〇〇二年時点で二一三万人に達し、一九九二年からの一〇年間で八〇万人増えた」とした。

二〇〇三年には、経済産業省、厚生労働省、文部科学省、内閣府の協議のもと、「若者自立・挑戦プラン」が策定され、若者の就労支援機関「ジョブカフェ」が都道府県の所管で始まった。「若者自立・挑戦プラン」の「趣旨説明」では、「若年者の働く意欲を喚起しつつ、全てのやる気のある若年者の職業的自立を促進し、もって若年失業者等の増加傾向を転換させる」（傍点引用者）ことを目的とするとされていた。課題は若者の意欲喚起にあるという認識が濃厚に示されていたといえる。

また二〇〇四年には、「若者の自立・挑戦のためのアクションプラン」がまとめられた。そこでは、合宿方式の「若者自立塾」や職業訓練と企業実習の二本立て（デュアル）による「日本版デュアルシステム」のような実質的な支援サービスも含まれていたものの、やはり若者の意識改革に向けられた諸施策に力点が置かれた。

すなわち、学校教育における職場体験とキャリア教育、「若者の人間力を高めるための国民運動の推進」などの「啓発型」のメニューが並んだ。

さらに二〇〇六年からは、厚生労働省が地域若者サポートステーション（サポステ）事業を各地で開始した。ハローワークを併設する例を含めて就労に直接つなげようとしたジョブカフェに対して、サポステは、「コミュニケーションスキル」や「ソーシャルスキル」の習得に力点を置いた運営を打ち出した（宮本　2015）。

つまりサポステは、単なる意欲喚起に留まらず、若者が抱えた複合的困難に対応することを目指した制度であった。ＮＰＯや社会福祉法人、株式会社などの民間事業者に事業委託されており、事業者によっては、一定の進路決定者を出すなどの成果をあげるところもあった。

だが、このサポステを含めて若者就労支援の制度展開には、「新しい生活困難層」としての若者が抱えている複合的な困難を解決する手段（支援型サービス）が決定的に不足していた。その一方で、イギリスやアメリカのワークフェア改革のように、若者を就労に追い込む手段もまた欠いていた。

日本には、就労可能性のある若者に対する扶助の制度はほとんど存在しなかった。つまりイギリスのブレア政権が打ち出した「福祉から就労へ」という理念や、アメリカのクリントン政権による「おなじみの福祉は終わらせる」というスローガンでいう、「福祉」に相当する部分がなかったのである。そもそも打ち切る福祉がなければ、ワークフェアというカードは切れない。

みてきたように、日本では、福祉受給者がすでに就労困難層に絞り込まれ、就労条件のある層、とくにひとり親世帯はすでに就労し、さらに若年層にはそもそも福祉給付がなかった。したがって日本の新自由主義におけるワークフェアは、制度改革としては空回りしたのである。

### 「磁力としての新自由主義」とは何か

福祉刷新の提起は、新自由主義的な第二臨調の路線への対抗軸として打ち出されたにもかかわらず、当初の社会民主主義的な理念からしだいに逸れていく。このように「例外状況の社会民主主義」が方向転換してしまうパターンは、次章以下、介護政治や育児政治でもみることになる。

本書は、その際に作用した圧力を「磁力としての新自由主義」と呼んでいる。日本の新自由主義は、ワークフェア改革で福祉を削減した欧米の新自由主義とはいささか異なっていた。

一つはもともと抑制されていた福祉の削減それ自体より、旧日本型の生活保障における「三重構造」の解体が焦点となりワークフェアは空回りしたという点であるが、さらに日本では、イデオロギーとしての新自由主義に与しているわけではない行政官から、福祉削減の打撃を受けるはずの低所得層に至るまでが、新自由主義的改革に賛同する場面がしばしばあった。

新自由主義そのものを価値原理として支持し追求する人々ももちろんいた。だが、市場原理主義者ではなくとも新自由主義的施策に引きつける、この「磁力としての新自由主義」の作用は大きかった。それでは、その「磁力」はどこから発生しているのであろうか。三つの構造が磁力の源となっていると考えられる。

第一に、恒常的な財政危機という構造である。日本における財政制約はとくに顕著であった。一九八九年に一〇%程度であった政府予算の公債依存度が、同年に消費税が導入されたにもかかわらず、その後一〇年間で四〇%を超えるまでに跳ね上がった。その後、国と地方の債務残高はＧＤＰの二倍以上に達して、先進国では最大の規模となった。

しばしば先進国のなかでも抜きんでた高齢化率を背景に、社会保障支出が増大していることが財政危機の背景とされる。たしかに社会保障支出のＧＤＰ比をＯＥＣＤ統計でみると、二〇一七年ですでに二二・三％とＯＥＣＤの平均を超えている。だがこれは高齢化の度合いからすれば、かなり抑制された水準である。

日本の政府支出を社会保障支出に限らず全体としてみると、決して大きいわけではない。財務省の統計では、政府支出はＧＤＰ比で三八・六％とＯＥＣＤ諸国の平均を下回っている（二〇一七年）。

さらに、日本の税収は一貫して小さいままであった。各国比較が可能な二〇一七年でみると、日本の租税負担率（租税負担の国民所得比）は二五・五％で、ＯＥＣＤ加盟三五カ国でこれより租税負担率が低いのは、メキシコ、トルコ、チリ、リトアニアだけである。これに二〇一七年の社会保障負担率一七・七％を加えた国民負担率をみても、日本はＯＥＣＤ諸国で下から九番目である。

日本は、先進諸国でもっとも高い高齢化率のもとで、最大の債務残高を抱えつつ、租税負担率はきわめて低いのである。

「小さな政府」の恒常的な財政危機のもと、財政の均衡を目指す財政当局の日常的な反応が、支出のさらなる削減という新自由主義を招き寄せることになる。

第二に、生活保障と税制への国民の強い不信という構造である。

租税負担率の低さにもかかわらず日本における重税感と租税抵抗はたいへん強い。

少し古いデータにはなるが、筆者らが北海道新聞と共に二〇一一年におこなった全国意識調査で「税金や社会保険料などの国民負担についてあなたの実感に近いのは」と尋ねたところ、「許容範囲を大きく超えている」が一九・四％、「許容範囲をやや超えている」が四三・九％で、「許容できる範囲」は三四・三％であった（北海道大学・北海道新聞社「地域主権と地域政策」報告書）。

またしばしば引かれるのが、二〇〇六年の国際社会調査プログラム（ＩＳＳＰ）における「政府の役割Ⅳ」での「一般的にいって、今の税金をどう思うか」という問いに対する回答である。日本では中所得者の六一・六八％が税金が「高い」と答えて、先進諸国一五カ国のなかでフランス、カナダ、スペイン、オーストラリアに続いて五番目、低所得者の七六・〇一％が「高い」と答えてこれはスウェーデン、スペイン、ノルウェーに続いて四番目である（佐藤・古市　2014：6）。

政府支出も国民負担率も抑制されてきたのに、なぜ重税感が強いのか。

実はこれはそう難しいパズルではない。還元感のない負担、還ってこない税は重く感じるのがむしろ当然なのである。

筆者はかつてこうした現象を、これまでの生活保障の制度が人々の制度不信を強め、さらには相互の連帯を困難にしているということから説明していた（宮本　2009a）。日本における制度不信について、本書での議論、とくに「新しい生活困難層」の増大をふまえて整理し直せば、三つの側面を指摘できよう。

### ①納税者への還元の弱さ

まず、給付が欠如し、あるいは不十分であるのに、負担のみが課されているという感覚である。

こうした感覚は、制度の狭間にある「新しい生活困難層」が増大するなかで、より大きく広がっていったと考えられる。

ひとり親世帯や低所得の不安定就労層を中心に、消費税や逆進的な社会保険料の負担のみを強いられ、児童扶養手当などは所得制限が厳しい。一時はひとり親世帯では再分配後の貧困率がむしろ高まってしまうという現象がみられた。

ゆえに、もはや低所得層は福祉に期待しない。そして負担を重いと感じる傾向がある。三菱総合研究所の調査では、「福祉を充実させるために、われわれの負担が重くなってもやむをえない」という意見に近いと答える人々を所得階層別にみると、年収二〇〇万円以下層がもっとも少なく、年収一〇〇〇万円以上層がもっとも多い（三菱総合研究所「平成二三年度国民意識調査報告書」）。

そもそも政治に関しても、低所得層は、福祉を唱える政党よりは景気浮揚を掲げる政党を支持する傾向がある。この点は、政治学者の西澤由隆が一連の選挙での自民党への投票のうち、所得下層三割の人々の割合が高いことを明らかにしている（西澤　2018）。

### ②制度不信の深さと強さ

次に、制度が恣意的に、一部の人々に都合よく運用され、利益誘導と既得権がはびこり、フリーライダー（負担せずにただ乗りする人）も多い、という感覚である。

これまでの日本型生活保障は、みてきたように、公共事業、業界保護など裁量的行政と政治の利益誘導を重要な柱としてきた。談合が常態化するなど、常にコンプライアンス（遵法性）の問題を抱え、生活保障と制度不信は裏表の関係であった。

日本における政治と行政への不信は他国に比べても高い。そして政府、国会、自治体を「信頼していない」と回答する人は、年収二〇〇万円以下層を筆頭に、低所得層において多くなっている（三菱総合研究所「平成二三年度国民意識調査報告書」）。

先にみたように、小泉構造改革のような日本の新自由主義は、欧米のように福祉依存への反発をエネルギーにするより（依存するには福祉はあまりに弱かった）、政治的利益誘導への不信をテコに改革をすすめたのである。

スウェーデンの政治学者ボー・ロトシュタインらも強調しているように、政治と制度への信頼喪失は、容易に社会のなかでの相互信頼の衰退につながる。

その結果、安定就労層、「新しい生活困難層」、福祉受給層の分断が深まったことは、先に述べたとおりである。そして、そのような格差と分断がさらに社会的信頼を侵食することになる（Rothstein and Uslaner, 2005）。

### ③税の循環のみえにくさ

これまでみてきたように、日本の社会保障の一つの特徴は、税が社会保険財源を補填するかたちがとられてきたことであった。税と社会保障が融合した仕組みは、皆保険・皆年金を早期に実現するために不可欠であった。

だが、この仕組みも税の循環の仕方をみえにくくしている。実際のところ社会保険未加入の「新しい生活困難層」は社会保険に投入された税の恩恵に与れなくなる。その結果、税の還元感はさらに弱まっていってしまった。


さて、新自由主義の「磁力」をうんだ三つの構造に話を戻すと、その第三は、社会民主主義的な支援策の推進を妨げる生活保障制度それ自体の構造である。

日本の生活保障は二重の縦割りによって特徴づけられていた。一つには雇用と福祉の縦割りである。第一章の図1-3に示したように、日本では三重構造のもとでの安定雇用の制度と、生活保護など福祉の制度が二極化していた。雇用は福祉を必要としない人たちの制度であり、福祉は働くことができない人たちの制度であった。

もう一つには福祉制度自体の縦割りがあった。働くことができない人たちを保護するに際しては、人々の抱える困難を個人の属性として類型化し、困窮、高齢、障害、子どもという属性ごとに保護する基準を設定した。就労困難な人々を絞り込んで保護する手続きを、納税者・有権者の納得を得ながらすすめる上で、縦割りはもっとも適合的な制度であった。

だがこうした二重の縦割り構造のなかで、社会民主主義的に手厚い就労支援を試みても就労にはつながりにくい。逆にそのような支援への支出はムダと判断され、新自由主義的な放任施策へ向けた圧力につながる。

このように、財政的制約、税と制度への不信という制約、制度それ自体の制約があいまって、社会民主主義的施策を阻む「磁力としての新自由主義」の「磁力」をうみだした。

結果的に人々が生きる現実は、自助頼みと家族依存しか道がない「日常的現実としての保守主義」という傾向を強め、今度はこうした人々の心性が政治や行政にフィードバックして、「磁力としての新自由主義」を増幅させた。

もちろん、この「磁力」に乗じて自らに有利な政策や制度を実現しようとするアクターの存在やその選好があってこそ新自由主義が力を増す。グローバルな資本（企業）の選好は、新自由主義的施策の推進力であることは間違いない。

だが、こうしたグローバル企業などの選好が優先されるその背景を説明するためにも、「磁力としての新自由主義」の構造に注目する必要があるのである。

## 4 「社会保障・税一体改革」と貧困政治

### 民主党政権とベーシックインカム型生活保障

小泉政権のもとでの新自由主義的改革と「三重構造」の解体は、とくに地方からの強い反発を招いた。二〇〇七年の参議院議員選挙において、非都市部である二九の一人区のうち一七を民主党が制して自民党が大敗したことから、政府与党の内部でも構造改革路線の見直しが必要という考え方が広がった。

民主党は、二〇〇七年の参議院選挙で勝利した経験からも、格差と貧困に反対していく姿勢を強調するようになった。その手段として前面に出たのは、主にはベーシックインカム的な現金給付であった。

二〇〇九年の民主党マニフェストは、二万六〇〇〇円の子ども手当、七万円の最低保障年金、職業訓練を受ける求職者に月額最大一〇万円を給付する求職者支援制度など、現金給付の施策が並んだ。

「コンクリートから人へ」という当時の民主党のスローガンは、支援型サービスを軸とした社会的投資戦略として打ち出されることも可能であったろう。筆者自身、民主党政権発足直後、マニフェストの路線が現金給付に偏っていることを批判して、社会的投資の視点をより重視した方向に舵を切ることを提案したこともあった（宮本 2009b）。

ではなぜ、ベーシックインカム的な現金給付が前面に出たのか。

一つは民主党のなかでは、公共事業や業界保護で雇用を維持する手法は、自民党政治そのものであるという見方が強く、かといってそれに代わる体系的な雇用政策も提起されなかったという事情があった。公共職業訓練に関わる雇用・能力開発機構や、労働者のキャリアを記録し外部労働市場を形成するツールとされたジョブ・カードなどが、むだな行政支出を省くための事業仕分けで検討対象となったことは象徴的であった。

また、ベーシックインカム的な施策は、経済的自由主義、保守主義、社会民主主義と多様な勢力が相乗りしていた民主党にとって、合意を形成しやすい施策であったことも挙げられる。

すでに述べたように、ベーシックインカムは給付額が同程度でも、既存制度との置き換え方や財源の調達の仕方、ジェンダー分業についての考え方などから、社会民主主義的、経済自由主義的、保守主義的なベーシックインカムに分かれる。

民主党の目玉政策となった子ども手当も、似たような同床異夢に支えられていた。

二〇〇七年に当時の小沢一郎代表が二万六〇〇〇円の子ども手当を打ち出した時、彼はそれを老親と同居することへの同居手当と一体で構想していた。子育てや介護を担う家族への報償という保守主義的な性格を帯びた給付だったのである。

経済的自由主義の傾向が強い元代表の岡田克也は、これに対して所得制限の導入を求めた。他方で小宮山洋子らリベラル派は、子ども手当を保育サービスの拡充と連携させ、女性の就労や子どもの貧困に対処する施策として位置づけた。

二〇〇九年マニフェストに並んだベーシックインカム型の施策は、求職者支援制度を除けば、政策として実現、定着することはなかった。それに代えて、菅直人内閣のもと、次項でみるように自公政権時の「安心社会実現会議」報告書の内容などを取り込むかたちで、保育サービスをより前面に出した「社会保障と税の一体改革」が動き始める。

しかし、ベーシックインカムの提起はその後も民主党の系譜に連なる政治家やその周辺で間欠的に現れている。

二〇一七年の衆議院選挙においては、民進党の一部と合流した希望の党が、公約集のなかで将来的な課題としつつもベーシックインカムを掲げたことが話題になった。また、二〇一八年に結党された国民民主党は、「私たちの理念と政策の方向性」と題した基本政策のなかに、「給付付き税額控除などの基礎的所得保障制度」を「日本版ベーシックインカム構想」と名付けて盛り込んだ。

### 「社会保障・税一体改革」の始まり

時計の針を少し戻すことになるが、二〇〇七年の参議院選挙で大敗し、守勢に立った自公政権は、社会保障の機能強化についても積極的な姿勢をみせるようになっていた。

八〇年代に第二臨調路線に対抗して現れていた福祉刷新論は介護保険制度に結実した後、小泉政権下では新自由主義の方向に引き寄せられていたのであるが、小泉構造改革への反発もテコになり風向きは再度逆転した。民主党への政権交代の可能性も囁かれる状況のなか、「例外状況の社会民主主義」への条件が開かれつつあった。

政府与党が新自由主義的な構造改革路線からの軌道修正を図るなか、二〇〇八年の福田康夫政権のもとで設置された「社会保障国民会議」の報告書、二〇〇九年に麻生太郎政権のもとでまとめられた「安心社会実現会議」の報告書などが、社会保障の機能強化を謳った。

とくに「安心社会実現会議」は、支援型サービスを軸とした社会的投資の視点をはっきり打ち出した。筆者も執筆したその報告書は、「わが国の積極的労働市場政策への支出は諸外国に比べて小さい」として若者・現役世代の就労支援の強化が大事とし、「全生涯、全世代を通じての『切れ目のない安心保障』」を主張した。

その後、民主党政権を経た第二次安倍政権のもとでは、「磁力としての新自由主義」の作用もあってこの「全世代型社会保障」という言葉の意味が変質し、高齢者への医療給付を削減し現役世代の負担を軽減する、という話になってしまった。

だがこの言葉は、本来は、世代横断的に社会的投資を広げ、とくに現役世代を支援することを意味していたのである。

こうした観点から同報告書は、不利な立場にある人々の「社会への迎え入れ（ソーシャル・インクルージョン）を図らなければならない」とし、さらに「一生の間さまざまなチャレンジを重ねていく基礎力を形成するもの」として就学前教育を位置づけた。

ここで提起されている社会保障のかたちは、困窮への予防的施策を重視するという点では北欧型福祉に近い考え方であった。

同時に、この新たな「例外状況の社会民主主義」が「社会保障・税一体改革」というかたちで、税制改革と共に展開されることになった点も触れておく必要がある。

次章でもみることであるが、非自民連立政権、自社さ政権という一九九〇年代の例外状況のなかで制度化した介護保険制度は、社会保険制度として立ち上がった点で恵まれていたものの、やはり財源の半分は税に依存し、その後、財政制度等審議会が介護保険給付の抑制を求めるなど「磁力としての新自由主義」からの強い牽制が始まっていた。

その磁力の源泉は、先に示したとおり、財政的制約であり、その前提であり結果でもある国民の制度不信であった。

したがって、「安心社会実現会議」の報告書では、社会保障の強化を望む国民が、制度不信ゆえに負担を避け、結果的に私的負担が増大するという「不信の連鎖を断つ」ことが重要とされた。そして、社会保障財源を確保する課題を明示すると同時に、国民の負担をいかに社会保障に直結させ、制度の透明度と国民の信頼を高めるかを課題として提起した。

### 民主党政権と一体改革

二〇〇九年九月に民主党政権への政権交代が起きた後、いったん流れは民主党のマニフェストに基づくベーシックインカム型の生活保障に傾いた。

しかし、民主党の鳩山由紀夫内閣はマニフェスト実行のための財源確保に苦しみ、財務大臣をつとめた後に就任した菅直人首相は、直後の二〇一〇年七月の参議院選挙で消費増税を掲げる。

民主党政権という事態そのものが日本政治においては例外状況であったが、さらにその民主党政権そのものがマニフェスト路線からは想定外の状況に入りつつあった。

この選挙に敗北した菅内閣は、消費増税の使途を改めて明示する必要から「社会保障と税の一体改革」を打ち出し、一一月に「社会保障改革に関する有識者検討会」(以下「有識者検討会」)が設置された。

翌月政府に提出された「有識者検討会」の報告書においては、「五つの原則」として、①全世代対応、②未来への投資、③分権的・多元的供給体制、④包括的支援、⑤負担の先送りをしない安定財源、が挙げられた。

つまりここでも、全世代を社会保障における支援対象としていく重要性が改めて強調され、社会保障は未来への投資(社会的投資)という性格を強めていくべきことが書き込まれた。

その内容は、基本的には自民党政権における「安心社会実現会議」報告書を踏襲したものであった。政権交代の危機に直面した自民党政権と、マニフェスト路線から離反した民主党政権という、二つの例外状況がつながったのである。

筆者自身、自民党政権のもとで「安心社会実現会議」報告書の執筆に携わり、また民主党政権の「有識者検討会」座長をつとめたという点では、二つの例外状況を政策面でつなぐ役割の一端を担ったことになるかもしれない。

また政治的には、財務大臣、金融担当大臣等として「安心社会実現会議」を仕切った与謝野馨が、二〇一一年一月に共同代表を務めていた小政党「たちあがれ日本」を離れて菅内閣に社会保障・税一体改革担当大臣等として入閣した。世の中を驚かせた与謝野の民主党政権への参加であったが、二つの例外状況を政治面でつなぐためには必然ともいえる流れだったのである。

ちなみに与謝野は、民主党への政権交代前の参議院財政金融委員会の質疑で、小泉構造改革などに関して、「この一〇年間ぐらいの自民党の政策というのは、ちょっと外国から輸入したものを無理やりに移植」したものと評した上で、「自由民主党というのはどちらかというと社民主義（社会民主主義）の政党じゃないかと」思っていると述べていた（第一七一国会　参議院財政金融委員会第二号　二〇〇九年二月一〇日　カッコ内は引用者）。

この発言は日本の新自由主義を考える上でも興味深い。小泉構造改革のようなイデオロギーに支えられた新自由主義というのは日本では通常の姿ではなく、政府与党も市場原理主義者だらけなのではない、というわけである。

与謝野の見立てはおそらく正しい。だが、与謝野はそのように述べるとき、市場原理主義者ではなくとも新自由主義的施策に引き込んでしまう「磁力としての新自由主義」については過小評価していたかもしれない。

議論を戻すと、「有識者検討会」報告書を基礎に、二〇一一年二月から「社会保障改革に関する集中検討会議」が立ち上がり、同年六月に成案がまとめられ、翌年一月に「社会保障・税一体改革素案」を政府・与党社会保障改革本部で決定、これに基づいた「社会保障・税一体改革大綱」が二月に野田佳彦内閣で閣議決定された。

二〇一二年六月には、民主党、自民党、公明党の三党合意がまとまり、八月には子ども・子育て関連三法が成立した。

そして一体改革の具体化のために設置された社会保障制度改革国民会議は、再度の政権交代を経て、自公政権のもと二〇一三年八月に報告書をまとめた。この報告書では、前にあげた二つの報告書同様に「すべての世代に安心感と納得感の得られる全世代型の社会保障に転換することを目指し、子ども・子育て支援など、若い人々の希望につながる投資を積極的に行うことが必要である」と述べた。

## 一体改革と貧困政治

「社会保障・税一体改革」において、消費増税との一体化の軸になった子ども・子育て支援新制度については第四章で扱うとして、ここではあくまで貧困政治との関わりで、「社会保障・税一体改革」がもっていた可能性について考えたい。

「社会保障・税一体改革」は、まず「磁力としての新自由主義」をうみだしている三つの構造に挑戦しようとしたところにその意義があった。

先に述べたとおり、「磁力としての新自由主義」の源泉は、財政的危機のなかの財政再建優先論、国民の税と制度への不信、そして制度の二重の縦割りという構造であった。

この構造に対して、「社会保障・税一体改革」は、社会保障の機能強化と増税との関係を明示して、税がただ「取られる」ものではなく社会に還元されるものであることを示すことを打ち出した。

そして納税者の税と制度に対する信頼を醸成することを目指した。

改革に先立って、二〇〇九年の「所得税法等の一部を改正する法律」附則一〇四条には、消費税の使途について、「消費課税については、その負担が確実に国民に還元されることを明らかにする観点から、消費税の全額が制度として確立された年金、医療及び介護の社会保障給付並びに少子化に対処するための施策」に使われると書かれた。

ただし、税財源とされたのは消費税だけではなかった。少なくとも「社会保障・税一体改革大綱」までは、所得税が消費税と「車の両輪」とされ、その累進性を高めることや相続税の基礎控除を見直すことなどが明記されていた。

さらに、二重の縦割りの制度構造を転換していく視点も示された。「社会保障改革に関する有識者検討会」報告書では「縦割りの制度を越えた、国民一人ひとりの事情に即しての包括的な支援」が提起された。

次に「社会保障・税一体改革」が、困窮や格差の拡大に対して、いかなるアプローチをとったか、である。

「社会保障・税一体改革」において、貧困問題を打開していくことは、改革の基本的課題として打ち出されていた。「格差の拡大や固定化、貧困問題が、社会の活力を弱め」ている（「安心社会実現会議」報告書）、「この国で、貧困の拡がりが無視できない事実として浮上」している（「有識者検討会」報告書）という認識が、一体改革の出発点となっていた。

そして先にも触れたように、この二つの報告書の限りでは、今日の貧困政治の選択肢としては、北欧型福祉の社会的投資に近い方向性が盛り込まれていた。

先にも述べたとおり、「所得税法等の一部を改正する法律」附則一〇四条で消費増税と直接リンクされたのは、年金、医療、介護、子ども・子育ての社会保障四経費であった。

財務省は、消費増税の使途はあくまで社会保障四経費に限定する（そして財政健全化のための財源を確保する）という姿勢を崩さず、困窮や格差に関する施策については一貫して消極的であった。ただし、だからといって、この分野の施策が一体改革から消えたわけではない。「社会保障・税一体改革大綱」をみると、年金、介護、医療の分野でも、国保および介護保険の低所得者保険料の軽減拡充、年金の低所得者加算など、低所得者の負担軽減措置が重視されていた。

また、世帯ごとに介護、医療、保育などの負担に上限を設ける「総合合算制度」が盛り込まれることになっていた。消費税引き上げについては、その低所得者への影響を考え、生活扶助や各種福祉手当に増税分をスライド制などで反映させることも書き込まれていた。

さらに「社会保障・税一体改革大綱」では、「貧困・格差対策の強化（重層的セーフティネットの構築）」が挙げられ、「生活困窮者の自立に向けた生活自立支援サービスの体系化」や「多様な就労機会の創出」などのために法整備をすすめることが明記されていた。

ここに示されていた法整備は、後に生活困窮者自立支援法として実現していく。といっても、同法が成立したのは「社会保障・税一体改革」がスムーズに進行したからではない。第四章で子ども・子育て支援新制度についてみるように、一体改革そのものは当初の趣旨からすれば後退を重ねていく。

そして、生活困窮者自立支援法が実現したのは、一体改革の流れのなかでというより、自民党が再度の政権交代にあたって強行した生活保護の切り下げの、いわば意図せぬ結果としてであった。

### 一体改革と信頼醸成の困難

「社会保障・税一体改革」が、「磁力としての新自由主義」との対決を試み、北欧型福祉とも重なる社会保障の機能強化を目指していたと述べた。

「社会保障・税一体改革」が、第二次安倍政権に継承されて辿ったその後の展開を知る人は、こうした主張に首を傾げるであろう。看板であった保育の分野を含めて、消費税の負担増に見合った給付とサービスの改善は実感できず、その後はむしろ社会保障の劣化も目立った。

「磁力としての新自由主義」への対峙を意識したはずの「社会保障・税一体改革」の狙いは、なぜ成就できなかったか。政治状況が変わったことに加えて、時間的な猶予と財源の規模という点で、この対決にはもともと厳しいものがあった。

日本と対照的に、納税者の信頼を得て福祉国家を拡大してきたスウェーデンの事例と比較しよう。

二〇〇六年の国際社会調査プログラム（ＩＳＳＰ）における「一般的にいって、今の税金をどう思うか」という問いに対して、消費税率が二五％のスウェーデンの中所得者で「高い」と答えた人は五五・六八％である。これに対して（調査時点で消費税五％の）日本の中所得者は六一・六八％が「高い」と答えている。

ＯＥＣＤの統計（OECD Data Trust in government）で「政府を信頼している」と答えた人の割合は、スウェーデンは五一・三％に対して、日本で三八・三％である。

スウェーデンにおける負担の受容や政府への信頼は、一朝一夕でできあがったものではない。一九六〇年に四・二％で消費税を導入、一九九〇年まで三〇年をかけて二五％に引き上げた。同じく自治体によって異なる地方所得税の平均も、一四・六三％から三一・一六％に上昇した。そしてこの期間、福祉サービスを確実に充実させてきた。たとえば、保育（就学前教育）への登録児童数は一九六〇年代初めは一万人程度であったが、一九九〇年には三〇万人ほどまで増大させた（藤井2011）。

これに対して、もともとの国民の制度不信が根強く、「日常的現実としての保守主義」が浸透した日本で、消費税を数年で五％から一〇％に引き上げ、その間に税への信頼を醸成するという「社会保障・税一体改革」の目標設定は、いわばあまりに工期が短い突貫工事であり、かなりの無理があった。

もちろん、待機児童を解消し保育の質も抜本的に引き上げるといった、納税者が実感できる規模の改革がすすむのであれば、信頼醸成が始まる可能性もあった。

消費税が八％となった後の二〇一六年度において、新たに国庫に入った消費税増収は八・二兆円であった。たとえばその三分の一でも子ども・子育て支援に向けられたとすれば、インパクトは大きかったであろう。だが、この年に実際にこの分野で確保された財源は、国と地方分を合わせて五六〇〇億円程度に留まった。

三・四兆円が後代へのつけ回しの軽減という名目で借金返済に充てられ、三・一兆円が（この国の税補塡型社会保険のかたちゆえに）基礎年金の税負担分に充てられた。

第二次安倍政権が発足し、「磁力としての新自由主義」も復調していた。一体改革は、社会保障の機能強化と財政再建の同時実現を謳ったが、これは厚生労働省と財務省の「戦略的妥協」の象徴であり、逆にいえば、一体改革が財政再建に飲み込まれるリスクはもともとあった。

そしてこの段階では、バランスシートは財政再建の側にはっきりと傾斜をしていたのである。「社会保障・税一体改革」において、財政当局からの圧力が増していった背景には、二〇一一年三月一一日の東日本大震災のあまりに大きな被災状況もあった。

二〇一一年二月から開始されていた「社会保障改革に関する集中検討会議」は東日本大震災によりしばらく休会したが、再開後は、効率化や合理化による支出削減がいわれる頻度が増した。

同年七月の段階で一九兆円と見込まれその後増大していった復興財源については、復興増税など以外に一般財源からの繰り入れが予定され、その分「社会保障・税一体改革」に対する財務省の対応はより厳しいものになっていった。

だが、いくつか厳しい条件はあったとしても、「社会保障・税一体改革」は自民党政権と民主党政権の二度にわたる政権交代を超えて継承されてきたもので、いわば超党派的な盤石の基盤に支えられていたのではなかったのか。それなのになぜ、改革は失速していったのか。

この点に関しても「超党派的な基盤」というのはみかけだけのものであったことを強調しなければならない。

一体改革が社会民主主義的な性格をもってスタートしえたのは、自民党政権の政権喪失の危機と、民主党政権内のマニフェスト路線修正に伴う混乱という、二つの例外状況が連鎖した結果であった。

この例外状況のなかで、一体改革の理念を深く共有して改革を推進していた政治家と行政官は、それぞれの党や官庁において、決して多数派ではなかった。

自民党のなかでは、民主党政権に舞台を移してすすめられた一体改革については（もともと自民党政権において始まった改革であったにもかかわらず）、民主党のバラマキ路線の一環とみる議員が多かった。

他方で民主党のなかでも、増税を含めた社会保障改革は、マニフェストへの裏切りであると批判的にみる議員も少なくなかった。このような見方は政権末期に党内の混乱が深まるにつれ、はっきり前面に出ることが多くなった。

### 自民党の生保プロジェクトチーム

こうした背景のもと、「社会保障・税一体改革」が二つの政権を跨いですすみ、ゆるやかな合意が形成されているようにみえたのとはまったく逆に、野に下った自民党のなかでは、民主党政権を「バラマキ」と激しく批判する動きが広がった。

リーマンショック以後の経済危機のなかで、生活保護受給者は二〇〇九年から二〇一一年に三〇万人ほど増大していた。この点を民主党政権の責任とみる自民党は、二〇一二年三月に「生活保護に関するプロジェクトチーム」を立ち上げた。

座長の世耕弘成参議院議員は、自民党機関誌『自由民主』二〇一二年四月三日号のインタビューのなかで、生活保護給付の増大を民主党政権の「裏のバラマキ」と批判した。民主党の二〇〇九年マニフェストでの公約である子ども手当、高校教育無償化、農業の戸別所得補償制度、高速道路無料化の「バラマキ四K」を「表のバラマキ」とした上での議論であった。

ちょうどこの頃、吉本興業の複数のタレントが高額の収入があるにもかかわらず親族に生活保護を受けさせていたという報道があり、ワイドショーなどが連日のようにこの問題を取り上げた。

自民党のプロジェクトチームもこの報道を利用し、国会の社会保障と税の一体改革に関する特別委員会や予算委員会でも言及した。生活保護論議は、こうしてメディアをまきこみ、「不正受給」や「バラマキ」の横行という印象を広げていった。

こうしたなか、同プロジェクトチームは、早い段階で生活扶助の給付水準を一〇%引き下げることを中心に、現金給付から現物給付への移行、就労促進などの生活保護改革の方向性を打ち出し、生活扶助の削減については二〇一二年総選挙における自民党の政権公約にも明記された。一〇%という数字については、デフレの進行などがあげられたが、はっきりした論拠が示されたわけではなかった。

この生活扶助削減の政治においては、本書第一章でも論じた国民のなかでの分断状況、とくに「新しい生活困難層」の制度不信が動員されたといえる。

二〇一二年五月二三日衆議院・社会保障と税の一体改革に関する特別委員会（第一八〇国会）の質疑において、自民党の茂木敏充委員（党政調会長）は、東京都区部の生活保護より最低賃金で八時間二〇日間就労した際の収入の方が低く、その差が大きく開いているとして、扶助の削減で「逆転現象」を解消することを求めた。

また、同年八月二日の参議院・社会保障と税の一体改革に関する特別委員会（第一八〇国会）において、自民党のプロジェクトチームのメンバーでもあった片山さつき委員は、民主党政権でおこなわれた生活保護の母子加算復活もふまえ、生活保護を受給する母子世帯と受給に至っていない母子世帯を比較する議論を展開した。

すなわち、「今、（生活保護を受けている）母子家庭、三十歳のお母さん、四歳と二歳の子供という組合せだと二十四万何千円かもらえます。上限じゃなくて平均の住居費を使うと二十四万何千円もらえますが、それを、普通に税金や保険料を払っている人がそれだけの手取りを残そうと思うと、何と月で三十九万円もらわなきゃいけないんですよ」（カッコ内は引用者）と論じた。

また、「東京都の幾つかの区では、保育園の入園も、生活保護の方は、母子家庭の方は優先です。

おまけに、その後仕事しなくなってもずっと入っていますから、もう必死に何とか復職したいけど認可保育園すらあてがってもらえない人がごまんといるこの東京で、入りっ放しで働いていないんですよ。それを見て、そのお子さんが働くようになりますか」と続けた。

いずれの場合も、最低賃金で就労している非正規雇用層や働く母子世帯、さらには「保活」に悩む世帯など、「新しい生活困難層」および安定就労層の人々の生活保護制度への不信にのった議論になっている。

本来ならば、二〇〇七年の最低賃金法改正で目指された最低賃金の引き上げや、ひとり親世帯の再分配後の貧困率を引き下げる社会保障給付の拡充、さらに一体改革による保育サービスの整備が目指されるべきところであった。

だが、本書が強調してきた安定就労層、「新しい生活困難層」、福祉受給層の間の分断をテコにした政治的アピールの手段として、生活扶助の引き下げが打ち出されたのである。

そして生活扶助引き下げの公約は、二〇一二年末の総選挙での自公政権の復活後、実行に移されていく。すなわち二〇一三年八月から、生活扶助は三年間で段階的に六・五％（六七〇億円）削減された。この引き下げは、厚生労働大臣の決定として、社会保障審議会・生活保護基準部会での議論を経ることなくおこなわれ、デフレによる物価下落を反映させたものと説明された。

その後の二〇一四年と二〇一九年の二度の消費税引き上げをとおして、「社会保障・税一体改革」は実行されたかたちになったが、低所得層向けの施策の多くは、見送られたり、先送りされたりした。とくに世帯ごとの介護、医療、保育などの支出に上限を設定する総合合算制度は、二〇一九年の消費税一〇%の段階でも支出項目に挙げられることはなかった。

## 生活困窮者自立支援制度

このように、「社会保障・税一体改革」における超党派的な合意という表層のもとで、政権奪還を目指す自民党からは日本社会の三層への分断に乗じる生活保護批判が広がり、自民党への政権交代によって扶助削減が実現した。

ところが、きわめて皮肉なことに、自民党内で「社会保障・税一体改革」の理念を共有しなかった潮流がすすめた生活扶助削減がもとになり、「社会保障・税一体改革」のなかでは消費増税とリンクされず推進力を欠くとみられていた生活困窮者自立支援制度が成立する政治的機会がうみだされたのである。

誤解のないように予め強調しておけば、生活保護費の削減と生活困窮者自立支援制度は連動しているのではなく、むしろ逆の方向を向いている。

生活困窮者自立支援制度は、保護受給者に就労を強要するワークフェアではない。保護を受けていない「新しい生活困難層」を主な対象として、多様な支援をおこなう仕組みである。必要な場合は生活保護につなぐこともこの制度の役割である。

では生活扶助削減が生活困窮者自立支援法成立の政治的条件をつくりだしたとはどういうことか。

再度の政権交代で、自民党と連立を組む公明党にとっては、福祉の党を掲げる立場からしても、福祉の一方的な削減で新政権がスタートすることは受け入れがたかった。そのため公明党は生活困窮者自立支援法を強く支持することになった。民主党のなかでは自民党政権のもとでの同法成立に賛成するべきか議論が起きた。だが最終的には保護費削減反対と同法への賛成は切り分けることになった。

また、もともと生活困窮者自立支援法の財源の確保に苦労していた厚労省は、公明党の支持を得たことに加えて、財務省に対して、生活扶助費の削減分をせめて貧困対策に充当することを要求することができた。

もう一度、振り返っておけばこの制度は、二〇一二年二月に閣議決定された「社会保障・税一体改革大綱」のなかに書き込まれたことから制度化に向けた議論が始まったものである。同年四月には、社会保障審議会に「生活困窮者の生活支援の在り方に関する特別部会」が設置され、筆者が部会長をつとめた。そして自民党への政権交代後の二〇一三年一月に同部会の報告書がとりまとめられた。

この報告書を基礎にして、生活困窮者自立支援法が国会に提出された。優先順位が高いとはいい難かった同法が成立したのは、みてきたように、「社会保障・税一体改革」から距離を置いた生活扶助削減の動きがうみだした政治状況からであった。同法は、二〇一三年一二月に自民党、民主党、公明党などの賛成で可決・成立、二〇一五年四月に施行された。

次に、この制度の概要を述べよう。同法によれば、福祉事務所のあるすべての自治体が必須事業として自立相談支援事業をおこなう。加えて、就労準備支援事業、家計改善支援事業、子どもの学習・生活支援事業、居住や食糧などに関する一時生活支援事業の四つの事業が任意事業としておこなわれる。

この制度は次の三点で重要な意義を有している。

第一に、旧来の制度の狭間に入りがちであった「新しい生活困難層」を支援の対象とすることを目指した点である。

生活困窮者自立支援法において、生活困窮者とは、「就労の状況、心身の状況、地域社会との関係性その他の事情により、現に経済的に困窮し、最低限度の生活を維持することができなくなるおそれのある者」とされる（同法第三条）。

つまり、高齢者、障害者、子どもなど旧来型福祉の縦割りの区分を横断して、地域で経済的に困窮し、あるいは孤立している人々を指す。実際の運用においては、たとえば所得面では住民税非課税世帯などの線引きがなされ、過度に絞り込まれてしまう傾向はあるにせよ、本書のいう「新しい生活困難層」とかなりの程度重なっている。

第二に、自治体の二重の縦割りを克服した包括的支援を目指した点である。二重の縦割りとは、福祉制度それ自体の縦割りと、福祉と雇用や住宅の分断であった。

まず、生活困窮者自立支援制度は、福祉制度の縦割りに「横串」を刺すことを目指す。具体的に

図2-2　生活困窮者自立支援制度と既存制度の連携

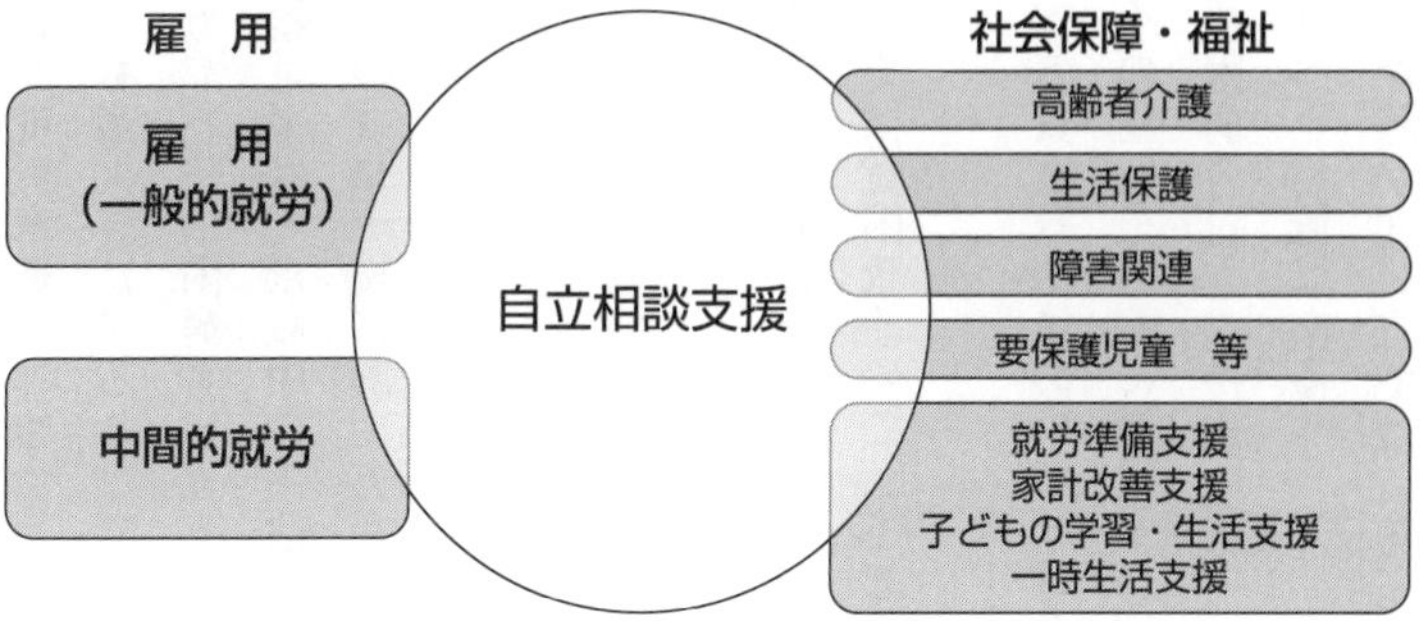


筆者作成

は、必須事業である自立相談支援を、単に困窮分野の相談に留めず、高齢、障害、子どもなど各分野の福祉制度や雇用、住宅などと密接に連携してすすめることを求める（同法第二条の2）。また自治体は、こうした連携を積極的にすすめる責務を負う（同法第四条）。

こうした包括的支援を定着させるために、二〇一八年には社会福祉法も改正され、高齢、障害、母子、子どもなどの部局が単独で支援しきれない場合は、関係機関の協力を得ることが努力義務とされた。こうした包括的支援は、「新しい生活困難層」が抱える複合的な困難に対処するためのものである。

第三に、この第二の点とも関わるが、この制度は、少なくとも基本的な考え方としては、やみくもに一般的就労を求めるものではない。

包括的な支援をもってしても、「新しい生活困難層」の複合的困難を一挙に解消することは難しい場合も多い。まず必要なのは、困難を抱えた当事者の事情に沿った就労支援をおこない（就労準備支援事業）、また当事者ごとに業務の内容や労働時間を柔軟に調整する「中間的就労」も選択肢にすることである（就労訓練事業）。

他方で、生活困窮者自立支援制度における所得保障の給付は住居確保給付金のみであった。住居確保給付金は、求職中の生活困窮者について、家賃の一部ないし全部を給付するものである。二〇二〇年のコロナ禍において在職中であっても給付されることになり、対象は広がったが、所得制限は住民税非課税所得＋家賃相当分と依然として厳しい。

以上のような生活困窮者自立支援制度について、とくに二重の縦割りに架橋することを目指した点にポイントを置いて図示すると**図２－２**のように示すことができよう。

**社会的投資の新たな可能性**

本章では貧困政治のこれまでの展開から四つの選択肢を示し、日本におけるその現れ方をみてきた。

日本の貧困政治において、紆余曲折を経て定着しつつある生活困窮者自立支援制度をどう位置づけ、その発展をいかに展望すればよいであろうか。

生活困窮者自立支援制度は、この四つのなかでいえば、「第三の道」と「北欧型福祉」の中間ともいうべき位置にある。

所得保障が弱い点では「第三の道」に近いが、性急に一般的就労を求めることはない。「第三の道」では、就労への動機づけに所得保障が弱められたが、そもそも日本には（働けない人の生活保護を乱暴に打ち切ることでもない限り）圧力をかけるテコとなる所得保障がないのである。

他方で生活困窮者自立支援制度と北欧型福祉の間の距離も大きい。というよりも、北欧型福祉、たとえばスウェーデンの就労支援策と日本の生活困窮者自立支援制度では前提条件が異なっている。

先に四つの選択肢を示した際に述べたように、スウェーデンの就労支援策である積極的労働市場政策は、顕著な格差や困窮を解消していくこと自体を目標にしたものではなかった。グローバルな市場経済に連動して産業構造を刷新しつつも、安定就労層から「新しい生活困難層」や不本意な福祉受給層を出さないための仕組みであった。

この仕組みを、格差と困窮が定着してしまった地域にそのまま適用しようとすると、制度を利用できるのは一部の相対的に恵まれた条件にある人のみに偏る傾向が生じてしまう。

これに対して、生活困窮者自立支援制度のような仕組みが、「新しい生活困難層」の実態ともかみあったかたちで成果をあげていくためには、北欧型のグローバル市場志向の社会的投資とは異なった、地域密着型の社会的投資とでもいうべき仕組みとして発展させていく必要があるのではないか。

社会的投資とは、人に投資することでその能力を高め、能力を発揮できる場を広げることで貧困を抑制する方法であった。その方法を、「新しい生活困難層」の生活実態や地域の現実に見合ったかたちに再編していく必要がある。

表2-1　社会的投資の重層化

| | サービス給付 | 支援でつなぐ先 | 所得保障 |
|---|---|---|---|
| グローバル市場志向型の社会的投資（旧来の北欧型） | 就学前教育、リカレント教育、職業訓練および職業紹介など | 生産性が高く処遇のよい企業へ | 失業期間、教育・訓練受給期間の保障に重点 |
| 地域密着型の社会的投資 | 包括的相談支援（家計、就労、居住、健康等）と居場所や就労へのつなぎ | オーダーメード型の雇用、一次産業を含めた兼業や副業、地域の居場所の確保 | 多様な働き方による低所得を補う補完型所得保障 |

筆者作成

**表2―1**は、こうした視点から、生活困窮者自立支援制度が向かうべき方向を、地域密着型の社会的投資として、北欧型のグローバル市場志向の社会的投資と比較したものである。

グローバル市場志向の社会的投資もまた必要である。だが、少なくとも日本の貧困政治においては、地域密着型の社会的投資がこれに加わるべきであろう。以下では、表にも依りながら地域密着型の社会的投資について考えていきたい。

### ①包括的相談支援

第一に、かつて北欧型の社会的投資では、サービス給付の拠点になるのは就学前教育と職業紹介や職業訓練の窓口であった。

ところが「新しい生活困難層」の現実をみると、家族のケアに時間がとられる、心身に様々な問題を抱える、多重債務を負っているなど複合的困難を抱えた人々が増大している。こうした人々が、職業紹介や職業訓練で、すぐに安定した仕事に就くことは無理がある。

格差や困窮の広がった国に、積極的労働市場政策を導入しても、相対的に恵まれた層だけが恩恵を受けるという「マタイ効果」が生じるという実証的研究も現れている（Bonoli and Liechti, 2019）。

生活困窮者自立支援制度の自立相談支援の事業がまず目指したのは、多様な複合的困難に対処する包括的相談支援を提供できる、ということであった。そして利用できる制度や場の選択肢を示し、人々をそこに結びつけていく、ということである（菊池 2019：114–150）。

新自由主義と「第三の道」における窓口対応は、就労をやみくもに迫るかたちが多かった。イギリスのケン・ローチ監督の映画「わたしは、ダニエル・ブレイク」（二〇一六年）は、新自由主義と「第三の道」が共に推進したワークフェア（強制度の高い就労促進策）が、縦割り制度のもとでうみだした深刻な帰結を描き出したものである。

心臓に疾患を抱える主人公は、まず就労困難な健康状態であることを条件とする「支援手当」の基準に合致しないと同手当の担当者から告げられ、イギリスのハローワークであるジョブセンタープラスで「求職者手当」を受給する。

ジョブセンタープラスでの担当者からは、（疾患から就職できないことが分かっているにもかかわらず）「求職者手当」を受給するために就職活動を続けることを求められ、また就職活動に真剣ではないと給付を一時停止されるなど、高圧的な窓口対応を受け続ける。

主人公は行政に不服審査を申し立て、審査の直前に心臓発作で亡くなってしまう。タイトルの「わたしは、ダニエル・ブレイク」は、不服審査のために主人公が用意していたステートメントの一節からである。

彼は、市民として責務を果たしてきた自分がこれほど制度に翻弄され、一個人としての尊厳を認められないことに抗議しようとしていたのである。

日本の貧困政治が同じことを繰り返さないためにも、「新しい生活困難層」をも対象とした所得保障の仕組みを導入していくと同時に、個人や世帯の多様な困難に柔軟に対応する包括的相談支援を実現することが不可欠になっている。

包括的な相談支援への動きは広がっている。二〇二〇年の社会福祉法改正においては、高齢、障害、子ども、困窮の縦割りを超えて、四分野を通して包括的相談支援をおこなう場合、補助金の一体給付を通して制度の柔軟な運用を可能にする事業が開始された（宮本 2020b）。

実際に、包括的相談支援の試みは、生活困窮者自立支援制度の枠を超えて、多様な自治体で取り組まれている。

たとえば、三重県名張市では、自治体に縦割りの各部局を連結させることを担うエリアディレクターという担当者を配置し、総合相談の条件を確保した。滋賀県の野洲《やす》市では、市の市民生活相談課が包括的相談の拠点になっている。兵庫県芦屋市では、市の社会福祉協議会が自治体および高齢、障害など各分野の窓口を連携させつつ、包括的相談の場となっている。

包括的な相談支援はしばしば、一カ所で様々な問題に対応するということから「ワンストップ」と呼ばれる。だが、あくまでたらい回しにされないという意味でワンストップなのであって、そのような支援の場は複数あったほうが望ましい。当事者が包括的支援の窓口を選択できることが大切だからである。

このことは介護保険制度において包括的なケアプランを提供してきたケアマネジャーの制度を想起すれば分かりやすい。当事者や家族がケアプランとケアマネジャーを選択できることが、当事者にとって最適なサービスに接近できる大事な条件となったのである。

### ②多様な居場所とオーダーメード型雇用

第二に、グローバル市場志向の社会的投資は、職業訓練や職業紹介をとおして、生産性が高く国際競争力のある企業に労働力を送り込むことに注力していた。

これに対して、地域密着型の社会的投資では、当事者の条件に応じて多様な居場所を用意し、働き方についても様々な困難を抱えた人々の就労条件を広げ、短時間労働でも処遇上の不利を被ることがないようにすることが求められる。

日本のこれまでの正規雇用は、企業に「就社」しメンバーシップを得ることが出発点で、その後に多様な仕事が振られるメンバーシップ型雇用であった（濱口　2013）。

このメンバーシップ型雇用が、雇用のハードルを上げ、労働市場の流動化を妨げ、正規雇用と非正規雇用の格差にもつながったという反省から、欧米のように職務の範囲を確定して採用するジョブ型への転換を唱える立場がある。

だが、ジョブ型というのは決められた職務のかたちに人が適応しなければならない働き方でもある。

「新しい生活困難層」を始めとして、様々な働きがたさを抱えた人々を包摂していくためには、メンバーシップ型雇用、ジョブ型雇用と並んで、当事者の事情に応じて働き方を設計していくオーダーメード型雇用ともいうべきかたちが提供されていく必要がある。

日本ですでに取り組まれている「ユニバーサル就労」などもオーダーメード型の雇用の例である。ユニバーサル就労とは、一般の職場での業務分解をすすめ、専門性の高い仕事に就いている人の業務から比較的単純な業務を切り分けて、職場により多様な人々が関われるようにしようとする試みである。

静岡県富士市では、市が地元企業の協力のもと「ユニバーサル就労条例」を制定してこうした雇用機会を広げている。また三重県鳥羽市では、旅館の人手不足解消のため、市の働きかけのもとで宿泊業の業務を分解して労働時間や勤務形態を多様なパッケージとした「プチ勤務おしごとカタログ」を作成して市民に提供した。

さらにオーダーメード型雇用やユニバーサル就労の場としては、協同組合や特定非営利活動法人など、社会的企業と総称される事業体の役割も大きい。幅広い雇用のかたちを提供することをミッションとする社会的企業も増大していて、「労働統合型社会的企業」とも呼ばれる（藤井・原田・大高編著 2013）。

もちろん、先端部門への人材供給は依然として社会的投資の目標であり続けるべきである。しかし、こうした社会的投資を利用できる人もまた限られつつある。

グローバル市場を射程にした社会的投資は、こうした地域密着型ともいえる就労の場の設定で補完され、重層化されるべきなのである。

このように多様な居場所と就労機会を準備することが、包括的相談支援を実質化する。この二つの柱で、「支える側」「支えられる側」という二分法を超えていく地域づくりのビジョンは、「地域共生社会」と呼ばれるようになっている（宮本　2020b）。

### ③補完型所得保障

第三に、所得保障の役割についても、北欧型の社会的投資からの転換が必要になっている。北欧型の社会的投資が就労支援をすすめる際も、所得保障の現金給付が重要な役割を果たしていたことを忘れるべきではない。ただしそこでは、いったん就労すれば勤労所得で生活が成り立つことが前提となっていた。

それゆえ所得保障は、公的扶助（生活保護）を含めて、一時的なものであるべきとされていた。つまり、教育や訓練を受けている期間や育児休業期間中など、いったん就労を離れた状況のなかでの所得保障に限定されていた。

地域密着型の社会的投資においても、最低賃金を底上げするなど、ワーキングプアをうまない条件を実現することが肝要になる。全国一律の最低賃金は、地方で働く利点を高め、効果的な地方創生策にもなるであろう。

その一方で、多様な困難を抱えた人々を包摂していくことを目指すならば、労働時間や勤務形態などの制約から、勤労所得だけでは生活していくことが困難な場合も考えられる。オーダーメード型の雇用でも、できうる限り最低賃金が適用されるべきであるが、場合によっては労働時間が短い、あるいは「非雇用型」の就労であることもあろう。

したがって、このような場合に勤労所得を補完して生活が成り立つ現金給付が必要になる。筆者はこれを補完型所得保障と呼んでいる（宮本 2017)。OECDなどでは、「就労福祉給付」(in-work benefit) というい方もある（埋橋 2011：114–119)。

給付付き税額控除は、補完型の所得保障として各方面から提起されている制度である。税制で一定の控除額を設定し、所得が低くて税額がその控除額を下回る場合に、差額を現金給付する。低所得を給付で補完することが可能である一方、基本的には就労で手取り所得は増額するため、就労意欲を削がないことが利点ともされる。

給付付き税額控除を実現するためには納税者の資産や収入を捕捉していく技術的困難があるともいわれる。そうであるならば、より緊急の施策としては、家賃相当分の現金給付をおこなう住宅手当の導入や児童扶養手当の給付対象を広げることも現実的な選択肢である。

とくにコロナ禍のもとで活用された生活困窮者自立支援制度の住居確保給付金を住宅手当として

発展させていくこと、そして児童扶養手当の拡充で低所得の子育て世帯の勤労所得を補完することは、困窮への対処として高い効果が期待される施策である。

### ベーシックアセットの保障へ

社会的投資や包括的相談支援という考え方は、どちらかといえば支援をする側からの視点に立つものである。

支援される側の視点でみると、こうした仕組みによって人々は、結局のところ何を保障されるのか。

それを問う時に浮上するのがベーシックアセットという考え方である。序で説明したように、ベーシックアセットとは、ベーシックインカムやベーシックサービスとの対比で打ち出された議論である。

ベーシックインカムのような私的アセット、ベーシックサービスが強調する公的（行政的）アセットに加えて、コモンズのアセット（参加可能なコミュニティ等）を含めて、人々が社会に参加していくのに必要なアセットの組み合わせを提供する、という考え方である。

ベーシックインカムは同額の現金給付を、ベーシックサービスは同水準の行政サービスの提供を普遍性の基準とし、制度が公正である根拠とする。これに対して、ベーシックアセットは、人々を各自が力を発揮できるために必要な最適のアセットとつなぐ、というところにポイントがある。

最適のアセットにつなぐ方法については、サービス給付については先に触れた包括的相談支援が重要になる。さらに次章で論じる準市場の制度を洗練させていくことも、最適なサービスのアセットにつなぐ制度である。

現金給付については、ベーシックアセットの立場は、ベーシックインカムのように均一給付にこだわるものではない。社会政策学者の阿部彩は、現金給付については選別的制度として、給付対象の「的を絞る」ターゲッティングの方法を納得感が高いものにしていくことを提唱していた（阿部 2014：116–130）。

先に述べた住宅手当を導入する場合、住居確保給付金のように振り込み対象を家主にして、現物給付的性格を高めることもできる。高齢化する家主や地域に対する支援という性格を兼ね備えることになろう。

また阿部も示唆するように、児童扶養手当の給付対象を広げることも考えられる。児童扶養手当を受給する児童数は二〇一八年で約九四万人であるのに対して、二〇一八年の一八歳未満人口に子どもの相対的貧困率一三・五％を掛け合わせて出した貧困世帯の子ども数は約二五〇万人を超える。ひとり親世帯への支援という児童扶養手当の基本性格とも関わるが、このギャップを埋めていく給付も考えられる。

ターゲッティングを経るとしても、こうした住宅手当や子どもの貧困率抑制に直結する給付は、見方によってはベーシックインカム以上に納得感が高いであろう。

これらは当面のベーシックアセットの有力な候補である。

# 第三章　介護政治　その達成と新たな試練

## 1　介護保険制度という刷新

### 措置制度からの転換

前章の最後では、貧困政治における社会的投資という考え方の可能性を論じた。

介護政治や育児政治では、準市場という仕組みが浮上する。いずれも市民の能動的な社会参加を支える福祉サービスのあり方を示す言葉である。社会的投資はどちらかといえば「上から」の働きかけに関わる。福祉政策が、人々の抱える困難を軽減し、必要であれば教育・訓練で能力を高め、活動の場につなげるプロセスに焦点がある。

これに対して準市場とは、主には「下から」の選択に関わる。すなわちサービスを利用する人々が、あくまで福祉制度として、必要とするサービスを選択し利用できる仕組みを示した言葉といってよい。

介護保険制度は、準市場の制度を日本で本格的に導入したものであった。

高齢者介護の制度は、一九六二年に国の補助事業として家庭奉仕員の派遣が制度化されたことに始まる。だが、実施する自治体、派遣の対象などは限られていた。

したがって介護保険制度は、（医療制度を除けば）先行する制度やそれに伴う事業団体の権益からの強い制約を受けずに構想され導入されることができた。

まず、介護保険制度がうみだされた背景についてである。前章で、一九八〇年代に第二次臨時行政調査会が打ち出した福祉削減路線に対して、新たな動きがあったことを紹介した。

当時の厚生省の行政官、研究者、全国社会福祉協議会など福祉関係者のなかから、新自由主義的な福祉削減論に対抗しつつ、他方で旧来型の福祉も刷新しようとする提起が現れたのである。

前章でみたとおり、刷新の方向として提起されたのは、①普遍主義、②新しいサービスの供給体制、③連帯による自立支援、であった。この三つの理念は相互に密接に連関している。

誰もが福祉の対象となる普遍主義（①）であるからこそ、単なる保護ではなく自立と参加の支援（③）が大事になる。

それでは皆が自立できるためのサービスというのはどのようなものか。それはサービスを必要とする人それぞれの事情に応じて異なっており、当事者が自ら選択し組み合わせることができることが重要である。そのためにもサービスの多元的な供給体制（②）が必要になる。

介護保険制度の提起は、この三つの理念のいずれも反映させたものであったがゆえに、新しい流れを象徴するものとなった。

介護保険制度に先立つ高齢者福祉の制度は、措置制度を基本としていた。措置制度とは、現金給付であれサービス給付であれ、社会保障の給付が行政の職務権限によっておこなわれることである。利用者の申請に基づくものの、行政が福祉の必要を認定した場合にのみ、事業者に委託するかたちでサービスが給付される。たとえば特別養護老人ホームへの入所などは、行政の措置としておこなわれていた。

行政の側の解釈では、福祉の措置は受給者の権利に基づくものではなく、あくまで行政の判断でおこなわれる行政処分であった。たとえば老人ホームで養護されるのは、高齢者の権利というより、行政処分に伴う「反射的利益」にすぎないとされた（倉田 2001）。

これに対して介護保険制度は、サービスを利用者と事業者の間の契約により利用者の権利として給付されるものと位置づける点で根本的に異なっていた。

契約といっても福祉制度であることから、費用の負担は公的財源に基づく。介護保険制度の場合は社会保険財源に依りながら運用される。第一章で述べたように、日本では社会保険財源に税を投入する場合が多く、介護保険も半分は国と地方からの税財源であるが、利用者は保険料納付の実績から、サービス給付を権利として保険者たる自治体に申請できる。

申請を受けた自治体は、給付の条件に該当するという要介護認定を経て、利用者にサービスを購入する費用を給付する。この給付に基づき、利用者はサービス事業者を選定し、契約をする。

ただし、実際には保険者としての自治体から利用者に直接費用が給付されるわけではない。サービス利用後に、事業者からの請求に対して、利用者に給付したかたちになっている費用を自治体が直接事業者に支払う。これが「法定代理受領」と呼ばれる仕組みである。

次章で育児政治についてみるように、子ども・子育て支援新制度も、同様に措置制度からの転換であり、財源が税であることを除けば、基本的には同じかたちで設計されている。

措置制度からの転換はなぜ必要であったか。措置制度というと、たいへん行政の力が強かった印象があるが、介護や育児の分野に関する限り、実態は日本型生活保障の「三重構造」による家族主義であった。介護や育児は家族のなかで専業主婦が担い手となることが想定されていた。

そして、介護については低所得単身世帯など家族介護が成立しないケースを中心に、育児については「保育に欠ける」子どもに対象を限定して、行政処分をおこなったわけである。

つまり、措置制度は日本型生活保障における「三重構造」を与件としていた。ところが、男性稼ぎ主の年功賃金など、家族主義を支えてきた仕組みが揺らぎ始め、さらにここに平均余命の延びや共働き世帯の増大が重なり、それまでのかたちの限界が誰の目にも明らかになったのである。

介護に関していえば、生命保険文化センターの調査では、介護を始めてからの平均期間は（現在介護を継続している場合を含めて）二〇一八年で五四・五カ月であり、一〇年以上という回答も一四・五％に及ぶ。また厚生労働省「国民生活基礎調査の概況」（二〇一六年）によれば、主な介護者となっている人の七割以上が六〇歳以上である。

いわば老老介護がデフォルトとなっているなかで、四年半以上の介護が続くというのが普通なのである。これは、かつての「三重構造」に支えられた家族主義でも想定外であり、まして三重構造が揺らぎ始めたなかでは成立しがたいものであった。

## 準市場という新たな舞台

介護や育児におけるこうした転換は、しばしば「措置から契約へ」と呼ばれてきた。契約といっても一般市場における契約とは根本的に異なり、財源は公的財源が主である。公的な財源に依拠するゆえに、介護保険の場合は要介護認定、子ども・子育て支援新制度の場合は保育の必要性の認定を経て、利用者のニーズが制度の趣旨に合致することが確認された上で、給付がおこなわれる。

それでも、利用者と事業者の直接的な契約ゆえに、利用者にとっては自分たちのニーズに適合的なサービスを選択する機会が広がり、またより多様な事業者が参入することが期待されうる。

こうした制度は市場メカニズムと公的福祉の融合ということで準市場(quasi-market)と呼ばれる。

準市場とは、イギリスの社会政策学者であるジュリアン・ルグランが提起した概念であった(Le Grand and Bartlett, 1993:ルグラン 2008)。従来の社会民主主義が、福祉国家の受給者を受け身の存在にしてしまったことを批判し、受給者の選択権を広げ発言権を高めることで福祉国家を発展させようとする考え方である。

ルグランの議論を整理した行政学者の児山正史の定義によれば、準市場とは「政府が費用を負担し、当事者間に交換関係がある」方式である。政府が費用を負担するのはよいとして、「当事者間の交換関係」というのは少し説明を要するであろう（児山 2004）。「当事者間」といった抽象的な表現になるのは、準市場における契約とは、介護保険制度や子ども・子育て支援新制度のような利用者と事業者間の直接契約だけではないからである。イギリスの医療制度のようにかかりつけ医（総合診療医）と医療機関の間での市場的関係もある。この点は後で触れよう。

いずれにせよ、介護保険や子ども・子育て支援新制度で準市場というかたちが導入された。推進力となったのは、介護や育児の家族依存（日常的現実としての保守主義）から脱却しようとする（その限りでは社会民主主義的な）動きであった。

ただし、準市場のあり方にはたいへん幅がある。たとえば介護保険が提起された際にも、多くの受給者に選択能力がない、身近にサービスがなく権利が空洞化する、営利企業の参入で市場化がすすむといった批判があった。

結論からいえば、以下でみるように、準市場が社会民主主義の高度化につながるか、緩やかな新自由主義に転じてしまうかは、介護政治の展開によって決まっていくのである。

## 2　分権多元型・市場志向型・家族主義型

### 新たな対立構図

準市場という仕組みが導入されてきたことは、一見、政府か、市場か、家族かという旧来の対立に妥協が成立したようにみえる。だがそうではない。

準市場の導入の背後にあった考え方は、ケアを社会化し、より高い水準の福祉を提供するためにも、旧来の社会民主主義にあった国家中心的な発想を改めなければならない、というものであった。福祉はより分権的で多元的でなければならない。なぜならば、人々が元気になるためには、当事者の意向も反映させながら、多様なサービスの、様々な組み合わせが提供される必要があるからである。

このようにサービスの質を高め、福祉をより充実させるためにこそ分権化と多元化が不可避とする立場を、「分権多元型」の福祉と呼びたい。かつては集権的な発想が強かった社会民主主義は、近年は民主主義の高度化のためにも、より分権的で多元的な仕組みを志向するようになっている（宮本　1999：228-233）。

他方で準市場の導入は、営利企業を含めて多様な供給主体が参入し、競争も起きることから、福祉の市場化をすすめようとする立場にもチャンスを提供する。

念のため繰り返せば、準市場というのは、決して市場に準じる仕組みなのではない。政府（および社会保険）が費用を負担すること、利用者がサービスを選択するにあたってそのニーズが判定されること（要介護認定や保育の必要性の認定）などで、市場とは異なる。

だが、政府の費用負担より自己負担の割合を増やし、ニーズ判定の枠外の契約を増やすなどで、準市場を市場に接近させることは可能なのである。このような立場を本書では「市場志向型」と呼ぶことにしたい。

さらに準市場において、保守主義の立場からする家族主義も消えたとはいえない。介護保険制度も、居宅サービスは家族介護を前提にして設計されている。介護保険制度をめぐる政治過程では、家族による介護を評価し現金を給付するべきとする主張も現れた。こうした立場は「家族主義型」としておこう。

それでは、日本の介護保険制度の場合は、分権多元型の施策と市場志向型の施策、さらには家族主義型の施策はどのようなかたちで現れ、いずれが優位に立ってきたのであろうか。それをいかに判定すればよいのであろうか。

以下では、介護政治でのそれぞれの立場の優勢劣勢を判断し、準市場としての介護保険制度の現状を評価するために、三つの点が重要であることを述べたい。第一に、サービスの供給を担う主体、第二に、財源のあり方とその制度への組み込み方、第三に、専門家の役割と利用者支援のかたちである。

図3－1　準市場におけるサービスの供給主体

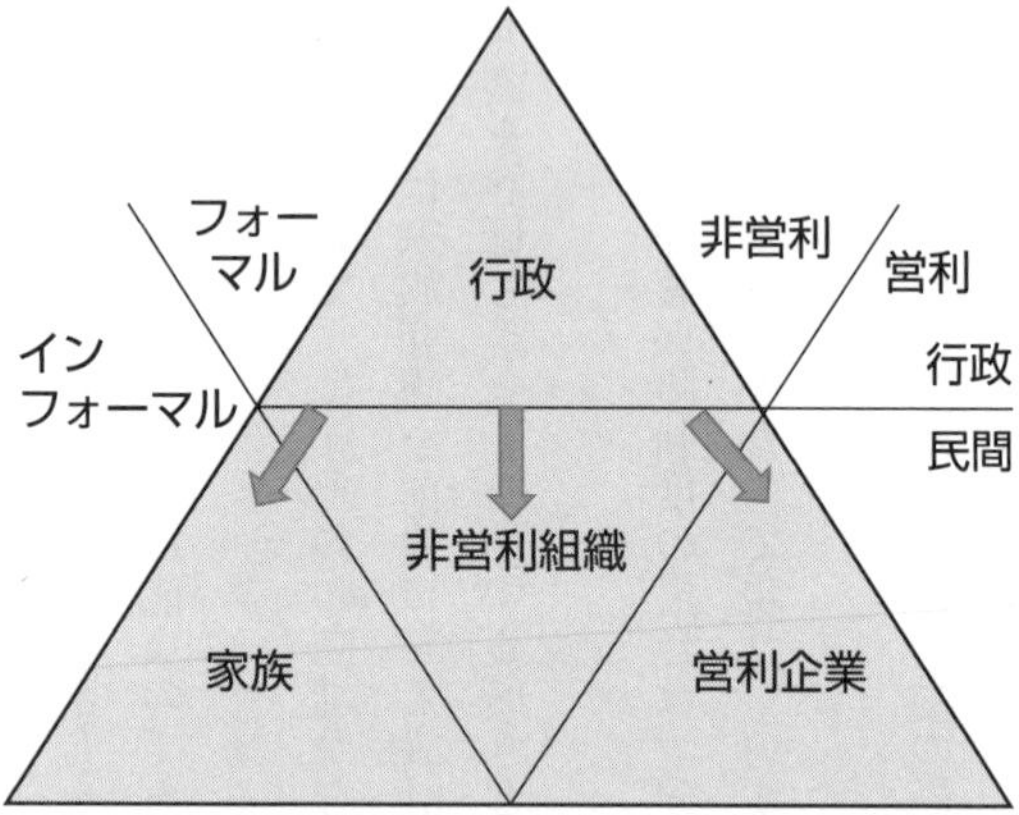


出所　Pestoff,1992の図を一部簡略化の上加筆

### サービス供給主体

準市場の性格を決める第一のポイントは、どのような組織がサービスの供給を担うか、という点である。

**図3－1**では、スウェーデンの政治学者ヴィクター・ペストフのよく知られた「福祉三角形」モデルを借りて、サービス供給を分権化する際の三つの選択肢を示した。「福祉三角形」モデルは、今日の社会を構成する四つの部門を、行政か民間か、営利か非営利か、フォーマルかインフォーマルか（制度化されているかいないか）で区分したものである。

政府がサービスのすべてを担うことはできなくなっている現実を受けて、準市場においてどこがサービス供給の中心になるかは、図の矢印が示す三つの可能性がある。主要な選択肢は、非営利組織か営利企業かのいずれかであり、補完的に家族の役割をどの程度まで組み入れるかが問われる。

**①非営利組織の可能性**

分権多元型福祉の立場は、政府の委託を受けるサービスの供給主体として、非営利組織の役割を強調してきた。

非営利組織と一口でいっても、国によって制度が異なる。アメリカでは一般に税制上（内国歳入法五〇一条C項）で公共性が認められ非課税となったNPOが中心である。スウェーデンやイタリアなどでは協同組合の比重が高い。日本では協同組合（生活協同組合や労働者協同組合）、NPO法人、社会福祉法人などが並び立っている。

つまり非営利組織といっても一括りにはできない。けれども一般的にいって、もともと地域で介護が必要な当事者や家族のニーズを満たすためにつくられた組織も多く、地域とのつながりが強く、利用者それぞれのニーズに柔軟に対応できる可能性が高い。

また、労働者協同組合の場合は、ケアワーカーが雇用関係に基づく労務管理に過度に拘束されず、主体的に働くことができる。介護サービスの供給においてこのような組織特性は、現場で利用者のニーズに鋭敏に応えていくことにつながりうる。

福祉政策の発展を求める多くの論者が、このような特性をもつ非営利組織がサービス供給の中心になることを求めてきた。

### ②営利企業と市場主義

他方で営利企業は、通常は事業規模が大きく、投入されたコストに比べてのサービス量、つまり効率において優位にあると考えられる。その一方で、株式会社であれば一定の余剰を確保する必要性から人件費が圧迫されたり、営業上収益につながる対象者を選別したり、あるいは、採算のあわない事業から突然撤退して利用者の権利が脅かされるという場合もある（金谷 2018）。ただし、制度上の法人類型だけで、非営利組織は公共性を追求し、営利企業は私的利益のみを追求する、と決めつけることもできない。

日本では、一九九二年にコムスンという株式会社が当時は初の試みであった夜間巡回型の介護を開始した。同社の創業者・榎本憲一は、規制に縛られずに事業を円滑に立ち上げるために、あえて株式会社という法人格を選んだ。

筆者はそのころ、福岡にあったコムスン社で榎本社長にインタビューしたことがあるが、一人暮らしの寝たきり高齢者が夜間はおむつだけで放置されるのが当たり前のようであった時代に、夜間巡回型の介護サービスを実現させることに強い熱意をもっておられたことを憶えている。

ところが一九九七年に経営者が変わると、同社は従業員にノルマを課し、営業成績を競わせ、事業拡大を最優先する企業となり、やがて介護報酬の不正請求などで経営を破綻させていった。

コムスン社の例から窺えるように、供給を担う組織の法人格は、実はそのサービスの在り方を決める決定的要因ではなくなっている。それゆえに、自律性をもって公共性の高い活動に取り組む事業体や、準市場のなかで政府、市場、コミュニティを連携させる事業体を、法人格の如何を問わず「社会的企業」と定義する議論が広がった（ボルザガ／ドゥフルニ 2004：藤井・原田・大高編著 2013）。

事業体のあり方を決める条件として、行政からの事業委託にあたっての入札や事業評価の手続きが重要になってくる。入札時や評価時において、費用の節減や効率に重点を置くか、サービスの質を重視するかといった基準が、大きな意味をもつ。入札や評価の基準次第では、非営利組織も営利的な経営を迫られるのである。

### ③家族の役割

非営利組織や営利企業にサービスを委託して介護を社会化するといっても、家族による介護は依然として続いている。介護保険導入にあたっては、たしかに介護の社会化が謳われたが、現実には、家族介護を前提にしてその負担を軽減することが目指されたのである。

各国の介護制度では、家族や近隣の人による介護に対して給付をおこなったり、手当を出すかたちもある。

たとえば、ドイツでは介護を受ける当事者に給付がおこなわれ、そこから介護者に謝礼を支払えるかたちがとられている。また、フィンランドでは、高齢者のみならず障害者に対しても、近親者等がおこなう介護に近親者介護手当が支給される。

日本でも介護保険制度の形成過程においては、家族介護に対する現金給付を求める議論がおこなわれていた。とくに自民党のなかには、明らかに家族主義的あるいは保守主義的な視点からなされた主張が一貫してあった。

介護保険制度の施行を目前にした一九九九年に、当時の自民党政務調査会長であった亀井静香が、家族介護が日本の「美風」であるという考え方から、その維持のために現金給付をおこなうべきという主張をしたことはよく知られている。またこれに先立って法案成立直前の衆議院厚生委員会では、安倍晋三が同様の視点から家族介護への給付を検討することを求めていた（辻 2012：105）。

他方で、老人保健福祉審議会の最終報告も、家族介護への現金給付について両論を併記した。ただしそこでの現金給付論は、全国市長会、全国町村会などの主張によるもので、保守主義の理念を前面に出したものとは異なっていた。

地方団体の主張は、事業者によるサービス給付が確保できない場合に、保険料に見合った給付がおこなわれるべきという点にポイントがあり、家族主義の復権を目指すことを目的としていたわけではなかった（介護保険制度史研究会他編著 2016：232-233）。

いずれにせよ、日本では介護保険制度の成立後、家族介護への現金給付はおこなわれてはいない。

その一方で、介護保険制度が前提とした家族のかたちが変わりつつある。

一九八六年には子夫婦と同居の高齢者が四六・七％であったが、介護保険がスタートした翌年の二〇〇一年の段階では二七・四％に、さらに二〇一六年には一一・四％にまで減少している。息子や娘の未婚化もすすむなかで、配偶者のいない子と同居している高齢者は同じ期間に、一七・六％から二七％にまで増大している（厚生労働省政策統括官 2018）。

今日の家族介護の実態は、「美風」論が想定していたような、元気な息子や娘が夫婦で同居の親を慈しむ、といったかたちとはかけ離れている。家族のなかで弱者が弱者を支える介護が顕著に比重を増しているのである。

**市場メカニズムの組み込み方**

準市場のあり方を決める第二のポイントは、財源の規模と構成、そして市場メカニズムの制度への組み込み方である。

準市場は基本的には公的財源によって給付がおこなわれる。しかし、公的財源といってもその規模はどれほどか、社会保険か税か、さらには利用者の自己負担の大きさや社会保険の場合は保険料の額などによって、制度の性格は異なってくる。

公的財源の規模が大きく自己負担が小さければ、準市場の制度は分権多元型福祉に近くなり、公的財源が制約され自己負担が大きければ市場志向型になる。自己負担が重くサービスの利用が抑制されれば、結果的に家族介護を余儀なくされ家族主義型にも接近する。

また、この公的財源のあり方とも関わって市場メカニズムがいかに制度に組み込まれるかも準市場のあり方を決める点である。準市場における市場メカニズムは、サービス提供の仕組みのなかに設けられるかたちと、サービス提供側と利用者の間の契約関係となるかたちとがある。

イギリスの医療や福祉においては、前者のかたちがとられている。すなわち行政機関あるいはサービス提供の仕組みのなかに「購入者」と「提供者」という二つの役割が設けられ、「購入者」の部局が「提供者」の部局からサービスを購入するものである。

たとえばイギリスの医療制度（NHS）の場合は、まずかかりつけ医である総合診療医（GP）に税による公的なファンドを委ね、総合診療医が患者を診たうえで、公立病院（NHSトラスト）から様々な医療サービスを購入、患者はその提供を受ける。

これに対して、日本の介護保険制度の場合は、後者のかたちであり、サービス提供側と利用者の間に市場メカニズムが導入されている。要介護・要支援認定を受けた利用者が、ケアマネジャーという専門家のアドバイスのもとで、サービスを購入する。

ただし、介護保険制度においては、利用者に現金が給付されるわけではなく、事業者がサービスを提供した後に、利用者に代わって保険者たる自治体から事業者に代金が支払われる（法定代理受領）。

社会学者の平岡公一は、イギリスの医療制度のように制度のなかで「購入者」と「提供者」を分けるメカニズムを「サービス購入型」、介護保険制度のように利用者のサービス購入を補助するかたちを「利用者補助型」と呼んでいる（平岡　2017）。

公的財源の組み込み方としては、「利用者補助型」のほうが利用者の選択の幅を広げることができる一方で、利用者と事業者の間での情報の非対称性によって利用者が劣位になったり、自己負担の割合が高まるなどして市場化がすすむ可能性もある。

これに対して、「サービス購入型」は、利用者以外の専門性をもった部局がサービスを購入するために、サービスの質を確保する点で優位にあるが、利用者の影響力は高まらない。

**専門家関与と利用者支援**

準市場の在り方を決める第三のポイントは専門家の関与と利用者支援の仕方である。

介護サービスの準市場においては、利用者とサービス供給を担う事業者や行政との間に著しい情報の非対称性がある。利用者は日用品を購入するような感覚でサービスを選ぶことはできない。しかも、利用者当人は、疾患や認知症などのために的確な判断ができない場合も少なくない。

介護保険の導入後、社会福祉法や介護保険法などで、事業者の情報公開義務や情報公開に関する自治体の役割が定められた。加えて重要なのは専門家の関与の仕方である。

先にイギリスの医療制度についてみたように、「サービス購入型」の仕組みでは、総合診療医のような専門家が利用者（患者）に代わって病院の医療サービスを選択する。この場合は専門家の判断が市場のルールに組み込まれている。

しかし、医療はともかく、広く公共サービス全般についていえば、どのようなサービスの組み合わせが利用者にとって最適なのか（つまり利用者をもっとも元気にすることができるのか）ということは、当事者のみならず専門家も明確な解答を持ち合わせていないことが多い。

日本の介護保険制度においては「利用者補助型」のため、利用者がサービス選択をできる条件が重要になってくる。この条件を提供するのがケアマネジャーの制度である。イギリスのコミュニティケアでは、ケアマネジメントは原則として自治体に属するソーシャルワーカーが実施する。これに対して、日本ではケアマネジャーとなる介護支援専門員は、公務員として勤務している場合もあるが、ほとんどは民間の居宅介護支援事業所に勤務する。

そして利用者に対して、要支援・要介護認定の結果に基づき、最適と考えられるサービスの組み合わせをケアプランとして提案し、さらにサービス提供事業者との連絡調整をおこなう。

このような仕組みは、制度を分権多元型福祉に近づける可能性と市場志向型に近づける可能性の両方をもっている。

一方で、利用者はケアマネジャーを選択でき、ケアプランに違和感があれば、ケアマネジャーを変更できる。このケアマネジメントの「選択制」は、日本の介護保険制度の独自性であり、利用者の立場を強める大事な条件である（介護保険制度史研究会他編著 2016：76）。

他方で、ケアマネジャーは営利企業の事業者にとっては「営業」の対象となり、またケアマネジャー自身が営利企業に属する場合は、自社のサービスを最優先にケアプランを作成せざるをえない。ケアプラン作成に対する介護報酬が少なければ、ケアプランの質より量をこなすことで収益を得ることになろう。

つまり、「利用者補助型」の介護保険制度においては、専門家の役割は、先にみたサービス供給主体や公的財源の規模などとも関連しつつ、準市場が分権多元型と市場志向型のどちらに接近するかという分岐点の一つになるのである。

ここで再度強調しておきたいのは、単なる保護ではなく、当事者が元気になることを目指す福祉における、専門家の役割についてである。

ケアマネジャーが自社サービスの売り込みに専念することは論外であるが、専門家としての立場に徹したとしても、ケアマネジャーや医師などが、高齢者が元気になる方法について唯一の解答を持ち合わせているわけではない。いかなるサービスのどのような組み合わせが必要か、専門家、当事者、家族などによる熟議と試行錯誤が大事である。

準市場がそのような熟議と試行錯誤が可能になる条件を提供できるならば、ベーシックアセットの福祉国家への道も拓かれうる。ここでは介護政治の現状についてさらに検討をすすめよう。

## 3　制度の現状をどう評価するか

### 供給主体の営利企業化

前節で示した三つの視点から介護保険制度の現状をみていきたい。

まずサービス供給の主体はどうなっているか。介護保険制度の形成過程においては、株式会社を含めた多様な供給主体の参入を促すことが、しだいに強調されるようになった。「保険あってサービスなし」という事態を避けるためにも、「民間活力」の積極的活用が目指されたのである。

たとえば、介護保険法案が国会に提出される直前の一九九六年九月に、与党ワーキングチームがまとめた「介護保険法要綱案に係る修正事項」では、「在宅サービスについて、民間企業や農協・生協・WC（ワーカーズコレクティブ）等民間非営利組織が広くケアプラン策定機関・サービス提供機関として介護サービスに参入できるようにする」とされた（介護保険制度史研究会他編著 2016：353）。

こうして介護保険成立時には、通所や訪問のリハビリテーションなど医療系のサービスや介護保険施設などを除けば、人員配置基準などを満たした営利企業は、介護保険サービスに参入できることになった。

サービス供給主体の構成はどう変化しているか。厚生労働省の「介護サービス施設・事業所調査の概況」でみると、二〇〇〇年の介護保険制度の施行開始の時期には、福祉用具貸与を除けばほとんどの分野で、社会福祉法人と医療法人つまり非営利組織が多数を占めていた。これに対して、二〇一七年になると、営利法人が参入できない分野を除けば、ほとんどの分野で営利法人（会社）が多数を占めている。

**図3－2**は、二〇〇六年と二〇一七年で、居宅サービス事業所（訪問介護、通所介護、ショートステイなどに加えて、営利法人が参入できない医療系サービス含む）全体について、社会福祉法人、医療法人、営利法人の三つの法人の増減をみたものである。営利法人が急増していることが分かる。

居宅サービス事業のなかで訪問介護事業についてみると、二〇〇〇年には営利法人（会社）の割合は三〇・三％であったが、これが二〇〇六年には五四・三％に、二〇一七年には六六・二％になっている。通所介護は、二〇〇〇年には営利法人（会社）は四・五％であったが、これが二〇〇六年には三六・二％に、二〇一七年には四八・五％になっている。

また**図3－3**は、ケアマネジャーが在籍しケアプランの作成などをおこなう居宅介護支援事業所について同じく、社会福祉法人、医療法人、営利法人の増減をみたものである。ここでも営利法人が急増していることが分かる。前節にみたように、ケアマネジャーがどれだけ客観的な視点から利用者の立場に立ってケアプランを作成できるかが問われる。後にも触れるが、ケアマネジャーが営利企業に勤務することになれば、自社のサービスをプランに組み込むことが優先される可能性がある。

図3–2　社会福祉法人、医療法人、営利法人別にみた居宅サービス事業所数の推移

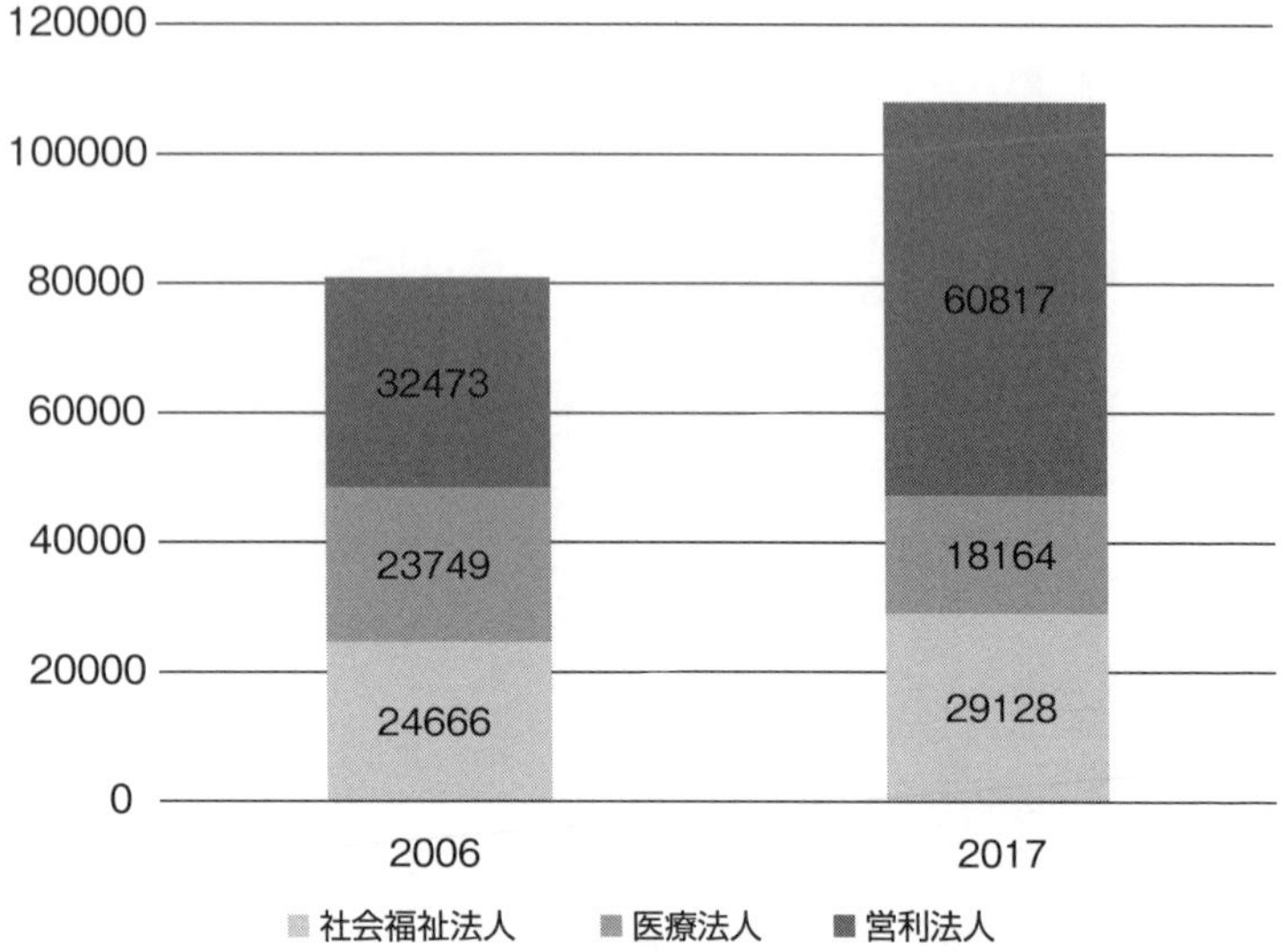


出所　三菱総合研究所, 2019 の図を簡略化

図3–3　社会福祉法人、医療法人、営利法人別にみた居宅介護支援事業所数の推移

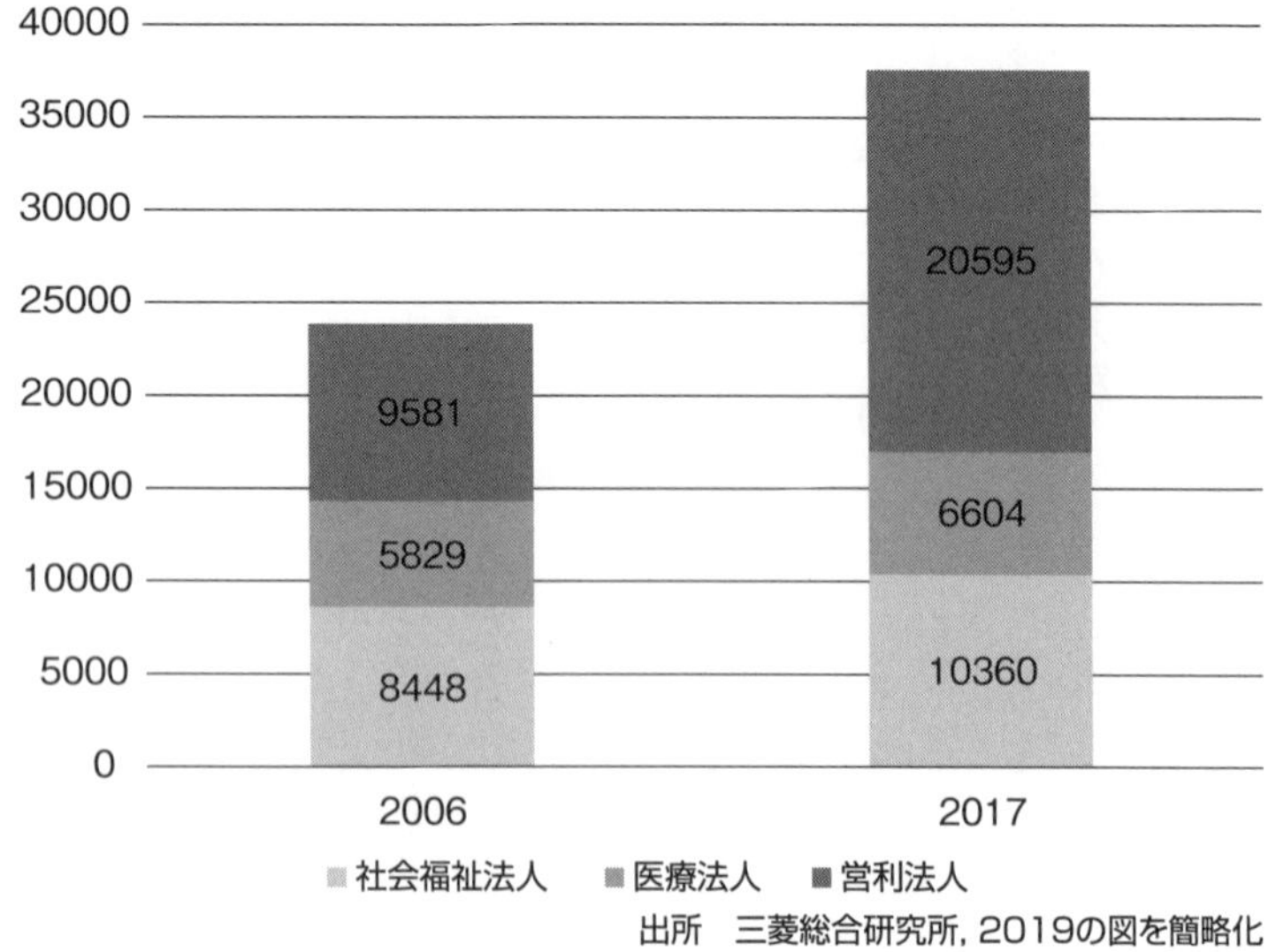


出所　三菱総合研究所, 2019の図を簡略化

### 法人格だけで判断できない背景

ただし、供給主体からみて、準市場としての介護保険制度が一挙に市場志向型に傾斜してしまったのかといえば、問題はもう少し複雑である。

まず社会福祉法人、NPO法人や協同組合のみならず一部の営利法人を含めて、創造的な「福祉経営」を実現しているところも少なくない。分権多元型福祉の可能性が否定されたわけでは決してない。

また、介護市場は必ずしも大企業が営利を独占する場になっているわけではない。介護保険制度に参入している営利企業で、ニチイ学館、SOMPOホールディングス、ベネッセホールディングスなど上位一〇社の売上高総計は、在宅介護市場七兆円の市場のうち九%を占めるにすぎない（渡辺 2019）。

いいかえれば、サービス供給の主体として営利企業が増大しているとはいえ、大多数の経営規模は小さい。公的な財源に依拠する準市場で、介護報酬自体が抑制されていることに加えて、厚労省は「大規模型」の通所介護の介護報酬を引き下げるなど、意図的に大規模な事業者のみが売上を伸ばすことがないように調整をしてきた。

さらに、介護事業は参入が容易であり、地域に密着した事業者が優位に立つ余地もある。法人格のみで供給主体の性格が決められないことは先にも述べたとおりである。法人格としての営利企業の比重が増えても、市場志向の経済的自由主義が圧倒し、分権多元型の福祉の要素がなくなったわけではない。

社会政策学者の須田木綿子は、東京都で住民の所得水準が比較的低いA区と比較的高いB区において、訪問介護、通所介護、施設各分野のサービスを供給する事業体の調査をおこなった。調査では、多年度にわたって営利企業と非営利組織の動向を追い、次のような考察を加えている（須田2017）。

まず、営利企業と非営利組織の経営のあり方は接近する傾向があり、収益を最優先していた営利企業は事業から撤退する傾向がある。他方で非営利組織も、事業継続のために介護保険外のサービス（制度にカバーされない生活支援や外出の同行など）の収益に依拠する傾向がうまれている。

そのなかでも低所得住民の多いA区では、営利企業と非営利組織いずれも地域密着型の組織の比重が高まり、収益最優先の営利企業が撤退する傾向が強い。居住費や食費などのホテルコストを中心に介護保険外サービスへの依拠は強まるが、売上の顕著な上昇にはむすびつかない。営利企業のかたちをとっていても、経営者が強いミッション意識をもって経営をおこなっている例もある。

これに対して相対的に所得の高い層が多いB区では、しだいに広域型の事業体が中心になっている。収益への志向を回復する営利企業も現れる。介護保険外サービスを、利用者を選別しつつおこなう事業体もみられる。

営利企業か非営利組織かという法人類型だけからは、事業体の性格を決められないことは、須田の調査からも窺える。制度は所得の高い層が集まる都市部では、確かに市場志向型の傾向を強めているが、全国的に同じ傾向にあるわけでもない。他方で、非営利組織も存続のために収益確保の戦略を求められている傾向もみえている。

**財源の制約と自己負担の増大**

介護保険の給付総額は、制度施行の翌年二〇〇一年には四兆三七八二億円であったが、二〇一八年には一〇兆一五三六億円に膨らんでいる。

二〇一八年の利用者数は、支援の必要が比較的軽度の介護予防サービスが約一〇二万人、比較的重度の介護サービスが約五一八万人で、合わせると二〇〇一年の利用者数（介護サービスのみ）の二倍を超えた。

介護保険の財源は、利用者の自己負担以外は、国と地方の税負担が五割、保険料が五割という構成で、税を投入して社会保険を成立させるという日本の社会保障の特質が継承されたかたちである。財政の逼迫にもかかわらず、このようなかたちで介護保険が成立したのは、当時の大蔵省が、介護保険を消費税引き上げを正当化するカードとして重視したからであった。

このように、「例外状況の社会民主主義」のもとでは、増税のチャンスを模索する財務省（大蔵省）が、社会保障の機能強化を目指す厚労省（厚生省）と、一種の「戦略的互恵関係」をむすぶという現象が生じた。この現象は次に「例外状況の社会民主主義」が台頭する「社会保障・税一体改革」時にもみられた。

だが、介護保険制度や子ども・子育て支援新制度が成立し、また政治的例外状況も変化すると、「磁力としての新自由主義」の力が増し、財務省（大蔵省）は支出削減に舵を切る。

介護保険制度は社会保険として加入者の権利意識にも支えられ、高齢化に即応して税支出を増大させる構造になっていた。それゆえ大蔵省とその後の財務省にとって、増税カードとしての役割を終えた介護保険制度は、今度は医療と並んで支出削減に向けて手を打つべき主要なターゲットになったのである。

こうして介護保険制度については、保険料の引き上げ、利用時の自己負担の増大、そしてサービス利用量を抑制する制度改革が相次いでいる。

まず保険料については、所得段階ごとで異なっているものの、全般的には負担は増大する傾向で、六五歳以上の第一号被保険者の支払う保険料は、二〇〇〇年から二〇〇二年の全国平均が月二九一一円であるのに対して、二〇一八年から二〇二〇年の全国平均は五八六九円となった。

受給している年金額が少ないなどで、介護保険料を滞納し、資産を差し押さえられた高齢者は、二〇一八年には二万人近くになった（厚生労働省「介護保険最新情報」八七五号）。

利用者の自己負担も、所得が一定以上の場合は二〇一五年からは二割負担が、二〇一八年には、年金収入とその他所得の合計が三四〇万円以上を基準に三割負担が導入された。

自己負担が一割から二割に引き上げられた際には、対象となった約四〇万人の四一・四％にあたる一六・七万人が前月よりサービスの利用を減らしていた（朝日新聞、二〇一七年四月八日朝刊）。制度導入直後の調査でも、利用者負担等で利用が困難という回答が一割程度は存在する（児山　2018）。

二〇〇五年以降は「介護予防」の名のもとに、要介護度の高い高齢者を減らすという目標が強調されるようになった。また、地域包括ケアシステムという理念のもとに、高齢者が在宅で暮らし続ける支援を、地域をあげてすすめることが打ち出された。

介護予防や地域包括ケアシステムの考え方は、趣旨としては決して間違ってはいない。しかし、「磁力としての新自由主義」が復調するなか財政支出削減の効果をみこんで取り組まれるならば、その意味は違ってくる。

身体機能が衰える「廃用症候群」を防ぎ、介護予防を徹底するという名目で、生活支援を切り詰める傾向も現れ始める（沖藤　2010：結城　2008）。介護保険の構想時、「高齢者介護・自立支援システム研究会」などから提起されていたケアと自立を一体にみる考え方が後退し、ケアと自立を対立させる考え方も見え隠れするようになったのである。

二〇一五年からは、要支援1・2の介護予防サービス受給者に給付されていた生活支援などを、自治体の総合事業に移行させることになったが、自治体の側では総合事業に取り組む体制が整っていないところが多かった。

二〇一八年には介護保険の受給者総数が六一九万人を超えていたが、実はこの人数は前年度から減少している。これは上記の制度改革のなかで、介護予防サービスの受給者が二〇一七年の一二二万八一一〇人から二一万人近く減少したからである。これもまた、事実上の利用抑制であるとすれば、分権多元型福祉からの後退になろう。

### 市場化のなかのケアマネジメント

介護保険制度の財源において私的負担の割合が高まり、供給についても営利企業の比重が格段に高まっていることをみた。

こうしたなかで専門家とくにケアマネジャーの関与はどのように変化したであろうか。

ケアマネジャーは本来、利用者のサービス選択を支援する専門家で、利用者の経済力や報酬の大きさにかかわらず、利用者にとって最適なサービスの組み合わせを実現することが期待されていた。

しかし、市場化のなかでの自己負担増大は、利用者にとっては制度の利用を抑制させる。ケアマネジャーにとっては、サービスを組み合わせる際に、その負担能力をまず第一に考慮する必要が生じる。

さらに、サービス供給において営利企業が占める割合が増えていることも、専門家の判断に市場的なバイアスをもたらす可能性がある。

三菱総合研究所による調査によれば、ケアマネジャーが属する居宅介護支援事業所が独立して運営されている場合は少なく、二〇一一年では八八・九％が他の訪問介護、通所介護などの事業所を併設した併設型になっている。法人格としては株式会社の比重が高くなっていて、ケアマネジャーは、ケアプラン作成にあたって、「自社」のサービスを優先的に組み込むことを求められる。

二〇〇五年の段階で、二五・七％のケアマネジャーが自らの事業所に併設されているサービスのみでケアプランを作成していた（三菱総合研究所 2012）。

これに対して厚生労働省は、二〇〇六年の介護報酬改定に際して、「特定事業所集中減算」を導入し、プランにおいて正当な理由なく一つの事業所のサービスが九〇％以上を占めている場合は、他のプランについても介護報酬が減算されることとした。さらに二〇一五年には減算される集中の基準を八〇％以上とした。

少し古いデータにはなるが、二〇〇六年におこなわれた「ケアマネジャーの営業に関する実態調査」（『月刊介護ビジョン』編集部）では、ケアマネジャーの五一・二％が利用者等に対する営業活動をしたことがあると答えており、そのうち「事業所の指示により強制的に」あるいは「事業所内のスタッフと協議して」行ったとするケアマネジャーが四八・六％に及んだ。

また、介護保険制度の各事業所にとっては、ケアマネジャー自身に対する営業活動が事業の存続のためにも重要になってくる。したがって、そのような営業活動に力を割き、さらに紹介された利用者の居住地や利用時間に合わせて、適宜スタッフや施設を提供できる事業所だけが、生き残ることになる。

生活困難層増大のなかの市場志向と家族主義

準市場としての介護保険制度の在り方を決めるポイントとして、①サービス供給の主体、②公的財源と市場メカニズムの制度への組み込み方、③利用者支援と専門家の関与、の三つの点を挙げた。この三点から介護保険制度の現状が、どのようなポジションにあるのかがみえてくる。

そのポジションをみる指標になるのが、分権多元型、市場志向型、家族主義型の三つのかたちであった。

分権多元型福祉は、公的な財源で利用者の自律的な生活を支える柔軟なサービスを提供すること、そして専門家の支援のもと利用者や家族がサービスとその組み合わせを選択できることを目指した。柔軟なサービスを実現する供給主体としては、非営利組織の役割が重視された。

制度導入直後の段階で利用者や家族がどこまでサービスの選択ができていたか、既存の調査結果を包括的にまとめた児山正史の研究では、選択制を知っていた場合はこれを肯定的に評価する割合が高く、四割から九割に及ぶ。ただし、利用者本人だけで契約できたという割合は三割以下であった（児山 2017：九津見・伊藤・三上 2004）。

これに対して市場志向型は、準市場を一般の市場に近いかたちで機能させようとする。市場規模拡大のために私的な支出が比重を増し、主には営利企業がサービス供給を担い、専門家もいわば（企業直属の）コンシェルジュのように利用者とサービスをむすびつける役割を果たすことを期待する。

制度発足時の「例外状況の社会民主主義」のもとでは前面に出ていた分権多元型福祉の理念は後退し、「磁力としての新自由主義」が復調するなか、介護保険制度の現状はしだいに市場志向型の性格を強めているようにみえる。

市場志向型のもとでは、自己負担がサービス利用のハードルとなり、選択可能性を制約する。さらに、市町村の財政状況が逼迫するならば、要介護認定率が低下する傾向があるという研究もある（清水谷・稲倉 2006）。事業者の法人格が営利企業であればすぐ市場志向型になるという単純な関係ではないが、営利企業の比重が高まれば、ケアマネジャーも市場の論理に拘束される傾向は強まろう。

家族主義型も過去のものとなったわけではない。制度上の市場志向型は「日常的現実としての保守主義」と両立しうる。公的財源が抑制され、自己負担が増大してサービス利用が困難になれば、家族依存の度合いが増す。

しかし、そもそも措置制度から介護保険へという流れが強まったのは、男性稼ぎ主の家族扶養というかたちが維持しえなくなったことをきっかけとしていた。依存できる家族がいたとしても、その家族もまた高齢、認知症、病気、未成年（ヤングケアラー）である場合がきわめて多い。

同居で介護する側もされる側も六〇歳以上であるという割合は、二〇〇一年には五四・四％であったが、二〇一六年には七〇・三％になっている（厚生労働省「平成二八年国民生活基礎調査の概況」）

介護・看護のために仕事を辞める人は、二〇〇七年からの一二年間でほぼ倍増し、一〇万人を超えている（厚生労働省「平成三〇年雇用動向調査結果の概況」）。また、高齢者介護に限られないが、通学や仕事をしながら家族を介護する一五歳から一九歳の「ヤングケアラー」が、三万七一〇〇人に及ぶという推計もなされている（毎日新聞、二〇二〇年三月二二日朝刊）。

準市場のかたちが家族主義型に近づいている、あるいは「日常的現実としての保守主義」が現れているといっても、実際の家族依存のかたちは、家族主義あるいは保守主義の想定外のものになりつつあるのである。

この市場志向型や家族主義型への接近については、さらに、貧困政治に関わって検討した「新しい生活困難層」の増大という現実と重ねて考える必要がある。

もともと日本は、選別主義といわれるほど困窮層へ支援を集中してきたわけではなかった。さらに介護保険制度において、低所得層を排除するような制度改革が重ねられるならば、「新しい生活困難層」は、困窮層向けの福祉からも、保険料、自己負担などが増大する介護保険制度からも排除されることになりかねない。

他方で、こうした困窮や格差の広がりのなかで、介護保険制度自体が完全に市場志向型に転換することもまた困難になっていることは強調しておきたい。

公的財源そのものの制約からも、介護保険制度は、コンプライアンスを遵守する限りは、決して「儲かる」市場とはなっていない。したがって、法人格としては営利法人（会社）であっても、収益よりはミッションを優先し、認知症、居住、孤立問題などに創造的に対処する事業者も少なからず現れている。

## 4　介護保険の形成をめぐる政治

### 介護保険制度の理念形成

前章において、日本の福祉改革の大きな流れを以下のように抽出した。

まず、第二臨調路線による新自由主義的な福祉削減論が台頭、これに対して経済的自由主義を批判しつつ措置制度からも脱却しようとする福祉刷新論が提起される。刷新論は、一九九三年の非自民連立政権誕生から一九九四年の自社さ政権成立という、二政権にわたる政治的例外状況の連鎖のなかで介護保険制度として結実する。

その後、小泉構造改革による再度の新自由主義的改革が進行し、介護保険制度の財源も制約されるが、二〇〇七年くらいからまたこれに対する反発が広がり、「社会保障・税一体改革」による福祉の機能強化路線がすすみはじめる。

この路線は、二〇〇七年から二〇〇九年にかけての自民党政権の危機と二〇一〇年から二〇一二年にかけての民主党政権のマニフェスト実現困難という、これも二つの政権を通しての例外状況がつながるなか、子ども・子育て支援新制度や生活困窮者自立支援制度に結実していく。

ただし制度の具体化や運用については、その後また様々な制約に直面する。以上のような展開は「磁力としての新自由主義」と「例外状況の社会民主主義」が交互に現れるパターンとしても解釈できる。

介護保険制度をめぐる政治過程は、基本的には以上の流れに沿って追うことができる。介護保険の構想は、ここでいう福祉刷新論の象徴でもあった。措置制度から脱却した普遍主義的なサービスの構想は、厚生省では一九八九年に設置された「介護対策検討会」などから練られていたが、政治的な後押しを受けるようになったのは、やはり非自民連立政権の誕生が契機となった。すなわち非自民連立政権が成立したすぐ後に、厚生大臣の私的諮問機関として「高齢社会福祉ビジョン懇談会」が設置され、一九九四年三月に報告書「二一世紀福祉ビジョン」を出した。そこでは「国民誰もが、身近に、必要な介護サービスがスムーズに手に入れられるシステム」の構築が提起されていた（増山　1998）。

これを受けるように、一九九四年四月に厚生省に高齢者介護対策本部が設置され、さらに同年七月に同本部に「高齢者介護・自立支援システム研究会」が立ち上がり、本格的に議論が開始された。一二月にまとめられた研究会報告書は、措置制度による高齢者介護の制度的限界を指摘した上で、新介護システムの基本理念として、高齢者の自立支援を打ち出した。

ここで自立支援とは、「重度の障害を有する高齢者であっても、例えば、車椅子で外出し、好きな買い物ができ、友人に会い、地域社会の一員として様々な活動に参加するなど、自分の生活を楽しむことができるような、自立した生活の実現を積極的に支援すること」とされた。「自立」という言葉は、新自由主義的な論調のもとでは、しばしば「制度に依存しない」という意味で使われるが、ここでは、「制度を活用する」ことによって生活を自律的に営むことができるという点を強調していた。

そして同報告書は、そのためにこそ、高齢者自身が「自らの意思に基づいて、利用するサービスや生活する環境を選択し、決定することを基本に据えたシステム」を実現する必要があるとした。また、保健、医療、福祉と多岐にわたるサービスをパッケージとして連携させるために、ケアマネジメントの役割が重要であると同報告書は強調した。さらに財源については、普遍的なサービスを供給する財源を確保するためにも、社会保険に基礎を置いたものであることが望ましいとされた。

このように、すでに一九九四年の終わりには、介護保険制度の輪郭はみえていた。その基本理念は、準市場で人々を最適なサービスの組み合わせとつなげ社会参加を可能にするというもので、ベーシックアセットの考え方と重なるところも大きかった。

そして、それからわずか三年ほど後の一九九七年一二月に、介護保険法が国会で採択された。このような大きな改革が、これだけの短期間に実現したのはなぜだったのであろうか。

この時点で「例外状況の社会民主主義」の諸条件が揃っていたことは指摘できる。

非自民連立政権の誕生で、一九五五年の保守合同以降初めて政権を失った自民党は、自社さ連立で政権に復帰したものの、選挙制度改革で小選挙区制が導入されたこともあって、再度の政権交代があっても不思議ではない状況であった。自民党のなかでは、旧来の保守政治からの転換を図るために、こうした制度改革に積極的な動きが現れた。

「例外状況の社会民主主義」のもう一つの特徴は、財政的制約が社会民主主義的施策を押し上げる契機となったという、いささか逆説的な流れである。財政危機は消費増税を不可避のものとし、消費増税がその使途を明確にする必要を政治に迫り、そこから高齢者福祉の強化が浮上した。このパターンは、子ども・子育て支援新制度を押し上げた「社会保障・税一体改革」にも共通している。

その意味では、「例外状況の社会民主主義」の後に、「磁力としての新自由主義」が強まっていくことになるのは、一種の蓋然性があった。介護保険制度もまた、その後に市場志向型に接近しつつあることは先にみたとおりである。

### 政治の流動化と自社さ福祉プロジェクト

具体的な経緯をみるならば、まず一九八九年四月に三%で消費税が導入されたことなどから、七月の参議院選挙において与党・自民党が大敗した。これに対して、橋本龍太郎大蔵大臣の指示のもと、消費税の使途が福祉であることをアピールするために、同年「高齢者保健福祉推進一〇カ年戦略(ゴールドプラン)」が策定された。

また翌一九九〇年には、福祉八法が改正され、特別養護老人ホームの入所措置などの権限が自治体に移された。さらには一九九四年には高齢化の進行に合わせてゴールドプランが改定され、新ゴールドプランがつくられた。

このように介護保険制度を実施する基礎条件がつくられる一方で、一九九三年に、自民党の宮沢喜一内閣に対する不信任案の可決に端を発して、日本新党代表の細川護熙を首班とする非自民連立政権が誕生した。厚生省のなかで動いていた介護保険構想にとって、この政権下でまとめられた「二一世紀福祉ビジョン」が一つのゴーサインになったことは先に述べた。

こうした「例外状況の社会民主主義」では、財務省（大蔵省）が、福祉改革に乗った増税を模索するのであるが、この時は一九九四年二月三日未明の記者会見で、細川護熙首相が突然に七％の「国民福祉税」をぶち上げた。

背後には、時の大蔵省の斎藤次郎事務次官と非自民連立政権で権勢を振るっていた小沢一郎の強い連携があった。消費税の再引き上げが課題として浮上するなか、引き続き税収の使途として高齢者福祉の充実を打ち出す必要は高まっていた。

この突然の「国民福祉税」構想は、厚生省を中心にした介護保険構想との連携もなく提起され、小沢と斎藤の強硬な手法への反発から潰えた（菅沼・土田・岩永・田中編　2018：339–340）。だがその後も、大蔵省は消費増税のカードとして介護保険を使う余地を残そうとしていた（有岡　1996）。

したがって厚生省では、早くから新たな介護制度を社会保険として導入する見通しを立てつつも、当初の段階では社会保険としての介護保険を政策過程に打ち出すことに慎重になったのである（増田　2003：39)。

こうして非自民連立政権のなかの不協和が強まり政権は瓦解、一九九四年には新党さきがけと社会党が野に下っていた自民党と連立を組み、自民・社会党・さきがけによる自社さ政権に転じた。長年野党の立場にあった社会党は、非自民連立政権に引き続き、自社さ政権で政権に加わった。しかも一九九四年からの自社さ政権は、自治労（全日本自治団体労働組合）出身の社会党委員長であった村山富市を首班として始まった。このことは、これまで措置制度を転換することに強く異を唱えていた自治労が、介護保険の導入に同調するようになるきっかけともなった（大熊　2010：24-31)。

逆に自民党のなかでも、いったん下野した経験から、他党との連携にも配慮し、また介護保険制度のような新しい生活保障のかたちにも積極的に取り組む流れが現れた。自社さ政権に踏み切る機運を醸成した「リベラル政権を創る会」には、後に介護保険制度の実現に大きな役割を果した衛藤晟一《せいいち》など、右派と目される政治家も多く参加した（中北　2014：169)。

この政治の流動化は、選挙制度改革を中心とした政治改革によってさらにすすんだ。一九八八年に露呈したリクルート事件は、繰り返される政治腐敗を一掃する課題を改めて浮上させ、政治改革を喫緊の課題とした。一九九四年には非自民連立政権のもとで、小選挙区比例代表並立制を導入する選挙制度改革がおこなわれた。

この選挙制度改革の結果、候補者たちが公共事業や業界保護の実績を競い合う必要は、中選挙区制に比べれば弱まった。旧来の雇用を軸とした生活保障の政治的条件が解体されていったことから、公共事業による雇用確保などに代えて、家族を支える新たな生活保障のかたちが必要になっていると受け止める政治家も増大した。

こうした自民党と野党それぞれの変化を象徴していたのが、一九九四年の自社さ政権発足直後に立ち上がった与党福祉プロジェクトであった。その構成メンバーは、自民一〇名、社会七名、さきがけ三名の二〇名から成り、一九九六年一月に村山内閣が総辞職し、橋本内閣が成立してからも活動を続けた。

この与党福祉プロジェクトがとくに大きな役割を果たしたのは、一九九五年二月に始まった老人保健福祉審議会（老健審）との関係においてである。高齢者福祉の制度に関する各分野の利益代表でもある老健審では、介護保険の保険者のあり方をめぐって議論が紛糾した。

第一章で述べたように、先行制度のない介護政治では、育児政治とは異なり、業界団体の強い働きかけはなかった。

だが、介護保険制度の実施主体として期待される肝心の地方自治体が、介護保険の保険者となることに抵抗していた。国民健康保険制度が自治体の行財政の負担になっていったことの二の舞いとなることを懸念したのである。

老健審における議論がいっこうにまとまらないなか、一九九六年三月の与党福祉プロジェクトにおいて、メンバーの丹羽雄哉元厚生大臣が、介護保険制度の体系的な試案（いわゆる丹羽私案）を提出したことが大きな意味をもった。

この丹羽私案は、介護保険の財源を税と保険料で五割ずつとした上で、市町村が保険者となることを明確にしていた。基本的には、厚生省の高齢者介護対策本部の案に近いものであったが、被保険者を四〇歳からとするなど、制度の実施に向けてより踏み込んだ内容のものとなっていた。

にもかかわらず、一九九六年四月に老健審が出した報告書は、結局は「両論併記」「多論羅列」に終わった。すなわち、市町村の懸念に配慮し、事実上結論を棚上げにした上で、厚生省に試案の作成を求めるものであった。

これに対して与党福祉プロジェクトでは、政府・厚生省に対して制度試案の速やかな作成を求めた。さらにその作成手順を具体的に示した上で、(従来の与党・政府関係にはないかたちとして)与党福祉プロジェクトの座長と共同作業ですすめることも求めた(介護保険制度史研究会他編著 2016:240)。

厚生省は、地方団体による保険者財政の安定化についての要望を取り入れ、そのための調整制度を盛り込んだ案を老健審に提示し、ようやく六月に老健審の答申はまとまった。

にもかかわらず、老健審における地方団体の抵抗は自民党の内部に伝播していた。また、選挙制度改革後の初めての総選挙が近づくなか、自民党の政務調査会・社会部会のなかでは、介護保険による負担増が有権者の反発を買うという懸念も広がっていた。

こうした空気のもと、社会部会では、介護保険が日本の家族介護という「伝統」を壊すといった議論も改めて噴き出した。

結果的に、当初目指されていた第一三六通常国会への介護保険法案の提出は見送られた。

### 市民運動と介護保険法の成立

介護保険制度の構想を法案にまで具体化し牽引してきた中心が、自社さ政権という例外状況のなかでの与党福祉プロジェクトであったとして、その後、法案の国会提出と成立に大きな役割を果たしたのは市民運動の展開であった。

第一章でも論じたように、介護をめぐるリスクは、多くの市民が長期にわたり経験するものであり、貧困政治と比べて市民の間で関心が広がりやすかった。実際のところ、介護保険制度についての世論の支持は高かった。

一九九六年九月一四日の読売新聞朝刊の世論調査では、介護保険の導入について賛成が七三・九%、反対が四・五%、どちらともいえないが二〇・四%であった。また、介護保険をめぐって「厚生省の計画」への賛否を問うた一九九六年三月一〇日朝日新聞朝刊の世論調査でも、賛成が六〇%、反対は二九%となっていた。

こうした支持に依拠しつつ、さらに世論を盛り上げていったのは市民運動であった。強力な業界団体がなかった介護政治においては、医療保険制度が介護を代替していたことから医師会との調整は必要であったものの、介護に実際に携わる市民が影響力を行使する余地は大きかったのである。

また、自社さ政権という政治的例外状況により、市民運動にも政策形成にアクセスする機会が広がったことが、市民運動が従来の抵抗型運動から脱却するきっかけともなっていった（辻　2012：110–111）。

こうした条件のもと、「高齢社会をよくする女性の会」や「呆け老人をかかえる家族の会」（後に公益社団法人「認知症の人と家族の会」）などの市民団体が、政策提言的な運動を展開した。なかでも、一九九六年九月に立ち上がった「介護の社会化を進める一万人市民委員会」は、創設集会で綱領的文書の「わたしたちのめざすもの」を採択し、介護保険の運営への市民の参加を求めた（大熊　2010：32–38）。

「一万人委員会」は、老健審や自民党の社会部会などでの消極論に対峙して、介護保険法の国会提出と採択への流れをつくる上でも大きな役割を発揮した。一九九六年一〇月の小選挙区制度導入後初の総選挙に際しては、すべての候補者に介護保険についてのアンケートをおこない、法案への賛否や制度のあり方についての意見をメディアに公表するなどした。

法案の国会提出後は、衆参両院での委員会審議や地方公聴会などに「一万人委員会」のメンバーが多数参考人や公述人として参加して、法案の修正に関しても、与野党双方に影響力を行使し続けた（有岡　1996）。

厚生省もまた、こうした政策提言的な市民運動と連携することに力を入れた。介護保険制度をめぐっては、先に述べたとおり、与党の政務調査会・社会部会も分裂していた。他方でこれまで政府提案には反対論に終始しがちであった野党のなかにも、介護保険制度の実現を訴える議員が少なからずいた。

厚生省にとって、「一万人委員会」を始めとした市民運動は、与野党を架橋しつつ、政治に推進力を与えるためにも、重要な存在であったのである（和田編著　2007：75）。

国会での動きに議論を戻すと、一九九六年一〇月の総選挙においては、自民党が二八議席を増大させたが過半数には届かず、大きく議席を減らした社民、さきがけとの閣外協力のかたちで第二次橋本内閣がスタートした。この段階では、自社さの枠組みでの政策形成過程は根本から弱体化した（中北　2019：153-156）。しかし、市民運動がそれを補うかたちでバトンをつないだといえよう。

介護保険法案は一九九六年一一月の臨時国会に提出され、最大野党であった新進党が租税財源論の立場から反対の立場をとったものの、自社さの三党に加えて民主党が「一万人委員会」などに近い主張のもとにこれに賛同、市民参加条項などの修正を経た上で一九九七年五月に衆院で可決された。その後、参院においても条文修正を経て一二月三日に可決され、この修正を経た法案が一二月九日に衆院で改めて可決されて介護保険法は成立した。

## 5　介護保険の実施をめぐる政治

### 「磁力としての新自由主義」の圧力

みてきたように、財政的困難のさなか、大蔵省（財務省）は、消費増税を正当化する手段の一つとして介護保険制度を位置づけてきた。財政的危機に対処するための福祉の機能強化という逆説は、その後の介護保険制度の展開についてまわる。

そもそも介護保険を成立させた第二次橋本内閣は、自社さ政権と新進党が財政再建に向けた改革を競い合った選挙で誕生した政権であり、後の小泉内閣に先立って財政支出の見直しによる構造改革を掲げた内閣であった（竹中　2006）。

同政権にあっては、自社さ連立に積極的であった加藤紘一幹事長らが、他方では財政構造改革会議に依りながら財政再建の旗振り役となっていた。反自社さ派で介護保険制度にも消極的であった梶山静六官房長官らが、財政再建を迫っていたという政争がらみの事情もあった（清水　2015a,b）。

介護保険制度は、このような政治的文脈のなかで、財政健全化の条件整備を打ち出した財政構造改革法と同じタイミングで成立したのである。同法は、公共事業予算を一九九八年度までに七％以上削減、社会保障予算も一九九九〜二〇〇〇年度は前年度の二％増以内に抑制することとした。

消費増税への見通しもついたこの段階で、「例外状況の社会民主主義」から「磁力としての新自由主義」へと歯車は切り替わりつつあった。

ただし、その後の小泉構造改革路線へは一直線にすすんだわけではない。バブル経済崩壊に伴う不良債権問題から銀行や証券会社などの破綻の連鎖が起きるなか、梶山ら反自社さ派は財政再建路線を急転換する。そのゆさぶりのもとで、第二次橋本内閣の財政再建路線に軌道修正がかけられ、今度は減税路線が経済政策の柱となる。その後の小渕恵三内閣、森喜朗内閣の経済政策は焦点が定まらず、とくに森内閣については支持率が急低下するなかで、小泉構造改革の登場となるのである。

このような財政的な制約は、その後の介護保険改革の流れを規定していく。

構造改革路線の展開のなかで、二〇〇三年一一月に財政制度等審議会がまとめた建議では、介護保険制度の財政について、「給付費が二〇二五（平成三七）年度までに、金額で四倍（五兆円から二〇兆円）、対国民所得比で三・五倍に増加」するという見通しを示して抜本的な改革を迫った。具体的には、利用者の自己負担を二割から三割に引き上げること、施設における居住費や食費を保険給付の対象から外すこと、低所得者の負担を軽減する措置の対象を狭めることなどを求めた。

こうしたなか厚生労働省は、法施行後五年で制度の見直しを決めている介護保険法の附則に基づき、介護保険改革の準備に乗り出す。そこで構想されたのは、障害者福祉と介護保険制度の一体化による財源の安定化であった。

折しも、障害者福祉の分野でも二〇〇三年から支援費制度が施行されていた。支援費制度もまた、措置制度から分権多元型の福祉体制への転換を図ったものであった。これがこれまでは抑制されてきたサービス需要を一気に顕在化させることになり、その財源確保の方法が問われていた。

そこで構想されたのが、介護保険制度を障害者福祉制度と統合し、障害も保険給付の対象とする代わりに、被保険者を二〇歳以上などとして対象を広げ、財源を安定させるという方向であった。しかし、介護保険の財政基盤拡大に向けた政治的条件は整わなかった。二〇〇四年七月の参議院選挙では、選挙区、比例区共に、民主党の得票率が自民党を大きく上回った。

この敗北を同年の年金改革における負担増にみる自民党では、介護保険制度の被保険者を広げることで若年層の反発を呼ぶことを怖れる声が強まった。経済財政諮問会議でも民間議員を中心に給付の伸びを抑える数値目標の設定を求める声が出て、一二月六日には自民党の丹羽雄哉社会保障制度調査会長と公明党の坂口力副代表が会談して見送りを決めた。

こうして財政基盤拡大の道が断たれたために、二〇〇五年以降の介護保険改革においては、支出抑制の基調がしだいに強くなっていく。このことは、まずは介護保険三施設(特別養護老人ホーム、老健施設、療養型医療施設)におけるホテルコストつまり居住費と食費が介護保険給付の対象から外されるといったように、はっきりみえるかたちで現れた。

加えて、二〇〇五年の介護保険改革では、介護予防重視や地域包括ケアという考え方が打ち出された。これらの考え方は、それ自体は普遍主義的な福祉の実現に向けた妥当かつ重要な考え方である。

だが、その後の介護保険制度の度重なる改定のなかで、この予防重視と地域包括ケアという二つの考え方を基礎にした諸施策が、時に介護の現場から反発を受けるという事態が生じていく。みてきたような財政基盤の縮小のもと、介護保険給付の「適正化」が叫ばれるなかで、こうした理念が逆に支出抑制の口実となってしまう傾向が現れていくのである。

**介護予防の理念と実際**

介護保険における予防重視とは、高齢者が寝たきりなどで身体機能低下を引き起こす「廃用症候群」に陥らないようにしていくことである。このこと自体は、高齢者の生活自立を目指す介護保険の理念からしても、当然の考え方であった。

制度見直しにあたって強調されたのは、軽度の介護サービス利用が急増していることであった。介護保険制度が導入された二〇〇〇年四月末と二〇〇四年八月末の比較では、要介護2以上の認定者数の増大は五割程度であったのに対して、要支援の認定は二・二倍、要介護1は二・四倍の増加であった（辻　2006：13–14）。

軽度サービスの利用増大は、単身高齢者の増大や同居家族の就労など、家族環境の変化を反映した面も大きかった。だが、訪問介護が「レンタル家族の時間貸し」（池田　2011：178）となっているといわれ、介護保険の理念からの乖離が強調されるようになった。

そして、二〇〇五年の改革では、新しい予防給付制度が導入された。要介護に至ることを予防するべき段階として要支援1と要支援2の介護予防給付が設けられ、給付の内容についても、筋トレなどの身体の機能向上や栄養改善などのサービスが加わった。また、介護保険制度の給付対象となる恐れのある高齢者の介護予防をすすめる地域支援事業が開始された。

さらに、その後の介護報酬改定などをとおして、「廃用症候群」を防ぐ介護予防という理由から、高齢者の食事の準備や買い物などの生活援助に様々な制限が設けられるようになった。続けて生活援助を受けられる時間が短くなり、自治体によっては同居の家族がいる場合は生活援助が受けられないことになった。

こうして介護予防という理念は、しだいに財政問題を直に反映し、介護の利用に制限をかけることに力点を置いて打ち出されるようになった。元厚労省老健局長の研究者である堤修三はこのあたりの事情を次のようにいう。すなわち、国の財政制約が改正を貫く契機であったにもかかわらず、「それを政策として見映えが良く前向きの改正であるかのように印象付けるため」に「改正内容が徒《いたず》らに複雑化し、かつ、技巧的になった」面があると（堤 2007：22）。

さらに二〇一四年の改革においては、要支援1・要支援2の介護予防給付のうち訪問介護、通所介護が、市町村が実施する地域支援事業に組み込まれた。そして、ボランティアやＮＰＯなどを含む多様な主体が提供する生活支援と一体的に実施することになり、新しい「介護予防・日常生活支援総合事業」として位置づけられた。

介護予防給付の訪問介護、通所介護が地域支援事業に組み込まれても、介護保険特別会計という財源は同じである。

しかし、要支援1・要支援2の介護予防給付については、自治体は補正予算を組んでもその支出に責任を負わなければならなかった。これに対して地域支援事業に移行すると自治体の裁量が増し、支出の抑制が可能になる。このことから、こうした再編自体が財政支出削減策であるとする批判も根強い。

### 地域包括ケアシステム

二〇〇五年の介護保険改革以降に追求されるようになったもう一つの重要な考え方は、地域包括ケアシステムである。

地域包括ケアという言葉が介護保険制度改革を方向づける理念として使われるようになったのは、二〇〇三年の「高齢者介護研究会」報告書（「二〇一五年の高齢者介護」）においてであった。この報告書では、「個々の高齢者の状況やその変化に応じて、介護サービスを中核に、医療サービスをはじめとする様々な支援が継続的かつ包括的に提供される仕組み」として地域包括ケアを描き出した。

こうした議論を背景に、二〇〇五年の改革においては、小規模多機能型居宅介護、認知症高齢者グループホームなどの「地域密着型サービス」が創設された。また、市町村に地域包括支援センターが新設され、地域包括ケアシステムの基軸となることが期待された。

地域包括ケアシステムの考え方は、その後も地域包括ケア研究会の報告書などで練り上げられていった。同研究会の二〇〇八年度報告書では、このシステムを構成するものとして、医療、介護、住宅、生活支援に加えて介護予防が相互に連携するべきものとされた。

また、このシステムは、自助・互助・共助・公助の役割分担によって構築されるべきことが強調された。介護保険制度のような共助の制度と行政による公助に加えて、自助や地域の支え合いとしての互助の意義が強調されたのである。

一連の議論に基づき、二〇一四年六月に成立した医療介護総合確保推進法の第二条では、地域包括ケアシステムは、以下のように定義された。

「『地域包括ケアシステム』とは、地域の実情に応じて、高齢者が、可能な限り、住み慣れた地域でその有する能力に応じ自立した日常生活を営むことができるよう、医療、介護、介護予防（略）、住まい及び自立した日常生活の支援が包括的に確保される体制をいう」

この地域包括ケアシステムという考え方も、それ自体としては意義のあるものであった。ほとんどの人は、加齢や疾病による身体的な機能の低下があっても、慣れ親しんだ環境のもとで、それぞれの生活のかたちを守っていくことを望むし、また地域の多様なつながりは、人々にとって大事な居場所を提供し、生活に活力をもたらす。

だが、本来そのようなシステムを地域で実現していくことには、施設に比べてより大きなコストを要する。

それは医師を始めとした医療関係者、介護関係者が移動する機会コストからして当然である。とくに重度の障害高齢者の場合は、在宅ケアが施設より高コストになることは、ＯＥＣＤの報告書でも示されている（OECD, 2017 : 208）。高齢者が活動的になり、健康を維持できれば、長期的にみて医療費が削減できる可能性も高いが、当面はその活動の場や居場所づくりのコストも必要になろう。

実際のところ、在宅を基本としたケアや地域包括ケアシステムが、決して安上がりではないことについては、厚労省の医系技官などからも指摘されてきた（二木　2019：24–25）。

ところが、地域包括ケアシステムの考え方についても、やはり財政制約とクロスするなかで、支出削減につながる要素を洗い出す、という発想が目立つようになってくる。

たとえば、「地域包括ケアシステムの深化・推進」を謳った二〇一八年の介護保険法改正においては、全市町村の保険者機能を抜本強化する、という改革が打ち出された。保険者機能の強化として重視されたのは、自立支援と要介護度の重度化を防止する取り組みを徹底することであった。

好事例として頻繁に引かれたのが埼玉県和光市の取り組みであった。和光市では、地域包括ケアシステムの一環として、多職種連携による地域ケア会議をすすめ、個々のケアプランを高齢者の生活自立促進という観点から再検討する作業をおこなった。同市がこのようなかたちで要介護認定率を引き下げ、また介護保険料も抑えたことが好事例のポイントとされたのである。

二〇一八年の介護保険法改正では、市町村が介護保険事業計画において、介護予防と要介護度重度化防止の目標を書き込み、その結果を公表することが決められた。また要介護や要支援の認定率を抑制した自治体に、財政的な見返りを提供することも決められた。

**次のステージへ**

準市場としての介護保険制度のあり方を決めるポイントは、①サービス供給の主体、②公的財源の規模と制度への組み込み方、③利用者支援と専門家の関与、の三つの点であった。そしてそのいずれについても、市場志向型の傾向が強くなってきていることをみた。

また、介護保険制度の成立以降の政治過程をみると、介護予防や地域包括ケアシステムといった、それ自体は分権多元型の福祉とも通じる考え方が次々に現れてきた。しかし、その政策が実現されていく実態としては、介護給付の抑制につながってきた。

介護政治における制度の現況とこうした政治過程を振り返るならば、経済的自由主義が覇権を握っているという解釈もできないわけではない。

だが、二点について強調しておく必要がある。

第一に、介護の社会化、介護予防、地域包括ケアシステムといった理念が実現できないでいる、あるいは様々な制約から本来の理念から逸れていることは、新自由主義的な施策が自在に跋扈《ばっこ》しているということではない。

多少とも制度を前進させるという関心をもって福祉政治を分析するならば、異なった政策的な立場がどのように対抗してきたかを理解しておくことが大事になる。

日本の福祉政治は、欧州の福祉政治に比べれば、政治過程における諸勢力の対抗は、旗幟を鮮明にしないままであることが多く争点がみえにくいが、分権多元型の施策がいかなる制約で前途を阻まれたかを具体的にみることで、再び分権多元型の道を拓いていく多くの手がかりが得られる。

第二に、第一の点とも関連するが、制度の現況は、市場志向型の傾向が強くなってはいるものの、決して経済的自由主義が席巻しているわけではない。

サービスの供給主体をみると、たしかに営利法人の参入が可能な分野はほとんどで営利法人が多数を占めるに至っている。

しかし先にも述べたように、皮肉なことに財源の制約もあって、介護保険制度は決して営利企業が「荒稼ぎ」できるものとはなっていない。行政も少なくとも現状では、そのようなかたちで市場原理主義が定着することを容認していない。

結果的に人件費が抑制され、介護労働者の確保が困難になり、営利企業の経営もまた制約されている。

他方で、営利であっても非営利であっても、地域に密着した創造的な経営で質の高いサービスを提供する事業者も現れている。ただし、介護保険制度の現状では事業者の努力だけではサービスの質を高めることには限界がある。このような状況が続けば、制度の持続可能性は低くなり、制度の外部においてより「純粋」な介護ビジネスが広がっていくこともありえよう。

高齢化のさらなる進展のなか、多くの市民はますます介護問題には無関心ではいられなくなっている。新たなビジョンを得て市民の参加が広がり、介護保険が準市場としての本来の機能を取り戻すことができるか。ベーシックアセットの福祉国家に向かう一つの可能性がここにある。

# 第四章　育児政治　待機児童対策を超えて

## 1　家族問題の三領域

### 人口問題をめぐるスウェーデンと日本

育児政治は、家族問題をめぐる政治である。今日の家族問題は、主には①人口減少問題、②女性の就労と育児支援の問題、③世帯間の格差と貧困問題、という三つの問題から成る。

この三つの問題は相互に絡まり合っている。出生率が低下し人口減少がすすむなかで、女性の就労と出産・子育ての両立が求められるようになる。女性の就労が広がり男性稼ぎ主を中心にした家族像が変化するなか、世帯間の格差はむしろ拡大する。すなわち、夫と妻が共に安定した収入を得る世帯と、共に非正規雇用である世帯やひとり親の世帯との二極化である。

この絡まり合う三つの問題領域が、かつては私的な問題圏とされがちであった家族問題を政治的争点に引き上げている。

社会民主主義、経済的自由主義、保守主義は、この三つの問題領域のいずれに強く反応するか、どのような提起をするかで異なっている。

保守主義が強く反応してきたのは、ナショナリズムとも直結した人口減少問題であった。経済的自由主義は、女性の就労促進に関心を寄せる傾向がある。社会民主主義は、もともとは経済的不平等の是正を課題とし、その観点から女性の就労促進を唱えたり、人口減少問題で保守主義との連携を図ったりしてきた。

まず人口問題について、スウェーデンと日本を比較しながら振り返りたい。二〇世紀に入ると、各国で人口問題への関心が高まった。戦争が国民をあまねく動員する総力戦の性格を強めたことや、工業化が労働力の安定的な供給を求めたことなども背景にあった。とくに実際に人口の伸びが止まったスウェーデンやフランスのような国では、保守主義と社会民主主義の関心が重なって、戦後の福祉国家体制に直結する家族政策の基礎がつくりだされた。

たとえばスウェーデンでは、産業化と都市化がすすむなか、共働きの多い都市の中間層を中心に出生数の低下が起きていた。

このような事態に対して、保守主義勢力は、女性の就労が本来の家族像からの逸脱であるとして、プロナタリズム（出産奨励主義）の立場をとった。これに対して労働組合は、人口増大が労働市場の競争を引き起こし、賃金低下にむすびつくと考え、平等主義の立場から保守主義勢力とまっこうから対立していた（宮本　1999）。

このようななかで、経済学者のグンナー・ミュルダールと社会心理学者のアルヴァ・ミュルダールのミュルダール夫妻は、一九三四年に『人口問題の危機』を公刊し、女性の就労を出生率の上昇と両立させる福祉国家の構想を提示、保守主義勢力と労働運動の双方に訴えた。

この構想を軸に、政府の委員会などで保守主義勢力と労働組合の合意が形成され、中間層も対象とした新しい福祉国家の形成が始まった。一九三七年にはごく一部の高額所得層以外にあまねく給付された出産手当が、一九四八年には所得制限なしの児童手当が導入された。

ミュルダール夫妻は、さらに保育と育児のサービスを社会化し、ここに予算を投入することで、福祉を困窮への事後的な対処から困窮の予防に転換できるとした。第二章で貧困政治への対応としてあげた社会的投資戦略は、このように人口問題をきっかけに形成されたのである（藤田 2010）。

スウェーデンにおける生活保障の形成は、出生率向上を目指し女性の就業率が引き上げられる（そしてそのための生活支援の代価として増税がすすむ）プロセスでもあった（藤井 2011）。

では日本はどうであったか。まったく逆に、日本における生活保障の形成は、出生率抑制が目指され、女性の就業率が下降する（そして併せて減税を生活支援の手段とする）プロセスであった。

少子化対策が喫緊の課題とされる近年の感覚からするとむしろ驚きであるが、日本型の生活保障がかたちをなした一九七〇年代において、日本政府は出生数の引き上げではなく抑制を目指していた。

一九七四年に当時の人口問題審議会は、「日本人口の将来は、死亡がきわめて安定的な動きを示し、もっぱら出生の動向によって左右されることから、出生抑制にいっそうの努力を注ぐべきである」としていた（人口問題審議会　1974：44）。同年七月の「第1回日本人口会議」（国立社会保障・人口問題研究所）では、「〝子供は二人まで〟という国民的合意を得るよう努力すべき」という宣言が出された。

この一九七四年は、本書第一章で示した行政・企業・家族の「三重構造」が安定した時期であり、第二次ベビーブームのさなかでもあった。この年、教育費などの家計負担を配慮するという趣旨で、配偶者控除の控除額は二四万円に引き上げられた（伊田　2014）。女性は家庭へ誘導され、出生率を抑えて家庭での教育を充実させること（「量より質」重視）が要請されたのである（人口問題審議会　1974）。

スウェーデンとは異なり、日本の保守主義勢力には、人口減少へ福祉国家という手段で対処する発想は希薄であった。男性稼ぎ主、専業主婦、子ども二人という「標準世帯」を、守るべき家族像とすることが多かった。「標準世帯」は歴史的伝統というより生活保障制度の産物だったのであるが。

ところが、それからわずか一五年後の一九八九年に、日本はいわゆる一・五七ショックに見舞われる。この年の合計特殊出生率が一九六六年の「丙午《ひのえうま》」の年をも下回ったことが翌年判明し、出生率の低下が深刻な問題として受け止められるようになったのである。

日本の人口は、戦後に団塊の世代が誕生した一九四〇年代後半に人口増の第一の山がきて、その子どもたちつまり団塊ジュニア世代が生まれた七〇年代初めに第二の山ができた。ところが、団塊ジュニア世代が結婚し子どもを産むことが期待された九〇年代半ばに、第三の山は現れなかった。

この時期は、「三重構造」が揺らぎ始め、雇用の不安定化が一挙にすすんだ時期である。こうした社会経済的背景に加えて、長い間むしろ人口抑制を追求してきた政府が、逆方向へのハンドルを切りきれなかったということも否めない。

出生率の低下は、急速な高齢化を支える世代の減少としてとらえられ、「少子高齢化」という日本独自の表現が多用されるようになる。

## 少子化対応と三つの政治的立場

少子化への対応にあたっては、スウェーデンなどの経験が比較的当初から伝えられ、政策上も女性の就労と子育ての両立支援がまず前面に出た。

一・五七ショックを受けた一九九〇年八月二二日の朝日新聞社説は、「子どもが減る国、ふえる国」と題して、女性の社会進出がすすんでいるスウェーデンで出生率が上がっている理由を検討することが重要である、と説いた。「少子化」という言葉を初めて使ったとされる一九九二年の「国民生活白書」も、スウェーデン、フランスなどにおける「保育の社会化」の意義を強調した。

この時期に政治は、一九九三年の非自民連立政権成立から一九九四年の自社さ連立へとすすみ、「例外状況の社会民主主義」の条件が形成されつつあった。このこともあって、少子化対応では社会民主主義的な両立支援がまず前面に出たといえる。

自社さ政権の一九九四年一二月には、関係大臣の合意に基づき「エンゼルプラン」が策定され、そのうち緊急度が高い施策が、「緊急保育対策等五か年事業」としてまとめられた。〇歳から二歳までの保育を四五万人分から六〇万人分にするなど、保育の充実が打ち出された。

だが、スウェーデンの家族政策との差は、単にスタートラインが六〇年遅れたという点に還元できないものであった。

社会民主主義と保守主義の合意を基礎に、保育（就学前教育）の充実を地方所得税および消費税の増税とリンクさせ普遍主義的政策をすすめてきたスウェーデンと比べ、日本の生活保障は、男性稼ぎ主雇用と減税による経済浮揚をリンクさせてきた（井手　2013）。

そしてその後、橋本内閣（一九九六～一九九八）、小泉内閣（二〇〇一～二〇〇六）において構造改革路線が追求され、「磁力としての新自由主義」の復調がすすむと、少子化対策においても（保守主義ではなく）経済的自由主義の論調が強まる。

とくに小泉内閣下の二〇〇三年七月には、少子化社会対策基本法が成立した。同法に基づき、二〇〇四年六月に策定された「少子化社会対策大綱」では、少子化が「経済成長の鈍化、税や社会保障における負担の増大、地域社会の活力低下」の要因となっていることが強調された。

こうして日本の少子化対応は、経済的自由主義の流れと「例外状況の社会民主主義」をテコに立ち上がってきた社会民主主義的な政策提起とが、並行して取り組まれるようになった。女性の就労拡大が両潮流の接点であった。

これに対して、第一次安倍内閣（二〇〇六～二〇〇七）になると、少子化対策について今度は保守主義的な傾向が強まっていく。先にもみたように、少子化をめぐる日本の保守主義は、専業主婦の支援に力点を置く傾向が強かった。

この時期に保守主義的な議論が広がっていった背景には、男女共同参画社会基本法が成立したことに象徴される、ジェンダー平等論への反動（「バックラッシュ」）があった。

二〇〇二年ごろから地方議会などで男女共同参画社会への動きに反発する保守主義勢力の動きが強まった。とくに一部の学校現場で取り組まれた「ジェンダーフリー教育」を取り上げて、その「偏向」を糺《ただ》すとする主張が展開された。

こうした動向のもと、少子化社会対策会議が二〇〇六年六月にまとめた「新しい少子化対策について」では、出生率向上のために「親が働いているいないにかかわらず、すべての子育て家庭を支援する」ことを打ち出し、そのためにも「家族の絆や地域の絆を強化する」国民運動が必要であるとした。ここには、それまでの少子化対策が女性の就労支援に偏っていたという見方が現れていた。

これに先立ち、同年五月の「家族・地域の絆再生」政務官会議プロジェクトチームの「中間とりまとめ」では、「過度に経済的な豊かさを求め、個人を優先する風潮」が少子化の原因の一つとされた。そして「子育ては、『家族・家庭』が中心となって営まれるものであることから、先ず何よりも家族の愛情の絆を再生すること」が強調された。

## 女性就労の増大と雇用の劣化

今日の家族問題の第二の領域は、女性の就労促進であり、そのための育児との両立支援という問題である（堀江　2005）。

雇用者総数に占める女性の割合は、一九八五年では三九・七％であったが、二〇一九年には四四・四％に達した（「令和元年版働く女性の実情」）。

実数でみた女性の就業者は二〇一九年六月には初めて三〇〇〇万人を超えた。この時点での男女の就業者総数は六七四七万人で前年同月に比べて六〇万人増えているが、うち五三万人と約九割が女性である（「労働力調査」）。

育児政治で保育サービスが拡充され、女性の就業率が上がれば、経済成長にもプラスに働くことが推定されている。社会学者の柴田悠は、保育サービスに投入する〇・五兆円の支出は、労働力に占める女性の割合を増大させ、経済成長率を〇・二八％引き上げると推計している。また、家計収入を増大させることで子どもの貧困率も〇・八％引き下げるという（柴田　2017）。

就労と育児の両立支援が、社会民主主義的な視点からも、経済的自由主義的な立場からも重視される理由が窺える。だが、少なくとも現在までのところ、日本において女性就業率の上昇は、家計収入の安定や子どもの貧困抑制にむすびついていない。

その理由は、女性の雇用の拡大が雇用の劣化と表裏一体ですすみ、結果的に低所得世帯の増大を招いているからである。

男女の賃金格差は、短時間労働者を除いてみると、縮小傾向にあるものの依然として大きい。男性一般労働者の平均所定内賃金を一〇〇とした時の女性一般労働者の給与は、二〇一七年では七三・四に留まる。

女性の非正規雇用の割合は女性の就業率の上昇につれて増大している。一九九〇年に三八・一％であったその割合は、二〇一七年には五五・五％に達している（『平成三〇年版男女共同参画白書』）。

これまで女性の非正規雇用は、男性稼ぎ主の勤労収入を補完するパート労働が多かったが、その実態は根本から変化している。

労働組合の連合が二〇一七年におこなった調査では、非正規雇用で週三五時間以上働く女性のうち八五・一％が主な家計収入は「自分の勤労収入」と答えている。また非正規で働く理由については、三六・六％が「正社員・正規職員として働けるところがなかったから」と回答している。

それ以外の女性は、それでは予め非正規雇用を望んでいるのか。

日本では女性の家事・育児時間が他の先進諸国に比べてきわめて長く、六歳未満の子どもをもつ夫婦では一日あたり七時間三四分におよぶ（『平成三〇年版男女共同参画白書』）。こうした負担との兼ね合いで、多くの女性は非正規雇用を「望まざるをえない」、ということではないか。

高学歴女性も活躍ができているわけではない。日本の女性の大学進学率は、短大まで入れると五七・一％と男性の五五・六％を上回っている（『平成二九年版男女共同参画白書』）。にもかかわらず、高等教育を修了した女性の就業率では、日本は六七％とＯＥＣＤ諸国平均の八一％を大きく下回る（OECD, 2016）。

第一子を出産するにあたって、依然として四六・九％の女性が仕事を辞めている（二〇一〇～一四年の統計で国立社会保障・人口問題研究所「第一五回出生動向基本調査」による）。

保育サービス等の支援が提供されていないという問題に加えて、企業の側が女性はやがて辞めてしまうものという従来の経験、つまり統計的な判断から昇進などに慎重になり、その結果、本来は働き続けたい女性が本当に辞めてしまうという、「統計的差別」と呼ばれる現実が指摘されている（大沢 2015）。

### 経済的自由主義の主導性

このような状況は、日本における女性の就労拡大が、主として経済的自由主義の観点から追求されてきたことを反映している。

なかでも橋本内閣と小泉内閣は、共に構造改革を掲げて男性稼ぎ主の収入に依存した生活保障の解体をすすめる一方で、女性の就労を拡大することにも力を入れた。

まず橋本内閣の性格は、「例外状況の社会民主主義」の最終段階と「磁力としての新自由主義」の復調段階の両面をもち、重層的であった。

一九九六年一月に発足した第一次橋本内閣は、自民・社民・さきがけの連立政権であり、同内閣における与党福祉プロジェクトは、同年一一月に社民党とさきがけが閣外協力に移った第二次橋本内閣のもとでも重要な役割を果たし、介護保険法の成立につながった。

第一次橋本内閣の発足時に、三党が取り交わした政策合意についての確認書には、「介護保険制度の創設による新しい介護システムの確立」と共に、「男女共同参画社会の実現」に向けた「法的整備を含む国内推進体制を強化」することが書き込まれた。

その一方で「新たな重点政策」としては、「経済構造改革」や「歳入・歳出両面にわたる財政の構造改革」を一層推進することなど、経済的自由主義の施策が強調されていた。

女性の就労を支援する施策もまた、経済的自由主義が前面に出始めるなかで具体化されたのである。一九九七年の通常国会では、男女雇用機会均等法が改正され、募集、採用、昇進、配置などでの差別禁止が努力義務から禁止事項に強化された。また、労働基準法の「女子保護規定」(時間外労働の上限規制、休日労働・深夜労働の禁止)が撤廃された。

「例外状況の社会民主主義」と「磁力としての新自由主義」は、突然入れ替わるのではなく、折り重なる時期を経てすすむ。つまり、就労と育児や介護の両立支援をおこなうという社会民主主義的な改革は、経済的自由主義の観点からの改革と併走し、時にそこから力を得ると同時に、しばしばそこに飲み込まれることになったのである。

経済的自由主義は、成長促進につながる女性の就労拡大を追求し、専業主婦優遇の社会保障や税制を撤廃しようとする。しかし、育児、介護の負担を公的な支援で軽減することは、不徹底に終わる。

男女共同参画社会基本法の制定にも関わった経済学者の大沢真理は、この一九九〇年代の動向について、男女の就労支援と介護保険制度という「一筋」のスカンジナヴィア・ルートつまり社会民主主義的な展開は、新自由主義のルート、保守主義のルートと「混在」するかたちですすんだとしている（大沢 2002：190）。

女性の就労支援に関する経済的自由主義の主導性は、その後、小泉内閣の構造改革路線のなかでさらに強まっていく。

小泉構造改革路線の司令塔となった経済財政諮問会議による二〇〇一年度の「骨太の方針」第一弾においては、「働く女性にやさしい社会」を構築するために、雇用に関して「性による差別」を撤廃し、「保育所待機児童をゼロとするプログラム」を推進することなどが掲げられた。

その一方で、社会保障支出の自然増分については、二〇〇二年から二〇〇六年までの五年間で約一・一兆円の削減がすすめられた。

### 「新しい不平等」

今日の家族問題の第三の領域は、世帯間の格差と貧困という問題である。

デンマークの政治社会学者イエスタ・エスピン－アンデルセンは、今日の社会で世帯間に広がる格差を「新しい不平等」と呼んでいる（エスピン－アンデルセン 2011）。

「新しい不平等」とはどのようなものか。それは女性の就労拡大とそれに伴う家族の変容のなかでうみだされた不平等である。

まず、労働市場では少数の専門管理的な職種とサービス産業を中心としたより不安定な雇用への分極化がすすみ、それぞれの極が女性の雇用を吸収しているが、非正規の不安定雇用の側の比重が大きいことはみてきたとおりである。

ここに結婚と家族の変化が重なる。高等教育を修了した女性が給与が高い専門的な仕事を得て、さらに職場での出会いなどで所得の高い男性と結婚すれば、夫婦共に高所得の世帯が形成される。これは学歴や所得についての「同類婚」の増大である。

こうした傾向は、日本でもみられる。「同類婚」の広がりで、共に高所得の男女が結婚して世帯形成をする一方で、共に非正規雇用の世帯も増大する。こうした構図は、「パワーカップル」と「ウィークカップル」（橘木・迫田　2013）とか「強者連合」と「弱者連合」（山田　2007）などと呼ばれる。

ニッセイ基礎研究所の久我尚子が、夫婦共に年収七〇〇万円以上の世帯を「パワーカップル」として、二〇一六年度の「労働力調査」から算定したところでは、全世帯の〇・五％、共働き世帯の一・八％の二五万世帯がこれに相当する。そのうち約一〇万世帯が夫婦のみの世帯、一四万世帯が夫婦と子の世帯となっている（久我　2017）。

第一章から指摘してきたように、日本では、男性稼ぎ主が安定的な勤労所得で家族を扶養するかたちが、生活保障の「三重構造」に埋め込まれてきた。それゆえに、夫の所得が高くなると妻の就業率が減少するという「ダグラス・有沢の法則」が支配的であった。

それでは、男性稼ぎ主の家族扶養が「同類婚」にとって代わられたのかといえば、現状はそう単純ではない。

財務総合政策研究所の多田隼士が同じく「労働力調査」の個票から集計したところによると、一九八〇年代後半から一九九〇年代前半にかけて、この「ダグラス・有沢の法則」は若干弱まったものの、二〇〇〇年代半ば以降は、妻の就業率が伸びるのは夫の収入が相対的に低い世帯に多くなり、この法則が再び現れているという（多田 2015）。

すなわち、「パワーカップル」が増大する一方で、全世帯としてみると、夫の所得が高い世帯では妻はあえて就労をしない場合が依然として多いのである。

「新しい不平等」が広がった結果、日本社会では、女性の間でも多層的な分断が生じているようである。本書は「新しい生活困難層」の形成による日本社会の分断を描いてきた。こうした分断の構図を、女性に焦点を絞って描き直すとどのようなかたちになるのか。

旧来の日本型生活保障においても、専業主婦と働く女性の緊張関係があり、非正規雇用ももちろんあった。だがかつての非正規雇用は、主には主婦や学生のパート・アルバイトで、夫や父親の勤労所得を補完するものであった。

その意味では、**図4-1**に示したように、男性稼ぎ主の正規労働、専業主婦のケア・家事労働、

**図4−1　女性をめぐる新たな分断**

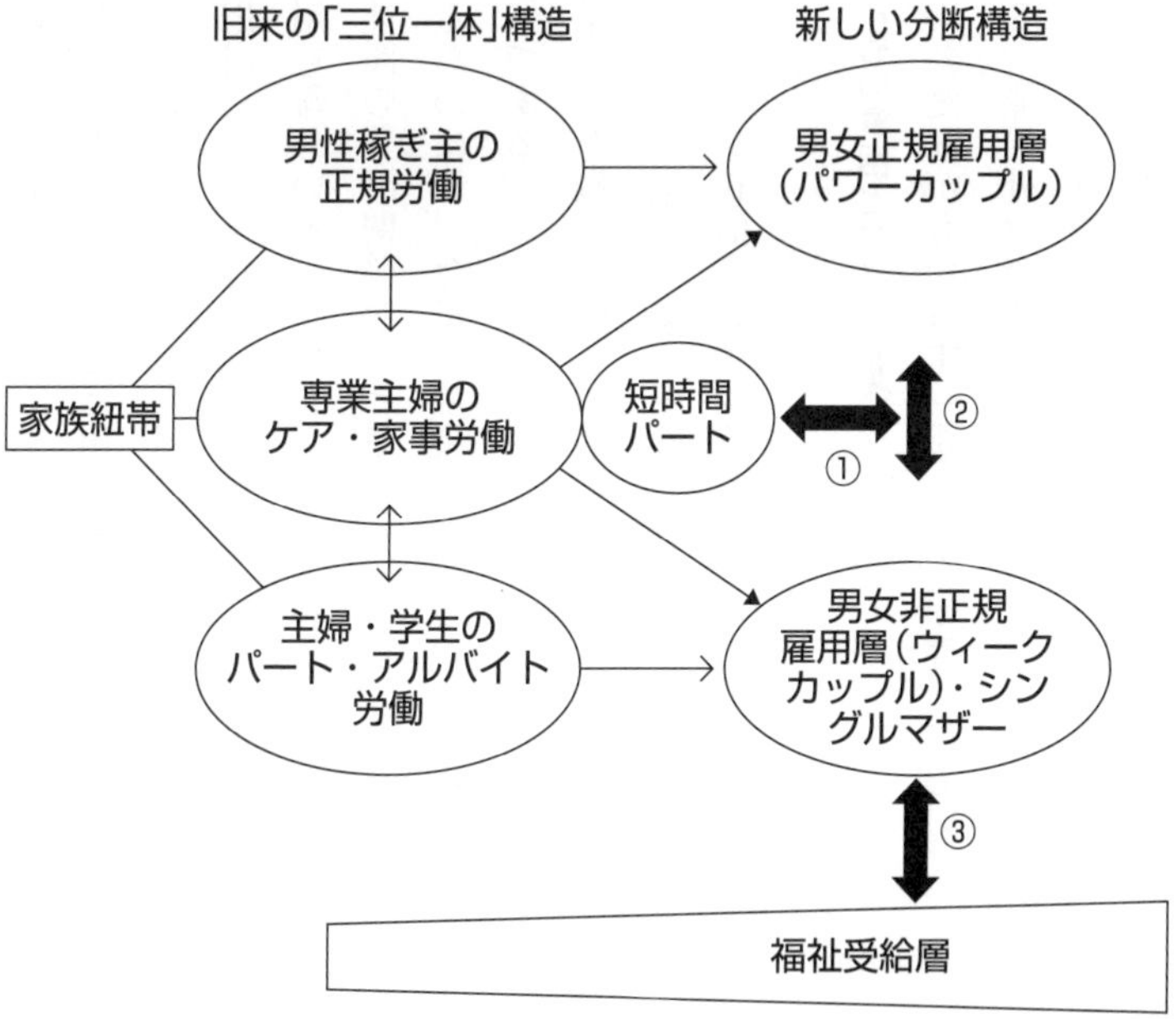


筆者作成

主婦や学生のパート・アルバイト労働が、家族の紐帯をとおしてむすびついていたことになる。これは家族紐帯による三位一体のかたちであった。

　この三位一体構造が解体し、新たな女性の分断がうみだされている。

　女性の就業率が全体として上昇し、形式的には各種の法制度が雇用差別を禁じるなかで、一方では安定した雇用に就く女性も増大し、一部は「パワーカップル」を形成する。

　ただし、多田の分析が示したように、男性稼ぎ主による安定した家計収入を前提に、あえて専業主婦あるいは短時間パートを選択する女性も依然として少なくない。

他方で非正規・不安定雇用、シングルマザーの女性が増大し、一部は「ウィークカップル」を構成する。こうした女性たちは、これまで論じてきた「新しい生活困難層」と重なる。すなわち、正規雇用層や専業主婦（短時間パート）層のように安定した雇用の受益者にはなれず、他方で、福祉の活用も難しいというポジションである。

女性間の分断関係をことさらにいい立てることは本書の意図ではない。だが新たなビジョンにつなげるためにも、今日の社会に広がりつつある、かつてより複雑な緊張関係から目を背けないことも大切である。

専業主婦と働く女性との間の溝は依然として続いている（図の①）。他方で安定就労層およびパワーカップル層と「新しい生活困難層」というタテの二極化がすすみ（図の②）、さらに福祉受給層との間の潜在的な緊張関係も生じているようにみえる（図の③）。

### 子どもの貧困とマタイ効果

家族の変容がもたらす「新しい不平等」において、さらなる問題は、子どもの貧困と貧困の連鎖である。階層化と貧困化のなか、ひとり親世帯において経済的困難が増し、これが子どもの貧困につながるという傾向は各国に共通するが、日本においてとくに顕著に現れている。

二〇一八年の子どもの貧困率は一三・五％で、二〇一五年に一三・九％であったことを考えると微減したが、依然として七人に一人が貧困という高い水準にある。しかも貧困政治をめぐって述べたとおり、貧困率を算定する基準になる所得の中央値そのものが下がっていることも、子どもの貧困が解消に向かっているとはいえない理由の一つである。

ひとり親世帯において、親が働いている場合の子どもの貧困率を二〇〇〇年代中盤から後半で国際比較すると、ＯＥＣＤ平均で二一・三％であるのに対して、日本は五四・六％と突出している（OECD 2011：41）。

現役世代については、生活保護の受給に至っていないひとり親世帯、とくに母子世帯の困窮が、子どもの貧困に直結していることが分かる。

また日本では、ふたり親の世帯でも子どもの貧困率が高止まりしていることが指摘されている。ＯＥＣＤの統計では、ふたり親世帯で共働きであっても子どもの貧困率は九・五％であり、これもＯＥＣＤ平均の三・九％からみるときわめて高い。実数としては、こちらがはるかに多いのであるから看過できない。背景には前項で触れた世帯間格差の拡大があろう。

この「新しい不平等」に対して、もっとも有効と考えられてきた社会民主主義的な対応策は、良質な保育サービスと就学前教育で就労と子育ての両立支援をすすめ、低所得世帯の子どもを含めてその能力を高めることである。エスピン－アンデルセンは、こうした子ども・子育て支援のかたちを、「子どもを中心とした社会的投資戦略」と呼ぶ（Esping-Andersen, 2002）。

ところが、保育サービスの拡充などについて、「マタイ効果」が認められ、格差の是正に効果を発揮していない、ということが指摘されるようになっている。

「マタイ効果」とは、政策や制度が格差を縮小できず、逆に広げてしまうことを指す。「もてるものはさらに与えられ、もたざる者はさらに奪われる」という新約聖書マタイ福音書から社会学者のロバート・マートンがつくった言葉である（Merton, 1968）。

保育サービスは、中間層の利用率が高く、逆に低所得層はサービスを利用する機会が少ない場合が多い。各国の所得階層別の保育サービス利用率をみたボノーリらの研究では、ほとんどのOECD諸国で、所得の上位二割の利用率が下位二割を上回っている（Bonoli, et.al., 2017）。

日本でも、自治体が保育の必要性を認定する際に、「パワーカップル」を含めた夫婦フルタイム就労世帯のポイントが高くなりがちであることが指摘されている。このマタイ効果が、二〇一九年施行の保育の無償化をいかに制約していたかも後でみたい。

社会民主主義的な立場からの社会的投資においては、こうした傾向をふまえて、保育サービスの給付をいかに設計するか、児童手当などの現金給付とどう組み合わせるかが問われている。

## 2　家族政策の類型

### 三つの家族政策類型

社会民主主義、経済的自由主義、保守主義の対抗は、くっきり前面には出なくとも、育児政治において重要な意味をもっている。今日の家族問題の三つの領域、すなわち人口減少問題、女性の就労と育児支援、そして世帯間の格差や貧困をめぐっても、どの潮流が主導するかで、それぞれの展開が異なってきた。

そして、この三つの立場のいずれの影響力が強かったかで、それぞれの国の家族政策の特徴が決まった。スウェーデンの社会学者ヴォルター・コルピは、主導した政治勢力のあり方から各国の家族政策の類型を提示した（Korpi, 2000）。

社会民主主義の影響力が強かった北欧諸国に現れたのは、支出規模の大きな手厚い支援で両性の就労を支える「両性就労支援Dual earner support型」の家族政策である。

これに対して、キリスト教民主主義政党など保守主義勢力の影響が強かったベルギー、ドイツ、フランス、オーストリアなどに現れたのは、国が男性稼ぎ主型の家族を積極的に支える「一般家族支援General family support型」の家族政策であった。

そして、そのいずれについても消極的で市場原理を前面に出したのが「市場志向 Market oriented型」で、アメリカ、イギリス、スイス、カナダなどである。

**表4－1**は、この類型をふまえて、各国の家族政策についていくつかの指標を整理したものである。この表もみながら、三つの類型の特徴をみておきたい。

### ①一般家族支援型

一般家族支援型の家族政策は男性稼ぎ主を中心とした家族を支援していくことを重視する。表4-1から窺えるように、この型ではGDP比でみた家族政策への支出は大きい。ただし同じく家族福祉支出が大きい北欧の両性就労支援型との違いもはっきりしている。オーストリア、ベルギーなどこの型の国は、フランスを除けば保育幼児教育サービスへの支出の割合は低く、児童手当などの家族手当の比重が高いのである。

しかし、女性労働力率が低い国では、児童手当などの家族手当は、女性を家庭に引き留める効果が強くなるとみなされる（Ferrarini, 2006：28）。また、日本のように児童手当に所得制限がある場合も、女性の就労を抑制する場合がある。

保育幼児教育のあり方をみると、一般家族支援型の諸国では、日本でいえば幼稚園のような三歳から就学時までを対象としたサービスの比重が高かった。他方で、〇歳児から二歳児までの保育所型のサービスは広がりに欠ける。つまり、一般家族支援型では、サービス給付についても、母親が家庭を主な生活の場としていることを前提とした設計になっていた（Korpi, 2000：145）。

また、フランスの所得税制における「N分のN乗方式」は、家族単位の課税で子どもの数が多いほど税制上優遇される仕組みである。所得額を家族人数で割って適用される累進税の税率を決めるため、家族が多いほど有利になるのである。これらは一般家族支援型の考え方が強く出た税制とい

表4-1　家族政策類型でみた各国の実情（数字は育児休業月数を除き%）

| | | 家族福祉支出GDP比（2015） | うち保育幼児教育GDP比（2015） | うち児童手当など家族手当のGDP比（2015） | 子どもの貧困率（2016） | 女性労働力率（15歳～64歳）（2018） | 管理的職業に従事する女性の割合（2014～2015アメリカは2013） | 男女の中位賃金の差（2018～2019 フランスは2017） | 法的に所得が66%以上保障された育児休業月数（2019） |
|---|---|---|---|---|---|---|---|---|---|
| 市場志向型 | アメリカ | 0.6 | 0.3 | 0.1 | 20.9 | 68.2 | 43.4 | 18.5 | 0 |
| | イギリス | 3.4 | 0.7 | 1.9 | 11.8 | 73.6 | 35.4 | 16.0 | 0 |
| | カナダ | 1.6 | 0.2 | 1.0 | 14.2 | 75.1 | | 17.6 | 0 |
| | スイス | 1.8 | 0.5 | 1.0 | 9.5 | 79.9 | | 15.1 | |
| 両性就労支援型 | スウェーデン | 3.5 | 1.6 | 0.6 | 8.9 | 81.0 | 39.5 | 7.6 | 12.9 |
| | ノルウェー | 3.3 | 1.3 | 0.5 | 7.7 | 75.4 | 36.0 | 5.0 | 13 |
| | デンマーク | 3.5 | 1.2 | 0.9 | 3.7 | 75.3 | | 4.9 | 7.4 |
| | フィンランド | 3.1 | 1.1 | 0.7 | 3.3 | 76.3 | | 18.9 | 8.2 |
| 一般家族支援型 | ドイツ | 2.2 | 0.6 | 0.8 | 11.2 | 74.3 | 29.0 | 15.3 | 14 |
| | フランス | 2.9 | 1.3 | 1.1 | 11.5 | 68.2 | 31.7 | 13.7 | 0 |
| | オーストリア | 2.6 | 0.5 | 1.7 | 11.5 | 72.0 | | 14.9 | 14 |
| | ベルギー | 2.8 | 0.8 | 1.5 | 12.3 | 64.3 | | 4.2 | 0 |
| | 日　本 | 1.4 | 0.4 | 0.6 | 13.9 | 71.3 | 12.5 | 23.5 | 6 |

出所　家族福祉支出 サービス給付　OECD, Social Expenditure Database, 2015
子どもの貧困率　OECD, Key Indicators on the Distribution of Household Disposable Income and Poverty, 2007, 2015, 2016 or most recent year
女性労働力率　OECD. Stat, LFS by Sex and Age Indicators.
管理的職業に従事する女性の割合　内閣府「平成28年版男女共同参画白書」
男女の中位賃金の差　OECD, Gender Wage Gap (indicator)
育児休業　International Review of Leave Policies and Related Research 2019
なお、一連のデータは統計を最後に閲覧した2021年1月時点のものである。

えるであろう。

育児休業等についてであるが、一般家族支援型の国では、母性保護の観点もあって産前・産後休業を重視する傾向がある。フランス、オーストリアは産前・産後休業期間は合計一六週間で、所得の代替率も多くの場合一〇〇％である。

さらに育児休業についても長期にわたるところが多いが、**表4－1**から窺えるように、所得保障については近年改革をすすめたドイツなどを除けば、給付期間が短く、所得代替率が低い傾向がある。

以上のように、一般家族支援型の家族政策は、家族問題のうち、人口減少問題に強く反応している。女性労働力率は一般に低めになっている。

子どもの貧困率についてみると、保守主義的な一般家族支援型の諸国は、これをもっとも抑制している両性就労支援型の諸国と、子どもの貧困率が高い市場志向型の国々のほぼ中間に位置している。

### ②両性就労支援型

社会民主主義的な両性就労支援型の家族政策は、両性が共に就労できる条件を整備することを目指す。一般家族支援型と同様に、家族政策への支出は大きい。ただし一般家族支援型の支出が家族手当に偏る傾向があったのに対して、保育幼児教育のサービス給付の比重が高い。

保育幼児教育の内容であるが、デンマーク、スウェーデン、ノルウェーでは三歳未満を対象としたサービスの比重が高く、サービスの利用時間も長い。

つまり保育サービスは、母親の無償のケア労働を代替するという性格が強い。またスウェーデンやデンマークでは、三歳前と後の児童ケアを積極的に連携させ、就学前教育として発展させてきた。これは子どもの貧困にも対処しつつ、将来のための能力形成をすすめる社会的投資として位置づけられる（Esping-Andersen, 2002)。

スウェーデンなどでも保育サービスへの民間供給主体の参入は広がっている。けれども、公的な財源を基礎に、就学前教育士という専門性の高い保育者を配置する両性就労支援型のかたちは維持されている。

両性就労支援型の諸国における育児休業は、母親が仕事に戻ることを前提に、一年前後までが多く、また所得保障の代替率は高い。

たとえばスウェーデンでは、両親に併せて四八〇日の育児休業が保障され、三九〇日間は所得の約八割が給付される。そのうち九〇日は両親のどちらかだけが取得できる育児休業期間（後述する「パパの月」）である。

他方で両性就労支援型では、産前・産後休業については育児休業ほどは重視されていない。ノルウェーでは母親の産前・産後休業は育児休業の一部とみなされる。

両性就労支援型の家族政策は、三つの家族問題のなかで、女性の就労と格差・貧困問題に強く反応してきたといってよいであろう。三つの政策類型のなかで、子どもの貧困率はもっとも抑制されている。女性の労働力率は総じて高い。

### ③市場志向型

市場志向型に属するアメリカ、カナダ、スイスなどでは、家族福祉向けの支出は、現金給付、サービス給付共に小さい。

アメリカでは、一九七一年に、中間層をも対象に含めて公的な保育サービスを保障しようとする「包括的児童発達法」がいったんは議会を通過した。しかし、ニクソン大統領がこれを「共産主義的」として拒否権を発動した（Morgan, 2006）。

アメリカやイギリスにおいては、子育て世帯に対する給付つき税額控除が大きな役割を果たしている。アメリカの勤労所得税額控除やイギリスのユニバーサルクレジットがこれに当たる。給付つき税額控除は、所得が低く納税額が決められた控除額に達しない場合に、差額を現金給付する仕組みである。このように給付対象を低所得層に限定しつつ、勤労所得によって手取り収入が減少しないようにして、子育て世帯の就労意欲を維持することが重視された。

市場志向型の家族政策は、社会民主主義政党も保守主義政党も強い影響力を発揮しえなかった帰結である。

家族問題をめぐっては、経済成長の観点から女性の就労拡大を優先課題とする傾向がある。スイスを除けば、子どもの貧困率も高くなっている。

コルピの議論を補足し修正する論点としてここで触れておきたいのは、この三類型における日本の位置である。コルピは、日本において家族政策への支出が小さいことから、日本をアメリカなどと同じ市場志向型に分類している。だが、これは日本の生活保障の全体像をつかんだ議論とはいえない。

たしかに家族政策への支出は抑制されてきたが、市場志向型の諸国とは異なり、日本には家族主義を支える強固な「男性稼ぎ主型」の仕組みがあった（大沢　2013：134-154）。

ただしその仕組みは、家族手当など社会保障的施策で家族主義を直接に支えたヨーロッパ諸国（一般家族支援型）ともまた異なっていた。

本書が示してきたように、日本の生活保障では、行政が行政指導や業界保護で企業経営を守り、企業が男性稼ぎ主への年功賃金や企業内福利厚生で家族扶養を可能にした。

他方で、日本でも社会保障が等閑視されたわけではなかった。男性稼ぎ主雇用と皆保険・皆年金体制が連動したことは第一章で述べたとおりである。

ただし、保守主義が主導した一般家族支援型の家族政策が、児童手当や家族手当、さらには住宅手当などで子育て中の現役世代を直接支えたのに対して、日本では子育て中の勤労世帯の生活を保障する軸は、あくまで企業の年功賃金であった。

## 三類型のなかの変化

以上の三つの政策類型を念頭に議論をすすめる際に、各国の制度に現れている変化についても留意しておく必要がある。

一つは一般家族支援型であった国、たとえばドイツやオランダで起きている変化で、とくにドイツは両性就労支援型へ接近している。他方でその両性就労支援型そのものにも変化が生じている。たとえばスウェーデンでは、両性の就労のみならず、両性の育児への関与を促進する改革がすすめられている。

ドイツでは一九九五年には合計特殊出生率が一・二五にまで落ち込み、国内に衝撃が走った。かつてナチスが深く人口政策に関与したドイツでは、長らく人口政策はタブー視されてきた。しかし人口減少への危機感が高まり、二〇〇二年の総選挙では子育て支援のあり方が大きな争点となった(Morel, 2007 : 631)。

そして、二〇〇五年に成立した社民党とキリスト教民主・社会同盟との大連立政権のもとで、家族政策の転換が推進されていく。

まずすすめられたのは、育児休業手当の改革であった。二年間にわたって定額の給付をおこなう旧来の育児休業手当に代えて、二〇〇七年から一年間にわたり所得の六七%を保障する所得比例型の親手当(Elterngeld)が導入された。

親手当が給付される一年分の育児休業は両親のいずれが取得してもよいが、両親のもう一方も育児休業を取得する場合、給付期間が二カ月延長されて一四カ月になるという、事実上の父親休業も加えられた。これは、スウェーデンの仕組みに倣ったもので、保守主義的な一般家族支援型から社会民主主義的な両性就労支援型への接近であった。

さらに、保育サービスの提供という点でも両性就労支援型への接近があった。二〇〇五年には保育設置促進法が施行され、州と自治体に対して、三歳未満児の保育サービスを必要とする世帯に供給することを義務づけた（魚住 2007：27）。二〇〇七年には、連邦と各州が協定をむすび、二〇一三年までに三歳未満児七五万人分の保育サービスを実現することを決めた（倉田 2014）。

スウェーデンのような両性就労支援型の制度のあり方にも変化がみられる。両性就労支援型におけるジェンダー平等は、公共サービスにケアを委ね、女性がかつての男性なみにフルタイムで働くことを基準としていた。

しかし近年の両性就労支援型は、両性の（とくに女性の）就労支援の一方で、両性が（とくに男性が）子育てを中心としたケアに携わる条件づくりに向かうようになっている。

一九九五年に、当時の保守中道政権のもとで育児休業に父親クオータが導入された。このいわゆる「パパの月」は、二〇〇二年に今度は社民党政権のもとで二カ月分に拡張された。さらに二〇一六年からは「パパの月」は三カ月となった。

こうした制度改革を背景として、父親の育児休業取得が増大していった。取得された育児休業日のなかで父親取得分は、一九七〇年代の半ばには一％以下に過ぎなかった。これが二〇〇八年には二二％に達した。

「パパの月」が二カ月であった時のデータでみても、子どもが三歳になるまでに父親が取得した育児休業は、平均で六四日である。二〇〇五年生まれの子どもの両親のうち、子どもが三歳になるまでに育児休業を父親と母親がほぼ同じ日数（差が二割以内）取得した両親は八・七％に及ぶ(Ferrarini and Duvander, 2010 : 382-383)。

労働時間の短縮もすすみ、八歳以下の子どもをもつ両親は、一日の労働時間を六時間に短縮することが可能である。

つまりスウェーデンの制度は、両性が共に稼ぎ手であり同時にケアの担い手であるというかたちに接近している。これは就労支援だけに偏らない新たな両性支援型への展開ともいえる（フレイザー 2003 : Gornick and Meyers, 2009）。

**準市場化の評価**

コルピの家族政策類型は、前章でみた準市場の三つのパターンとも重なっている。

準市場のかたちを決めるのは、①サービスの供給を担う主体、②公的財源と市場メカニズム制度への組み込み方、③専門家の役割と利用者支援のかたち、という三つの条件であった。

第一のサービスの供給主体、すなわち保育所や認定こども園の運営主体については、法人格だけでは決められないものの、非営利の供給主体が中心となって就学前教育（社会的投資）としての質が優先されるならば、社会民主主義的な両性就労支援型に接近する。これに対して、営利企業が多数になればやはり経済的自由主義による市場志向型にシフトしよう。公的財源の規模から保育サービスの供給が抑制され、家族の負担が増大すれば、制度は保守主義的な一般家族支援型にもなる。

第二の財源のあり方と制度への組み込み方であるが、介護保険の場合と同様に、公的財源の比重が高く、利用者の選択権が広がるならば、制度は社会民主主義的な両性就労支援型に接近する。だが、第一章でみたように、保育サービスについては社会保険化による財源調達が難しく、したがって、消費増税分が充てられることになった。実際に予算化されたのは増収分のごく一部に留まり、大半は財政健全化に回されることになった。

加えて、後述するように民間の保育所については自治体が直接に委託するかたちが残されたこともあって、保育サービスの供給は制約され、利用者がサービスを選択することは依然として難しい。この点では日本の現状は、社会民主主義的な両性就労支援型ともいえないが、かといって経済的自由主義の市場志向型ともいいきれないかたちになっている。

第三の専門家の役割や利用者支援については、スウェーデンの就学前教育のように専門性の高い保育士（就学前教育士）を多く確保し、地域においても専門家による子育て支援が手厚いならば、制度は社会民主主義的な性格を強めることになろう。

## 3　児童手当をめぐる政治

### 日本型生活保障に埋め込まれた児童手当

さて、以上みてきた家族問題の構造と家族政策の類型をふまえて、日本における育児政治の展開を振り返りたい。まず児童手当をめぐる政治を、次に保育サービスをめぐる政治を、相互の関連にも留意しながらみていこう。

日本で児童手当が導入されたのは、一九七一年の児童手当法による。第三子からを対象に五歳になるまでの間、三〇〇〇円を給付するという、きわめて規模の小さな制度であった。家族問題としては、まだ人口問題は前面に出ておらず、前述のとおり、むしろ出生率抑制への関心が強かった。にもかかわらず制度が導入されたのは、かねてから当時の厚生省のなかで社会保障制度として児童手当が欠落していることを問題視する議論が強かったことに加えて、当時の与野党の拮抗のなかで、子育て世帯への経済支援としてこの施策が浮上したからであった。

当時の内田常雄厚生大臣はこの制度について「小さく産んで大きく育てる」と答弁したが、児童手当制度の成長はその後も阻まれた。労働組合などは、児童手当の増大が、年功賃金の抑制につながることを警戒していた（北　2002a : 28）。

一九八〇年代に入ってからは、第二次臨時行政調査会を舞台に「磁力としての新自由主義」も強まった。ただしこの時期までの新自由主義は、まだ日本型生活保障と併存する余地があった。

このあたりの事情は、児童手当をめぐる制度改革にも反映している。一九八六年には第二子からの、九二年には第一子からの支給に改められたものの、八六年からは所得制限が強まり、支給期間も九三年には三歳未満までと「重点化」された。

こうした「重点化」がなされた背景には、当時の中央児童福祉審議会などの議論にも窺えたように、三歳未満までの妻の就業率がとくに低いということから、児童手当を妻の育児に対する報償という意味での「育児手当」として再編していく、という意図が見え隠れしていた（北 2002b：53-54）。

児童手当は、この時期までは日本型生活保障に埋め込まれていた、といってよいであろう。

その児童手当の引き上げが新たな文脈で争点となったのは、一九九八年の参議院選挙で自民党が敗北し、橋本政権に代わった小渕政権が自由党、公明党との連立で政権基盤の安定を図った際にであった。連立政権に参加した公明党は、自党の存在感を高めるべく、児童手当を政策協議の軸に据えたのである。

この時期、介護保険制度を成立させた「例外状況の社会民主主義」は、自社さ連立から自自公連立への転換のなかで後退しつつあった。だがその一方で、旧来の日本型生活保障の揺らぎはいっそう明確になり生活不安も広がっていた。公明党は、人口減少への対応に加えて、同党の支持基盤に低所得の子育て世帯も多いことから、かねてから重視していた児童手当を改めて強く打ち出したのである。

公明党は、「磁力としての新自由主義」が前面に出始めた連立政権の構成のなかで、どちらかといえば社会民主主義的な主張をすることを、立ち位置としていく（中北 2019：190-192）。同党は、一九九九年一〇月に自民党・自由党との連立にあたって児童手当の拡充を求め、一九九九年一二月には、児童手当の支給対象を小学校入学前までに拡大することを内容とする自民、自由、公明三党の合意がとりまとめられた。

この合意に基づき、二〇〇〇年五月には児童手当法が改正され、主には年少扶養控除の引き下げで財源を確保しつつ給付対象が拡大された。二〇〇一年には児童手当の所得制限が緩和され、さらに二〇〇四年には給付対象が小学校三年生までに、二〇〇六年からは六年生までに拡大された。所得制限も二〇〇六年には被用者の場合は六四六万円まで引き上げられていく。

ただし先にもみたように、小泉構造改革が前面に出たこの時期に、家族政策は全体としては市場志向型の傾向を強めていた。二〇〇四年には「少子化社会対策大綱」が定められ、「子ども・子育て応援プラン」が策定されたが、政策課題のトップに掲げられたのは若者の自立支援や仕事と子育ての両立支援で、児童手当については末尾の検討課題で触れられるに留まった。

新自由主義的な小泉構造改革路線の最中で、児童手当の政策プライオリティは決して高くはなかったのである。

## 乳幼児手当をめぐる対抗

その後も合計特殊出生率の下降は容易に止まらず、こうしたなかで児童手当をめぐって新たな動きが広がる。一つは保守主義的な政策提起の台頭であった。すなわちそれまでの少子化対策が、女性の就労支援と出産・育児の両立に力点を置き、その限りで小泉政権における市場志向型のスタンスとも共存していたのに対して、一般家族支援型の施策を打ち出す動きが現れた、ということである。

この対抗図式が鮮明になったのは、二〇〇六年の少子化社会対策会議における「乳幼児手当」に関する提起をめぐってであった。

当時、少子化社会対策会議の事務局では、一・五七ショック以後、保育サービスの拡充に力点を置いた政策が追求されてきたことへの批判が起きていた。

当時内閣府参事官としてこうした立場の一人であった増田雅暢《まさのぶ》によれば、エンゼルプラン、新エンゼルプランなどが着手されて時間が経っているにもかかわらず、出生率が上向かないのは、少子化対策が保育サービスの充実に偏り、在宅育児家庭に対する社会的支援がないためであった（増田2008：94–95）。

そこで増田らは、猪口邦子少子化担当大臣をとおして新しい施策をまとめるべく動き出す。二〇〇五年の終わりから審議官、参事官クラスで編成するチームで議論をすすめ、二〇〇六年二月には内閣府に少子化対策特命室を設置、新たな少子化対策をまとめていく。

それは、乳幼児手当を新設することを核として、出産費用の負担軽減、不妊治療の助成拡大などをすすめるというもので、保守主義的な一般家族支援型の政策体系といえた。ところがこの一般家族支援型の少子化対策は、まず少子化社会対策推進会議のもとに置かれた有識者から成る専門委員会からの反発を受ける。同年五月一八日に猪口大臣が経済財政諮問会議に対して乳幼児手当を含む新しい少子化対策の体系を提起したところ、佐藤博樹東大教授ら少子化社会対策推進専門委員会は、同委員会の報告書が反映されていないとして批判、これに連名で抗議する騒ぎに発展した（朝日新聞、二〇〇六年五月二一日朝刊）。

佐藤ら専門委員は、基本的には母親の就労支援を重視する両性就労支援型の考え方に基づいて議論を重ねていたのである。

その一方で経済財政諮問会議においては、市場志向型の議論が影響力をもっていた。経済財政諮問会議に提出された新しい少子化対策に対しては、他ならぬ小泉首相が異論を唱えた。すなわち小泉は、乳幼児手当の財源として雇用保険会計が充てられていたことに対して「金が余っているなら企業に返して従業員が子育てしやすい環境整備につなげたほうがよい」という趣旨の発言をした（毎日新聞、二〇〇六年五月二五日朝刊）。

こうして乳幼児手当の構想は、保守主義的、社会民主主義的、新自由主義的な立場が三すくみ状況を呈するなか、「乳幼児加算」にいわば格下げされることになった。ちなみに乳幼児加算は、その後、第一次安倍内閣のもと、公明党の積極的な支持もあり、二〇〇七年から第一子、第二子の児童手当を五〇〇〇円から一万円に引き上げるというかたちで実現した。

### 児童手当の争点化と民主党

少子化社会対策推進会議における乳幼児手当をめぐる対立とは別に、構造改革の負の帰結として格差や貧困の広がりが問題視され始めると、与野党が児童手当の引き上げを競い合うようになる（辻 2012：121）。

とくに民主党は、二〇〇一年の参議院選挙政策から、児童手当を現行の二倍程度にするという政策を打ち出す。そして二〇〇四年参議院選挙のマニフェストでは、子ども手当という言葉を登場させ、具体的な額は示されていないものの、配偶者控除および特別配偶者控除の廃止などで財源を調達するとした。

さらに二〇〇五年の総選挙マニフェストでは、所得制限なく月額一万六〇〇〇円の子ども手当を義務教育修了まで給付することが掲げられた。

民主党の子ども手当は、少なくともこの段階では、女性の就労自立により適合的な環境づくりのために、配偶者控除の廃止と一体ですすめることを目指していた。この点では、社会民主主義的な両性就労支援型の特徴が強いものであった。

その後、公明党と民主党の児童手当、子ども手当をめぐる鞘当ては激しさを増していく。公明党が二〇〇六年四月に発表した「少子社会トータルプラン」で「チャイルドファースト社会」を謳うと、民主党は二〇〇六年五月に発表した「育ち・育む〝応援〟プラン」で「チルドレン・ファースト」を掲げた（三浦・宮本 2014）。

その一方で、民主党の内部でも、子ども手当をめぐる基本理念の相違が覆いがたいものになっていた。

先にも述べたように、二〇〇五年の総選挙マニフェストまで、民主党の子ども手当構想は基本的には社会民主主義的な両性就労支援型の理念に基づいて提起されていた。ところが小沢一郎代表のもとで、子ども手当は急速に保守主義型の傾向を強めていく。

小沢は遊説などのたびに、子育て支援が地方の保守層からも支持が強いことを実感しており、子ども手当を、保守層を含めて民主党の支持基盤を広げていく手段として考えたのである。

二〇〇七年の参議院選挙を前に、民主党の政権政策委員会に執行部が提案した「政権政策（たたき台）」においては、「親孝行・子育てを支援し、家族を再生する」という見出しのもと、子ども手当と併せて親と同居している世帯に対する「同居手当」が提起された。小沢一郎代表は、二〇〇七年一月二九日の衆議院本会議における代表質問で、六兆円規模の子ども手当を六〇〇〇億円の「同居手当」と併せて提起した。

だが、民主党の政権政策委員会では、同居手当は介護保険論議における介護手当の再来として厳しい批判にさらされ、二〇〇七年のマニフェストに盛り込まれることはなかった。

他方において、民主党のなかには経済的自由主義の発想で財政規律を重視する立場もあった。二

○○五年のマニフェスト作成時に代表であった岡田克也は、ほぼ一貫して子ども手当の財源確保を優先する議論をおこなっていた。二〇〇九年のマニフェスト作成にあたっても、岡田は手当を一万三〇〇〇円に引き下げることを提案した（薬師寺　2012：23）。

貧困政治の章において、ベーシックインカムが経済的自由主義、保守主義、社会民主主義のいずれの立場からも提起されうることを論じたが、民主党の子ども手当も、このように三つの立場が相乗りするかたちで打ち出されていたことになる。

### 民主党政権と子ども手当

このことは、政権獲得後の民主党が、子ども手当の財源確保や導入方法をめぐって混乱を重ねていく背景でもあった。二万六〇〇〇円の子ども手当を、所得制限をせず、全額国庫負担で給付するという構想は、民主党の目玉政策であったにもかかわらず政権獲得後は迷走する。財源の見通しが甘く、とくにこれまで児童手当の一部を担ってきた自治体や企業の負担分をどうするかが詰められていなかったことが大きかった。とりあえず、二〇一〇年から一年限りの暫定法として、一万三〇〇〇円の半額給付が開始された。

だが、その後の二万六〇〇〇円の満額給付への道は結局は頓挫することになった。当初の両性就労支援の立場を堅持するならば、「控除から手当」を貫徹して配偶者控除の廃止をすすめるべきはずであった。しかし、年少扶養控除は廃止されたものの、配偶者控除廃止に踏み切ることはできず、二〇一二年一〇月には政府税調で配偶者控除廃止を断念する方針を固めた。

二〇〇九年の総選挙で当選した民主党新人議員の多くは、専業主婦の役割を評価するべきという保守主義的な一般家族支援の発想をもっていて、その点で自民党に近くなったことも背景とされる(萩原 2013:172–173)。

さらにその後、二〇一〇年七月の参議院選挙における民主党の敗北から、二〇一一年三月の東日本大震災に至る経緯のなかで、子ども手当の満額給付の道は閉ざされていく。

震災復興のための補正予算をめぐる民主、自民、公明の三党協議のなかで、三歳未満に月一万五〇〇〇円を、三歳以上に一万円を給付し、所得制限を課す案が有力になった。民主党のなかではこれに対して強い反対論が巻き起こったが、八月の三党の政調会長による協議で、翌年から九六〇万円程度の所得制限を設けることや名称を児童手当に戻すことが合意された。

子ども手当は頓挫したものの、児童手当は子ども手当の導入前に比べて、〇歳から三歳までが月一万円から一万五〇〇〇円に、三歳児から小学校修了前までは第一子、第二子が五〇〇〇円から一万円に、第三子が一万円から一万五〇〇〇円に増額された。そして小学校修了後から中学校修了までも一万円が給付されることになり、所得制限も緩和された。

## 4 保育サービスをめぐる政治

## 介護と保育の準市場化

介護と同様に保育においても、かつては措置制度の考え方がとられてきた。旧児童福祉法の表現では「保育に欠ける」児童を市町村の責任で保護するのが保育だという考え方であった。

ここには専業主婦による子育てを基準に、母親が「働いてしまった」ゆえに不遇となった児童を保育するという考え方が見え隠れしていた。

保育に欠ける程度の高い児童から市町村の判断で入所させ、市町村がその費用を施設に支払い、保護者からは負担能力に応じた費用の徴収をおこなう。このかたちは、市町村の責任が強調され児童の保護が重視される。ゆえに、一部には措置制度を評価する立場も根強かった。

しかし、保育サービスを誰もが利用して当たり前の時代で、かつサービスの中身について利用者のニーズを反映させていくことが大事になってきたとき、少なくともこれまでの措置制度をそのまま続けることはできない。

保育サービスとくに就学前教育は、生まれ育った世帯の経済状況を問わず、多様な職業生活の基礎となる認知的・非認知的能力を養うという点で、社会的投資としてもっとも重要な制度である。

介護保険制度と同様に、子ども・子育て支援新制度に準市場の仕組みが導入されたことは、保育サービスに利用者の選好も反映させ、良質なサービスを実現していく可能性を拓くはずであった。子どもたちと親が、最適なサービスを選択できれば、児童手当等の給付と併せて、ベーシックアセットの確保につながる。

だが、子ども・子育て支援新制度で社会民主主義的な準市場を確立させていくことには困難が伴った。もともと保育についての準市場化には、利用者負担のあり方やサービスの質についての情報提供など、考慮するべき課題が多かった（駒村 2008）。同時に福祉政治のかたちとしても、育児政治には介護政治に比べて厳しい条件があった。

第一に、第一章でも触れたように、子育てに関わる社会的リスクは、介護に比べれば広がりに欠き、社会保険化が難しく、財源は税のみに依拠しなければならなかった。

さらに制度改革の時期が介護保険に比べて一〇年以上もずれ込み、その分、国と地方の長期債務は大きく膨らんだために、制度に対する「磁力としての新自由主義」の圧力が増していた。

第二に、介護保険制度の時のように市民団体が多様な議論を交わすという盛り上がりがなかった。子ども・子育て支援新制度（民主党政権のもとでは「子ども・子育て新システム」という名称）に向けた議論は、自民党から民主党への政権交代という「例外状況の社会民主主義」のもとですんだが、少なくとも政治過程に直接働きかけるような市民団体の動きは弱かった。

厚生労働省は、育児政治においても、介護政治における「介護の社会化を進める一万人市民委員会」のような市民団体との連携から力を得ようとしていた。それゆえに二〇〇九年には業界団体とは異なる市民団体「にっぽん子育て応援団」（現在は「にっぽん子ども・子育て応援団」）の結成にも関わった。しかし、介護保険成立時のように市民団体が国会での論議を方向づけるかたちは再現できなかった（萩原 2015）。

市民の動きが広がりを欠いた背景であるが、介護と比べても保育の場合は、サービスを選択できるメリットが市民の間で強くアピールしなかったと考えられる。介護と異なり保育は、もともとサービスの受益者としての子どもとサービスの選択者たる親が分離されていて、親がサービスの質をモニターしきれない。また保育について受け身の立場を強いられてきた日本の親の間では、スウェーデンのように保育法や保育の環境についての関心が広く行き渡っているわけでもなかった。保育サービスの保障を求める地域の運動は、むしろ制度の導入後に広がりつつある（榊原 2019）。

第三に、子ども・子育て支援新制度（子ども・子育て新システム）そのものは、たしかに「例外状況の社会民主主義」の最中で具体化されたが、議論の下敷きになった準市場化のかたちは、それに先だって、経済的自由主義の主導のもとでつくりだされ、実行されてきた改革の直接の延長線上にあった。

すなわち、株式会社を含めた多様な主体の参入による、保育の供給量拡大に最重点が置かれたものであった。

第四に、市民団体に代わって、先行する制度に関わる保育園業界、幼稚園業界等の業界団体の動きがあり、とくに民間の保育園業界の圧力は制度改革の最終段階で影響力を発揮した。

さらに付け加えれば、こうした業界団体の動きとも関係し、女性のなかでの緊張関係や分断も複雑化していた。先にも触れたように、旧来の専業主婦と働く母親という溝に加えて、働く母親のなかでパワーカップルと「新しい生活困難層」の分化もすすんでいた。

制度がうんだこうした分断は、保育の刷新の流れにそれぞれが関わるなかで乗り越えられるはずであった。たとえば子ども園は、多様な立場の親たちが出会う場所になりうる。

多くの市民を巻き込むためにも、保育の全体像についての大きなビジョンが必要であった。だが、介護保険が提起されたときのような大きなビジョンや理念は育児政治においては現れなかった。民主党のマニフェストにおいても、子ども手当に比べて保育サービス改革のビジョンは具体性を欠いていた。そしてこうしたビジョンの欠落を代替していくのが、「待機児童解消」という言葉なのである。

## 市場志向型への接近

保育サービスの改革の進行を振り返ろう。それは、準市場化のかたちのうち、選択の自由を広げ保育サービスの質を向上させるという社会民主主義的な方向より、株式会社を含めた参入拡大で、待機児童を減らし、女性の就労を後押しするという経済的自由主義の関心が前面に出た展開であった。

保育制度における措置制度の見直しは、一九九三年二月に発足した保育問題検討会にさかのぼる。同年一一月の検討会において厚生省は、所得税額によって一〇段階ある保育料区分のうち、年収が高い階層については、父母が保育所と直接契約をする契約入園に改める案を提起した。

だが同検討会では反対論が根強く、一九九四年一月にまとめられた報告書では、措置制度の運用改善と契約制度への移行の両論併記となった。

その後、一九九七年には児童福祉法の改正がおこなわれ、二四条から「措置」の文言が取り除かれ、代わって「保護者からの申し込み」という表現が付加された。また、申込書に希望保育所名を記載することなども決められた。保育所は利用者に対して情報開示などをおこなうことも定められた（佐橋　2006：101）。

だが、この一九九七年の児童福祉法改正を経ても、保育制度における入所手続きは、法制度上は行政の強い関与による行政処分という点に変化はないという解釈が少なくなかった（倉田　2009：37）。

さらに、株式会社などの民間営利企業の参入を可能にする制度改正がすすんだ。

二〇〇〇年三月三〇日の児童家庭局通知「保育所の設置認可等について」は、待機児童解消をすすめるとして、保育所を経営するために必要な経済的基礎があることや経営者が社会的信望を有すること、財務内容が適正であることなどを条件に、社会福祉法人以外の事業者が設置主体となることを認めたのである。

株式会社の参入が促された背景は、待機児童問題の顕在化であった。旧定義でみた待機児童数は、一九九七年には四万人を超え、その後若干減少したものの、二〇〇〇年でも三万四〇〇〇人を超えていた（第一希望の保育所のために待機している児童を含む）。

こうしたなか二〇〇一年七月には、小泉構造改革路線のもとで、「仕事と子育ての両立支援策の方針について」が閣議決定された。ここには「待機児童ゼロ作戦」が盛り込まれ、二〇〇二年から三年間で、一五万人の定員拡大を目指すとした。

ただしこの定員拡大については、公立保育所はコストがかかることが強調され、幼稚園の預かり保育や保育ママを活用していくなど「民間活力を導入し公設民営型など多様化を図る」ことが打ち出された。

小泉政権下での「待機児童ゼロ作戦」以降、「待機児童」の解消こそが育児政治の最大の目標であるかのフレーミングがすすんだ。

朝日新聞の記事データベースで、「待機児童」という言葉が年ごとに何回使われたかを検索すると、一九九八年まではゼロあるいはせいぜい一桁であるが、一九九九年に三三に増えて、この二〇〇一年に一一三となる。そして、子ども・子育て支援新制度に関わる議論が始まる二〇〇九年に三五一となる。ちなみに読売新聞も基本的に同じ傾向を示す。

育児政治において、多様な「民間活力」で「待機児童」をゼロにするということが目標とされるようになったのは、この「待機児童ゼロ作戦」を契機にするとみてよいであろう。そしてこの発想のパターンが、以後の保育改革論議を方向づけるのである。

少子化がすすめば待機児童は自ずと減少する。だがこれは問題の解決ではなく逆に危機の進行である。だからこそ、保育の選択可能性と質を高め、少ない数の世代でもよりよく力を発揮できる条件をつくる社会的投資の発想が求められる。しかし、待機児童解消という量的指標が一人歩きを始め（一人歩きをさせられ）、質の劣化がむしろ正当化される。保活でどこかに入園できれば「ラッキー」という保護者側の心理がこうした流れを補完する。

二〇〇四年には公立保育所運営費への補助金が一般財源化された。保育の質を高めるという合意がないなかでの一般財源化は、多くの地域で公立保育園の民営化や人件費削減につながった。日本保育協会が、全国八〇七の市と東京都特別区を対象におこなった調査（二〇〇七年）では、回答した自治体の六一％が保育予算を削減していた。

子ども・子育て支援のより大きなデザインとしては、二〇〇七年一二月に「子どもと家族を応援する日本」重点戦略検討会議の提言がとりまとめられた。この提言を受けるかたちで、同月直ちに社会保障審議会・少子化対策特別部会が設置された。

この特別部会は、二〇〇九年二月に第一次報告をまとめたが、そこでは、供給側の保育の質を保障しつつ、利用者側の保育の必要性を認定し公的な補助をおこなうことを前提に、利用者と保育所の「公的保育契約」によるサービス供給を提起していた。

この第一次報告は、後に民主党政権のもとで新制度が議論される際に、その基本的枠組みとなっていく。

## 民主党政権における制度改革

市場志向型の準市場改革が決定的に進展したのが、民主党政権時であった。

民主党のマニフェスト（および政策インデックス）には、子ども手当に比べて保育サービスについてはさほど具体的な内容はなかった。潤沢な子ども手当で多様なサービスを購入することで、各家庭のニーズに沿った保育サービスが実現するという発想が強かったと思われる。

「幼稚園と保育所の一本化」も掲げられていたが、その詳細が詰められていたわけではなかった。幼保の一体化による良質な就学前教育の実現は、子どもへの社会的投資という点でも社会民主主義的な政策の柱であるべき点であることはすでに述べた。だが日本では、この幼保の一体化(一元化)は、二〇〇二年六月の「地方分権改革推進会議」の中間報告などで、施設の共用化などによる量的供給の拡大策として提起されてきた経緯もあった(中山・杉山・保育行財政研究会編著 2004)。民主党のマニフェストでも、幼保一体化は、定員割れした幼稚園施設の活用や縦割り行政の解消のための施策とも位置づけられていて、保育の専門性という点では疑問のある保育ママの活用などの政策と併存していた。

つまり、民主党政権は保育サービスのあり方については具体的構想を欠いていたという点で「柔軟」であったし、自民党政権に比べれば、措置制度に既得権をみいだす業界団体とのつながりも弱かった。準市場化をとくに市場志向型の方向ですすめる立場からすれば、民主党政権は大きなチャンスとなったのである。

民主党政権下において、保育の新制度の方向性は、「子ども・子育て新システム」のビジョンづくりというかたちですすめられた。

二〇一〇年一月には、関連各省の大臣によって構成される子ども・子育て新システム検討会議および作業グループの設置が決められた。同検討会議は、二〇一〇年六月に新システムの具体的内容のたたき台となる「子ども・子育て新システムの基本制度案要綱」（以下「基本要綱」）を決定した。

この「基本要綱」は、見かけ上は、幼保一体化、子ども家庭省の創設、子ども手当と現物給付の組み合わせなど、民主党マニフェストに沿っていた。しかしながらその内容は、前述のとおり、自公政権のもとでまとめられ、準市場化の方向を示した社会保障審議会・少子化対策特別部会の第一次報告（二〇〇九年）に近いものであった（萩原 2013）。

すなわち、保育サービスの提供は、措置制度を完全に脱却して、市町村が利用者の保育の必要性を認定し、認定を受けた利用者が保育所と「公的保育契約」をむすぶことで開始される。保育サービスへの参入に関しても、認可制ではなく指定制をとり、株式会社の参入も可能にする。その上で、自治体は認定を受けた子どもに対する保育の実施義務に責任をもつ、というのがこの「基本要綱」の骨格であった。

株式会社の参入をめぐる指定制度について少し説明をしておこう。二〇〇〇年に児童家庭局通知で保育所の設置主体について制限が撤廃されたことは述べた。しかし、自治体によっては、経営破綻による撤退リスクのある株式会社の認可に慎重なところも多かった。これに対して、参入条件を指定した上で、それを満たす株式会社の参入を原則認める制度への移行が図られたのである。

子ども・子育て新システム検討会議には、基本制度、幼保一体化、子ども指針の三つの作業グループが置かれ、いずれのグループもこの「基本要綱」をたたき台に議論を開始した。

民主党政権における保育改革論議に拍車をかけることになったのが、二〇一〇年七月の参議院選挙で消費税増税を掲げた菅直人内閣が敗北したことであった。ここで増税の使途を明示する必要に迫られた民主党政権は、子ども・子育て支援を軸とする社会保障改革を打ち出すのである。

二〇一〇年一一月に発足した「社会保障改革に関する有識者検討会」は、翌月には民主党政権の社会保障改革検討本部に報告書を提出した。短期間で作業をすすめることができたのは、麻生内閣時の安心社会実現会議報告書の内容をふまえて報告書が執筆されたからである。

つまり、社会的投資の考え方を前面に出した政策構想が、自民党政権の危機のなかで打ち出され、マニフェスト路線が維持困難になった民主党政権に持ち込まれたことになる。こうして始まった「社会保障・税一体改革」の流れは、「例外状況の社会民主主義」の展開といえた。

ただし、有識者検討会報告書は、子ども・子育て支援を未来への投資として、普遍主義的な制度としてすすめることを提起していたものの、保育の準市場化の内容にまでは立ち入ってはいなかった。

保育の準市場化そのものについての施策は、この「例外状況の社会民主主義」の第二波とは別に、小泉構造改革路線下での少子化対策の流れのなかで積み重ねられていたものが持ち込まれた。その内容は、介護と比べての保育の準市場化の難しさもあって、選択の機会を広げサービスの質を向上させるよりは、株式会社を含めて保育事業への参入を拡大することが優先されていた。

二〇一〇年の終わりには、この二つの流れが交差したことになる。こうして、保育サービスの準市場化は、「社会保障・税一体改革」の中心的施策として推し進められていくことになった。

### 業界団体の動向と三党合意

「社会保障・税一体改革」との融合がすすんだ後も、子ども・子育て新システム検討会議および作業グループの議論では、民主党マニフェストに沿った部分はしだいに後退していった。

幼保一体化による子ども園への移行については、申し込みのあった児童を受け入れる応諾義務を課されることに幼稚園側から強い異論があり、保育所側からも、開所時間や施設などについて幼稚園と共通の基準が持ち込まれることに警戒感が示された。

二〇一一年一一月には、一部の幼稚園への私学助成を継続し幼保一体化から外す案が示され、幼保一体化の範囲は縮小された。これに伴い、子ども家庭省をつくることも検討課題に挙げられるだけになった。

他方で、利用者と保育所が直接契約するかたちについては、「基本要綱」のかたちで残った。また、株式会社などの参入が容易になる指定制度も残った。

こうした枠組みのもと、二〇一二年二月には「子ども・子育て新システムに関する基本制度とりまとめ」が公表された。

このとりまとめを基礎として三月には子ども・子育て支援法など関連三法案が国会に提出された。そして五月からの国会の特別委員会における審議およびそれに続く民主、自民、公明の三党の実務者協議がおこなわれた。

興味深いことは、この三党協議をとおして、政府提出法案にみられた市場志向型の色彩がかなりの程度薄められたことである（小宮山 2012）。そこには業界団体の影響力を背景にした自民党からの抵抗があった。

市民団体の活動が目立った介護政治とは異なり、育児政治においては、先行した保育制度に関わって保育三団体と呼ばれる日本保育協会、全国保育協議会、全国私立保育園連盟などが影響力をもっている。

保育三団体は、利用者と保育所の直接契約へと転換する制度改革は、保育のニーズを満たす自治体の責任を後退させるものとして、合同で全国集会を開催するなど反対の姿勢を強めていた。

自民党は一面では市場志向型の制度への転換を先導していたが、他面では日本保育協会を支持団体としており、こうした団体からの要請を重視する立場にあった。

逆にいえば、だからこそ準市場化の改革は、こうした団体とのつながりが弱い民主党政権の時期に一挙にすすめられた。厚生労働省もまた、民主党政権に、一九九三年の保育問題検討会以来追求してきた改革をすすめるチャンスをみたといえる。

ただし自民党にとっても、改革にストップをかけることは得策ではなかった。

そもそもこの一体改革は自民党の福田内閣の社会保障国民会議、麻生内閣の安心社会実現会議における議論から始まったものである。

自民党のなかでも、消費増税と社会保障の機能強化を一体的にすすめざるをえないことは、ある程度まで共有された考え方であった。同時に、世論調査の結果などから、自民党は次の総選挙で政権を奪還する可能性が高くなっていた。

であるならば、消費増税を民主党政権のうちに決めてしまえば、再度の政権交代後に消費増税という重い十字架を（少なくとも自民党政権において決定するというかたちで）背負う必要はなくなる。

こうした事情から、この三党合意において自民党は基本的に保育制度改革自体には同意する。しかし、保育三団体の準市場化改革、とくに利用者と保育所との直接契約への強い反対は無視できない。したがって最終的な三党合意にはかなりの変更事項が持ち込まれた。

二〇一二年六月にまとまった三党合意の内容は以下である。

①政府案の総合こども園に代えて、新たな幼保連携型認定こども園を法制化するが、既存の保育所、幼稚園からの移行は義務づけない。その設置主体は、国、地方公共団体、学校法人あるいは社会福祉法人に限定される。

②利用者との直接契約を前提に、認定こども園、保育所、幼稚園に対する「施設型給付」、及び小規模保育等への「地域型保育給付」がおこなわれる。

③しかし、民間保育所については、保育三団体が反対していた利用者との直接契約ではなく、従

来どおり自治体との契約により委託を受ける。利用者負担の徴収も市町村がおこなう。

④株式会社などの参入に直結すると懸念された指定制ではなく、都道府県による認可制度を基礎とする。ただし欠格事由に相当する場合など除き認可を原則とする。

三党合意を受けて、議員立法による修正法案が国会に提出され、八月には子ども・子育て関連三法が参議院で可決・成立した。このようにして、子ども・子育て支援新制度（自公政権のもとで子ども・子育て新システムから名称変更）は二〇一五年四月から施行された。

### 子ども・子育て支援新制度の現在

#### ①保育サービス供給

それでは、このように立ち上がった子ども・子育て支援新制度は、準市場の制度としてどのような可能性を有しているであろうか。

介護保険制度の導入時は、介護に関わっていた誰もが制度の転換を実感できたが、子ども・子育て支援新制度ではそのようなインパクトは感じにくかった。

消費税八％への引き上げ後の二〇一六年度でみても、増税による税収八・二兆円のうち、子ども・子育て支援に向けられたのは、国と地方分を合わせて五六〇〇億円程度に留まった。

**図4−2　保育利用率の増大と待機児童数の増減**

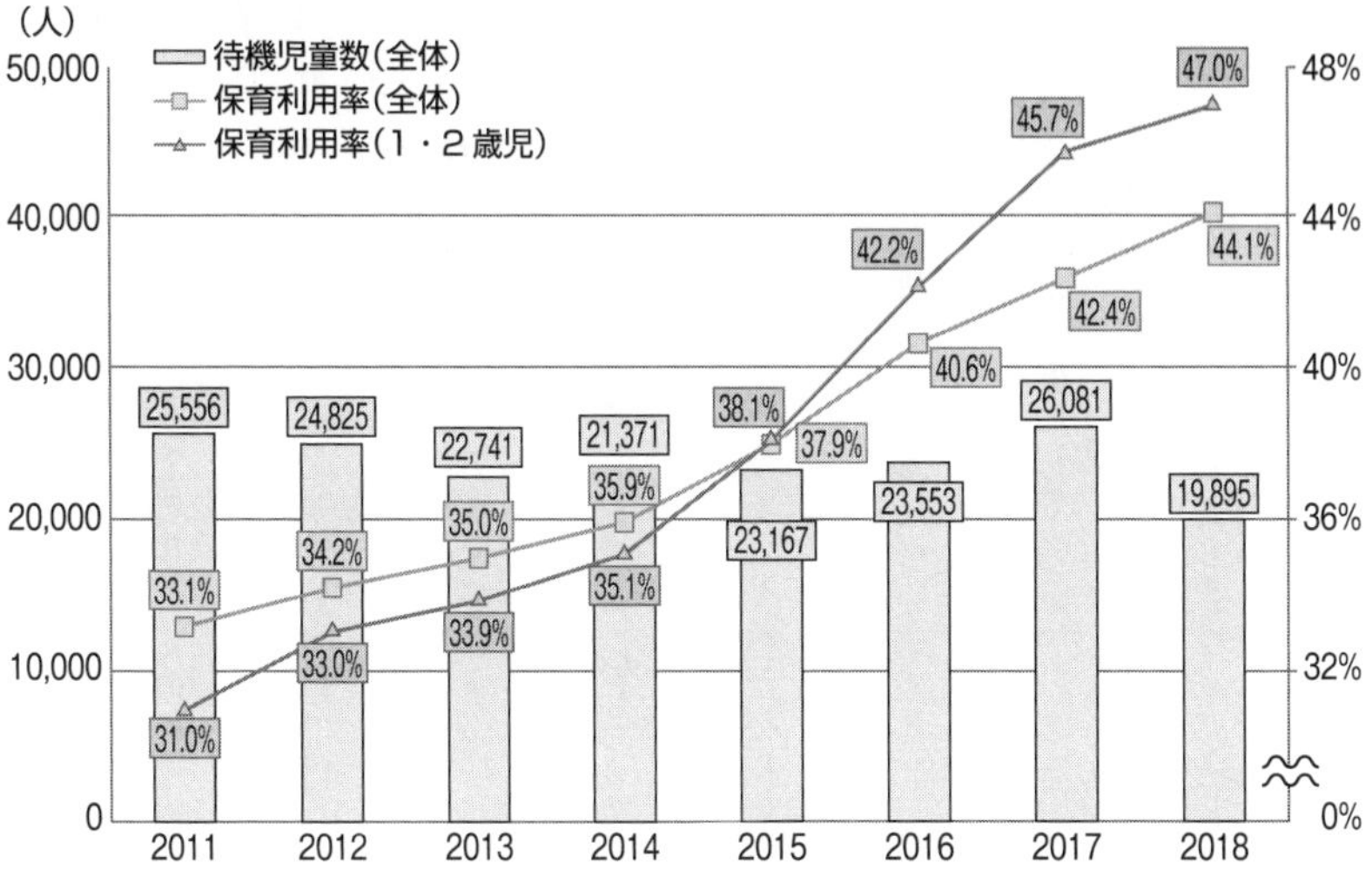


出所　厚生労働省「保育所等関連状況取りまとめ」（2018年4月1日）

子ども・子育て支援は消費増税の使途のシンボルのようになっていたが、実際にはその使途の一部に留まる、というのが現実であった。

ＯＥＣＤの社会的支出データでは、日本の保育サービス支出（Early childhood education & care）のＧＤＰ比は、二〇一〇年には〇・三％であったが増税後の二〇一七年には〇・七％となった。だがたとえばスウェーデンでは就学前教育にＧＤＰ比で一・六四％を費やしている。

二〇一九年に消費税が一〇％に引き上げられたが、これに先立って新たに保育・幼児教育の無償化が打ち出され、こちらに国と地方分を合わせて三八〇〇億円以上が向けられることになった。サービスの供給についても女性の就業率八〇％にも対応できる新たな保育需要三二万人分の受け皿をつくるとされた。

だがこの受け皿数は、保育の申し込み率を該当する世帯の五三％と推定した上での計画で、十分な保育サービス供給の見通しが拓けているとはいえない。

このように税収の投入は必ずしも十分ではないが、保育サービスは量的には拡充している。認定こども園を併せた保育所の定員は、二〇一九年には二八八万八〇〇〇人を超えて、二〇一三年と比べれば六〇万人近く増大している。

**図4―2**に示されているように、これまで抑制されてきた保育サービスは、定員が増大すれば利用率も増大しサービス需要は高まる。にもかかわらず、待機児童数も緩やかではあるが基本的には減少している。

保育サービスの量的拡大がある程度は待機児童を吸収していることはたしかである。だが、やがては子どもの数自体が減る流れのなかで、待機児童は「自然」に減少していく。

出生数の減少は顕著である。一九九八年には一二〇万人を超えていた出生数は、二〇〇五年には死亡数が出生数を上回り、二〇一六年には一〇〇万人を切り、二〇一九年には八六万人台となった。

自治体はそのことを承知しているからこそ、保育所の増設でやがて保育所の定員が余ってしまい、また保育士も過剰になることを懸念する。当面の待機児童を減らすために、一時預かりや定員割れした幼稚園の活用などの方法に依拠することになる。

保育改革の目標が、待機児童数削減に還元されてきた限界が明らかになりつつある。社会の担い

図4−3　供給主体ごとにみた保育所数の変化

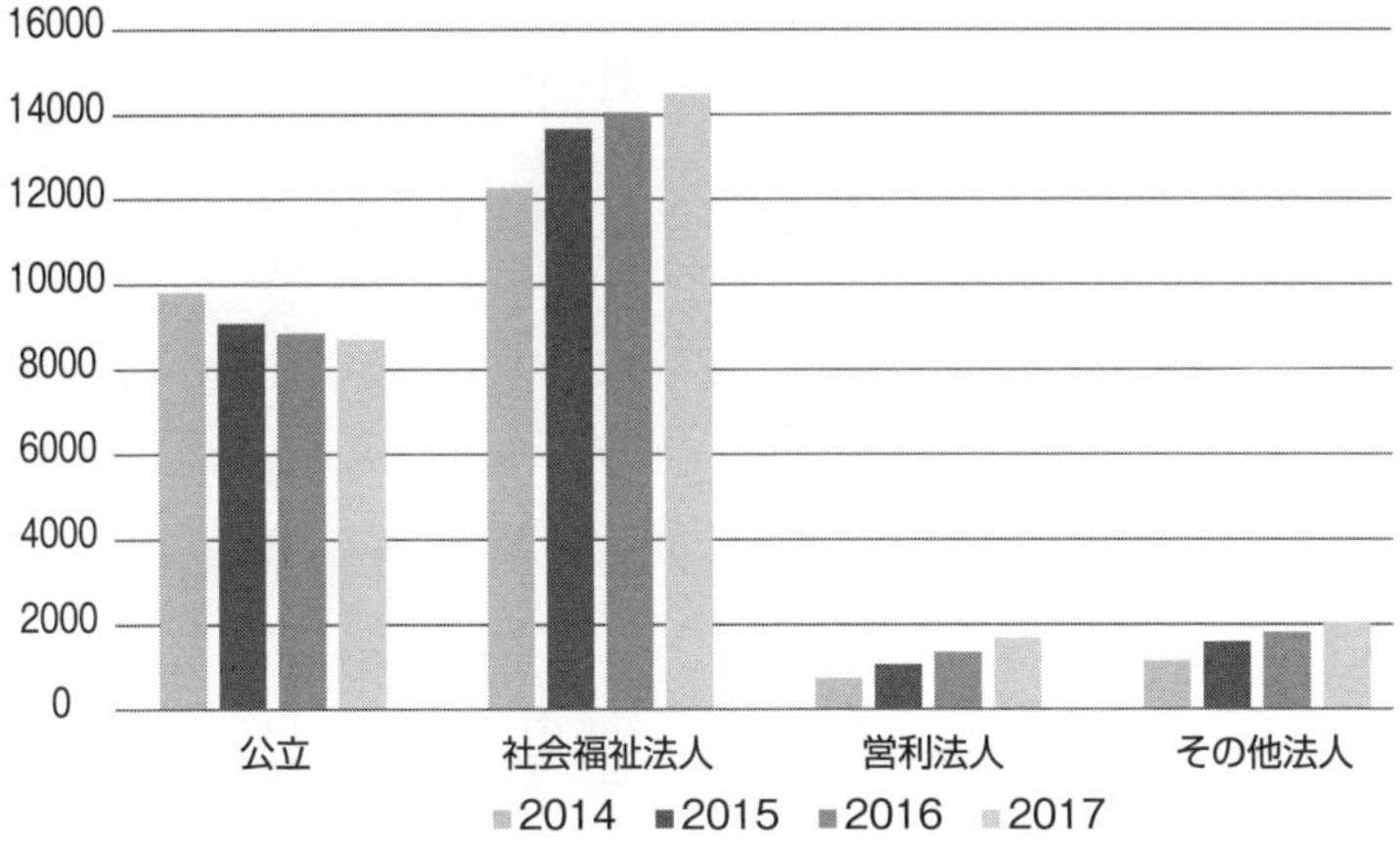


出所　厚生労働省「社会福祉施設等調査の概況」に基づき筆者作成

手の数が減少するからこそ、保育サービスなど就学前教育の質を高めて、新しい世代の能力を引き出すことが枢要になる。

これは、社会民主主義的な子どもを中心とした社会的投資の戦略が一貫して強調してきた視点に他ならない（Esping-Andersen, 2002）。

### ②供給主体と営利法人

サービス供給の量的拡大に重点をおいた準市場化のなかで、株式会社の参入を促す動きは一貫していた。だが、介護保険制度と比べると、営利法人の比重はまだ抑制されている。

**図4−3**は厚生労働省の「社会福祉施設等調査の概況」に基づき、二〇一四年から四年間で保育所、認定子ども園を経営する法人の数の推移をみたものである。

公営の保育所が減少し、株式会社を中心とした営利法人の保育所は急増しているものの、その割合は二〇一七年では六・二%に留まっている。認可保育所への株式会社の参入は大きくすすんでいるわけではない。

これまで、株式会社の参入が広がらなかったのは、社会福祉法人のみが施設整備費で国からの補助金を受け取ることができ、自治体としてはこの点からも社会福祉法人の認可を優先する傾向があったからである（池本 2013）。

その後に補助金については株式会社を含めて受けられるかたちとなったが、多くの自治体においては、株式会社には収支悪化等でサービスから撤退するおそれがあることから、認可に慎重な態度をとっている可能性がある。

またこの点は介護保険制度も同様であるが、保育は当面の需要増が予想されたとしても、公定価格の範囲では必ずしも収益性が高い事業とはいえない現実もあろう。

これに対して認可外の施設では、株式会社の参入は急速にすすんでいる。たとえば、東京都が認可外の保育所に独自基準で設けている認証保育所は、二〇一六年で七五・八%が株式会社になっている。

### ③保育士処遇改善の停滞

さらに、保育士の確保が困難になっている事情も、株式会社の参入のハードルとなっているといえよう。保育士の処遇とも関連した保育士不足問題は、公定価格の制度に関わる行政の対応と、株式会社の営利志向が、ある種の連動関係で引き起こしている面がある。

先に述べたように、二〇〇〇年に厚生労働省は児童家庭局通知で株式会社等の認可保育所への参入を認める通知を出したが、児童家庭局は同時に、「保育所運営費の経理等について」という通知も出していた。

保育所の運営に対する国と自治体の補助金は、保育所が預かる子どもの数で決まり、事業費、管理費、人件費に区分されている。この通知は、「保育所運営の効率化・安定化」とサービスの量的な確保のために、保育所の事業運営が一定の基準を満たしている限りで、この費目間で資金の「弾力運用」を認める、というものであった。

このように費目間の弾力的な運用を認めたことで、人件費を抑制して、その費用を新規事業への投資にも振り向けることが可能になった。

株式会社の参入と同時に、このような補助金流用を可能にしたことは、それ自体は市場志向型への接近に他ならなかった。その一方で、人件費が抑制されて保育士不足が顕著になり、市場志向型の戦略そのものを制約するような状況も現れている。

ジャーナリストの小林美希は、こうした費目間の流用が可能になったことが、株式会社を中心に人件費、とくに保育に直接関わる保育者の人件費の抑制を招いていったことを独自の調査で明らかにしている。

小林は、東京都が独自の補助金の支給対象となる保育所に公開を義務づけた財務諸表から人件費比率を計算している。それによると、東京都の認可保育所の場合、二〇一五年度の（園長や事務員などを除く）保育者の人件費比率は、株式会社の場合四二・四％、社会福祉法人でも五五・四％であった。これは内閣府が想定していた保育所の人件費が七〜八割であることを考えると、大きな開きがある（小林　2018）。とくに株式会社では、流用分を本社が集約して保育所の新規開設などに回している実態があるのである。

### ④困難なサービス選択と保育の質

保育サービスの制度は、市場志向型に接近しているようであるが、それでいて介護保険制度と比べてもサービスを選択する自由は広がらない。

保育の準市場化に本来期待されたことは、サービス選択の可能性が広がることで、保育が就学前教育としての質を高め、社会的投資としての効果をあげることであった。

だが、待機児童解消のための準市場化に留まるならば、このような可能性は活かされない。

現状では、サービスの選択どころか、保護者が子どもを預ける保育所探し、いわゆる「保活」で苦労する状況が続いている。

新制度施行後の二〇一六年の厚生労働省の調査でも、「保活」をおこなった人のうち、「希望どおりの保育施設を利用」できた人は全体の五七・九％に留まる。「保活」をしても、一四・九％が認可外の保育施設に入ったり、保育施設を利用できなかったりしている（厚生労働省雇用均等・児童家庭局「『保活』の実態に関する調査の結果」）。

こうしたなかで準市場化が、多様な「受け皿」を提供する制度としてのみ作動していくならば、保護者と子どもの選択の幅を広げていく可能性は遠のくであろう。

現在でも、優れた質の保育を提供している認定こども園や保育所は少なくない。

筆者でも、訪問して質の高さを感じた園をいくつかあげることができる。たとえば、埼玉県松伏《まつぶし》町の認定こども園「こどものもり」は、その「静かさ」が印象的であった。

園内にいくつもの異年齢集団ごとにいろいろな遊びのブースを設ける、いわゆるコーナー保育を実践していたが、子どもたちがそれぞれの活動に夢中で、園全体がとても静かなのである。向かいの小学校から子どもたちの声が騒音のように聞こえるのと不思議なコントラストをなしていた。

何度か訪問したスウェーデンの就学前教育と似通った雰囲気であった。一歳児から五歳児まで保育士（就学前教育士）と子どもの比率が一対五であるスウェーデンに比べれば、四、五歳児は一対三〇になる日本はたいへん不利であるが、様々な工夫で補っていることが感じられた。保育の取り組みへの共感から採用に応募してくる保育士も多いという。

こうした実践が保護者の選択の対象となり、サービスの質へ社会的関心が高まり、保育の質向上への財源確保に合意が形成されるという好循環がうまれる必要がある。

準市場を本来のかたちで機能させるためにも、まずは一兆円超の財源確保を目指すこととした二

○一二年の三党合意に立ち返りつつ、保育者人件費に財源が回るかたちを実現する必要がある。また、保護者が保育の質を判断できる環境も不可欠である。

たとえばイギリスには教育水準局（Ofsted）という機関があり、幼児教育や保育を含めて教育の質の監査と情報の公開をおこなっている。ニュージーランドの教育評価局（ERO）も同様の機能を果たす。

こうした制度も参考にしながら、他方で保護者が地域の保育サービスの単なる消費者となってしまうのではなく、多様な選択と参画をおこなうことができる体制を構想していく必要がある。

### 保育無償化と「マタイ効果」

日本における子ども・子育て支援のその後の展開は、幼児教育と保育の無償化に焦点を移す。幼児教育・保育の無償化が明確に打ち出されたのは、二〇一七年一二月に安倍内閣が閣議決定した「新しい経済政策パッケージ」においてであった。

同文書の第二章は「人づくり革命」と題され、技術革新がすすむ社会において幼児教育・保育が育む認知的・非認知的能力の重要性が説かれ、この施策の社会的投資としての意義が強調されている。

具体的には同パッケージは、三歳から五歳までのすべての子どもについて、幼稚園、保育所、認定こども園の費用を無償とすることを明らかにした。さらに、〇～二歳児についても低所得世帯での無償化をすすめ、また高等教育についても、低所得世帯に対する学費の減免措置や給付型奨学金の拡大をすすめるとした。

これら「人づくり革命」の財源については、二度の延期を経て二〇一九年一〇月に実施される消費増税による税収のうち、「後代への負担のつけ回しの軽減」として財政再建に充てるはずの財源を減額して確保することが明らかにされた。この財源は後に一・七兆円規模ということで確定する。

良質な就学前教育は、たしかに最も有効な社会的投資である。貧困の連鎖を断ち、成人後も効果を持続させる。それでは本書が問題としてきた「新しい生活困難層」の拡大に対して、この保育の無償化は有効な施策となりうるのか。

前にも述べたとおり、社会的投資戦略、とくに就学前教育には、無償化という言葉の印象とは異なり、その恩恵が中間層に偏る傾向があった。これは無償化が「新しい生活困難層」の支援につながらない、「マタイ効果」という問題に他ならない。

子ども・子育て支援新制度のもと、自治体による保育の必要性の認定は、一般的にいえば両親ともフルタイムの正規雇用である世帯に有利になる。逆に非正規雇用で低所得の世帯が、認可外で高コストのサービスを利用せざるをえないということも起きる。

それでも従来は、高所得の世帯は応能負担によって相対的に高い保育料を支払っていた。ところが無償化によって応能負担もなくなる。給食費などの一部が均等な実費負担になり、低所得世帯にとっては無償化が逆に負担増になるケースもうまれている。

実際のところ、保育所の無償化予算は四六五六億円であるが、そのうち、年収三六〇万円以下の世帯に向けられる支出は三五五億円に留まる。これに対して年収六四一万円以上の世帯に向けられる支出は二三一五億円であり、そこには年収九三一万円以上の世帯に使われる七〇三億円も含まれる（内閣府「幼児教育の無償化に係る参考資料」）。

就学前教育の投資的効果を明らかにしたジェームズ・ヘックマンが題材にしたのは、ペリー実験であった。ペリー実験は、一九六〇年代にアメリカ・ミシガン州の一二三人の低所得世帯の子どもたちを対象におこなわれた。この実験では二年間の就学前教育を提供した集団とそれ以外の集団について長期の追跡調査をおこない、その後の学業成績や年収などにはっきりした相違が現れたことを示したものである（ヘックマン　2015）。

これに対して、無償化の恩恵が低所得世帯に十分に届かず、逆に無償化に財源を振り向けたために保育サービスの質的改善がすすまなければ、就学前教育への社会的投資の効果はあがらず、「新しい生活困難層」の支援としても空回りするであろう。

### 保育サービスと児童手当の連携

介護政治と比べても、育児政治の展開は大きな困難を伴っていた。社会的リスクとしてのあり方からして、社会保険に財源を求めることが難しく、消費増税の一部が充てられたものの、財政的制約は大きかった。

子ども・子育て新制度が争点化した二〇一〇年前後の段階では、介護保険が争点化した時点と比べても、国と地方の長期債務は膨らみ、「磁力としての新自由主義」の圧力が強まっていた。

本来、準市場への保育改革は、利用者が公的財源で最適な保育サービスを選択できる条件づくりになるはずであった。だが、経済的自由主義の主導のもと改革の目標は待機児童解消に還元され、準市場化は株式会社の参入などでサービスの量的拡大を図る手段に転化してしまった。

介護政治と比べても市民団体の影響力は限られ、代わって、業界団体が改革の最終盤で影響力を行使した。

この結果、子ども・子育て支援新制度は、旧制度の遺制を引きずる規制と、株式会社の参入や補助金の流用化を可能にする規制緩和が奇妙なかたちで並立、連動することになった。

これに対して児童手当は、子ども手当が頓挫するなど紆余曲折を経たものの、基本的には増額されてきた。

育児政治の準市場型改革が、保育の質の改善をすすめ、児童手当が、児童扶養手当など低所得世帯への保障を含めてさらに増額されていけば、社会民主主義的な家族政策に改めて接近する道も拓きうる。

ただし、社会民主主義的な両性就労支援型の政策も、変化が求められている。両親が就労できるだけでなく、より積極的にケアにも参加できる、新しい両性支援型への展開である。

そのためには、保育が就学前教育としての質を高めるのみならず、より多様なサービスの選択肢を提供できることが大事である。そして、児童手当や子育て世帯への給付付き税額控除、育児休業手当や労働時間規制などとの様々な組み合わせで、ライフスタイル自体の自由選択が可能になることが求められる（千田　2018）。

そのための基本条件を、本書ではベーシックアセットと呼んでいる。それは、社会への積極的な参加を、多様なかたちで実現していくための、サービスと現金給付の最適な組み合わせである。

# 第五章　ベーシックアセットの保障へ

## 1　福祉政治のパターン

### 三つの政治の相互浸透

日本における貧困政治、介護政治、育児政治の展開をみてきた。いずれも、これまでの日本の生活保障では対処しきれない、新しい社会的リスクをめぐる政治である。それゆえに、この三つの領域における政治のあり方がこれからの生活保障のかたちを決める。

一言で新しい社会的リスクといっても、人々の間でのリスク共有の度合い、社会保険化と財源確保の見通しは三つの領域で異なる。これに、先行する制度と関係する業界団体、争点化した時期なども関連して、三つの政治は異なった軌跡を描いてきた。

政治学には「政策が政治を規定する」というアメリカの政治学者セオドア・ローウィの古典的命題があるが、同じ福祉政策のなかでも、この三つの政策領域で政治は大きく異なるのである（Lowi,

1964：佐藤　2014）。

ただし本書の関心は、三つの政治のコントラストを描くこと自体にあるのではない。むしろ重要なのは、三つの政治の相互浸透である。

社会的な合意形成がもっとも困難なのは貧困政治であった。とくに「新しい生活困難層」が形成され、相対的な安定就労層、福祉受給層の三層間に分断が広がるなか、相互不信が時に政治によって煽られることもあった。

これに対して、介護のリスクは高齢社会全体に広がり、介護政治においては社会保険化による財源確保が可能になった。介護保険制度が画期的であったのは、介護問題に直面したすべての市民にサービスを提供することを目指した点であった。

だが、貧困政治が「新しい生活困難層」の広がりを抑止できずにいることで、介護保険制度の普遍主義には影が差している。保険料や利用料の負担が増し、かつての選別的なサービスが中間層を給付対象に含めなかったのとは逆に、今度は低所得層が制度から排除される傾向が強まっている。

子ども・子育て支援についても、少子化問題への対応は最優先の課題とされていて、消費増税による税収が投入されることになった。子ども・子育て支援新制度が、低所得層を含めて良質な就学前教育を行き渡らせるならば、困窮と格差に対するもっとも有効な処方箋になるはずであった。

しかし、消費増税による税収も財政健全化に充てることが優先され、保育・幼児教育の無償化も、応能負担の解消で、むしろ所得上層に恩恵が偏る「マタイ効果」をうみだしている。

## 三ステップのパターン

本書では、貧困政治、介護政治、育児政治を通して、社会民主主義、経済的自由主義（新自由主義）、保守主義の三つの政治的潮流の対抗をみた。

それでは、いずれの勢力が政治を主導してきたのか。

本書は、三つの政治それぞれのなかでの対抗とは別に、この三つの立場が前面に出る局面をとらえ、「例外状況の社会民主主義」「磁力としての新自由主義」「日常的現実としての保守主義」と呼んできた。

各章の考察を終えた段階で改めて振り返ると、以下のようにいえよう。

ここ数十年の福祉政治においては、一九八〇年代から二〇〇〇年ごろにかけてと、二〇〇一年から二〇一三年ごろにかけて、似通った福祉政治のパターンが二度繰り返された。

一回目のパターンにおいて介護保険制度が、二度目の折に子ども・子育て支援新制度と生活困窮者自立支援制度が成立した。二度のパターンは以下のような三ステップの展開で共通していた。

①まず、財政的困難への対応として、経済的自由主義の立場による社会保障削減の動きが立ち上がる。最初は一九八〇年代初めの中曽根政権による第二臨調路線すなわち「増税なき財政再建」路線であった。二度目は、二〇〇一年以降の小泉政権による「聖域なき構造改革」路線であった。

これらは一般に「新自由主義」と呼ばれる。小泉構造改革については、たしかに何人かの「新自由主義者」が深く関与していた。新自由主義改革から利益を得る勢力が、戦略的に改革をすすめた面ももちろんある。だが日本社会を全体としてみれば、経済的自由主義や市場原理主義の信条や価値が広く共有されていたわけではない。財政危機のさなか増税という手段が封じられ、他方で政治や制度への不信も根強いなか、こうした条件を煽り利用することにより新自由主義は影響力を維持できた。本書はこれを「磁力としての新自由主義」と呼んできた。

建設国債と特例国債を合わせた新規国債発行額の推移をみると、最初の山は、二度の石油ショック後に税収が大きく低下した一九七〇年代の終わりである。この国債発行にも関わった大平首相が、衆議院選挙で一般消費税を掲げこれを途中で撤回した後に、中曽根の「増税なき財政再建」路線は登場した。

二度目の山は、バブル経済崩壊後に山一証券などの経営破綻が相次いだ直後になる。小渕内閣のもとで二四兆円を超える赤字国債が発行された。この時も、前任の橋本内閣のもとでの消費税増税が経済不況を深化させたとされ、増税は禁じ手となった後に、小泉の「構造改革」路線は登場した。「磁力としての新自由主義」において、いわば電磁石の電流のように、新自由主義の圧力を高める磁場が発生する条件となっているものは、第一に、こうした財政的制約である。そして第二には、有権者、納税者に根強い制度不信であり、それに起因する「低負担のなかの重税感」である。

さらに第三には、制度上の制約、とくに自治体における二重の縦割りである。二重の縦割りとは、福祉のなかでの縦割りと福祉と雇用や住宅の縦割りであった。社会民主主義的な社会的投資の施策が就労支援を試みても、包括的支援で就労につなげる条件がなければ、施策は空回りする。施策は失敗であったことになり、新自由主義的な選択肢のみが残るのである。

②次に二つのパターンに共通していたのは、この社会保障削減の動きを受けて、広い意味で社会民主主義的な福祉改革論が提起された、ということである。

第二臨調の答申を基礎とした社会保障削減がすすめられた一九八〇年代の終わりから九〇年代の半ばにかけては、社会保障制度審議会、厚生省の審議会などで、削減策に反発しつつ、福祉の普遍化、サービス供給体制の刷新、自立支援の視点を打ち出す議論が広がった。

この流れは、やがて準市場型の介護保険制度として結実していく。

また、小泉政権の「構造改革」路線が、困窮や格差の拡大を浮上させた二〇〇〇年代にも、「構造改革」路線からの踏み替えを図った麻生政権の「安心社会実現会議」や、民主党政権になってからの「社会保障改革に関する有識者検討会」などで、積極的労働市場政策や就学前教育の充実など、社会的投資の視点が打ち出された。

この流れは、子ども・子育て支援新制度や生活困窮者自立支援制度につながっていく。

いずれの場合も、社会民主主義的な提起が制度として実現する背景となったのは、自民党政治の揺らぎという例外的状況であった。ゆえに本書はこれを、「例外状況の社会民主主義」と呼んできた。

介護保険制度の場合は、一九九三年に自民党がいったん下野した後に、自民党が他党に対して協調的な態度をとらざるを得ない事態となり、とくに自社さ連立政権における与党福祉プロジェクトが重要な役割を果たした。

また、子ども・子育て支援新制度や生活困窮者自立支援制度については、自民党政権から民主党政権へ、そしてまた自民党政権へという大きな政治的振幅のなかで制度化がすすんだ。

この時は、自民党政権の政権維持困難と、それに続く民主党政権のマニフェスト実現困難という、二つの政権の例外状況（非常事態）の連鎖のなかで、社会保障の機能強化が打ち出された。「社会保障・税一体改革」は、社会保障の拡充を、「磁力としての新自由主義」の基盤である三つの構造、すなわち、「財政困難」、「市民の制度と税への不信」、「縦割りの制度構造」の転換と一体にすすめようとした点でも重要なものであった。

だが逆にいえば、「社会保障・税一体改革」は、二重の例外状況の連鎖のなかで推進されたその分、推進勢力となった政治家、官僚、研究者も限られていた。

自民党のなかでも、民主党のなかでも、「何かよく分からない改革が提起されているが、現在の状況からすれば口出しはしにくい」という受け止め方が少なくなかった。

改革に関して、安定した支持基盤や推進勢力が形成されていたわけではなかったのである。

③さらに共通したパターンは、以上述べた「例外状況の社会民主主義」の脆弱さゆえに、政治が安定性を回復すると、「磁力としての新自由主義」が復調していった、ということである。

介護保険制度が施行された直後に、小泉政権が誕生し、財政制度等審議会では半分を税で負担する介護保険財政の肥大化について掣肘《せいちゅう》が加えられた。そして二〇〇五年の介護保険法改正以降、自己負担が増し、低所得層が排除される傾向が強まっていったことは第二章で述べた。

とはいっても自民党政権の経済的自由主義は、多様なあり方をしてきた。

とくに民主党政権に代わった第二次安倍政権は、「社会保障・税一体改革」を実行することになるが、いわゆるアベノミクスは経済成長が最優先で、そのためには財政出動をいとわないという立場をとった。だがそれだけに財政当局は、警戒の度合いを高め、社会保障の機能強化については抑制的な態度を強めた。

二〇一五年に施行された子ども・子育て支援新制度も、二〇一二年の三党合意で確認された一兆円以上の財源確保などは棚上げにされたままである。

第二次安倍政権のもと、消費税を一〇%に引き上げるにあたって導入された保育と幼児教育の無償化は、一見すると社会民主主義的な施策のようにみえる。

だが、増税分のうち「負担先送り回避」分の一部が無償化に充てられたものの、財源が抜本的に拡充されたわけではない。社会的投資となる上で不可欠の保育サービスの質的向上は、先延ばしにされたままである。さらに、消費税財源が本来文教予算で支出されるべき幼稚園向け支出にも使われることにもなった。

## 2　社会民主主義の変貌とその行方

### ポスト「第三の道」の社会民主主義再生

このように「例外状況の社会民主主義」がうみだした諸制度は、多くの点で行く手を阻まれている。だが、制度としての準市場のビジョンが潰えたわけではない。また、包括的な相談支援で多様な参加の場につなげる地域密着型の社会的投資には、大きな可能性がある。

準市場や社会的投資は、様々な困難を抱えた人々の生活と社会参加が可能になるように、人々を最適なアセットつまり福祉の給付や地域のコミュニティにつないでいく制度である。準市場や社会的投資を機能させ、ベーシックアセットの福祉国家を展望するためには、何が必要か。

一つはっきりしていることは、これまで社会民主主義的な福祉国家を代表してきたスウェーデンなど北欧の仕組みをそのまま導入すればよい、というほど話は単純ではないということである。

一方において、「新しい生活困難層」の増大が象徴する日本の現実と、スウェーデン型福祉国家の前提とのずれが拡大している。

日本にスウェーデン型の社会的投資あるいは積極的労働市場政策をそのまま導入しても、制度を活用できるのは一部の層のみで、「新しい生活困難層」や福祉受給層の多くが制度を活用できない。

そもそも、スウェーデンの積極的労働市場政策それ自体が、IT経済のもとで、雇用を安定させることに困難を来すようになっているのである。

他方において、ベーシックアセットの福祉国家を目指すならば、旧来のスウェーデン型福祉国家の転換も求められている。これは社会民主主義そのものの刷新という課題でもある。

社会民主主義の刷新という表現に、使い古された空しさのようなものを感じる世代もいると思う。こうした表現は、一九九〇年代の半ばに、アメリカやイギリスの社会民主主義的勢力が唱えた「第三の道」を想起させるからである。本書もみてきたように、「第三の道」路線は新自由主義に接近しすぎてしまった。

そこで北欧の社会民主主義、とくに社会的投資への再評価が広がったわけであるが、実は北欧社会民主主義も転換点に立っている（宮本　2020a）。

社会民主主義と新自由主義の中間点をみいだすのではなく、社会民主主義そのものの再生に向けた、制度の再設計がすすめられる必要がある。

介護政治に引きつけていえば、スウェーデンにおいても準市場の制度が導入されてきている。だがその着地点はまだみえない。

育児政治については、スウェーデンでも両性が稼ぎ手になるだけではなく、共にケアに関与する仕組みが模索されている。

貧困政治についてはどうか。スウェーデンの社会的投資つまり積極的労働市場政策は、労働力をグローバル市場を担う高生産性部門に投入していく戦略であった。だがこうした部門の雇用は減少し、地域で多様な雇用機会を広げる地域密着型の社会的投資が不可欠になっている。

## スウェーデンにおける準市場改革

旧来の北欧型福祉は政府（自治体）によるサービス供給を基本にしていた。しかし近年、準市場の導入と民間事業者の参入がすすんでいる。

スウェーデンにおける準市場的な改革を簡単に辿ると、一九九一年の地方自治法改正で、民間企業等に公共サービスを委託することが可能になり、翌一九九二年の公共調達法でその手続きなどが定められた。

準市場化については、二〇〇六年からの中道右派政権のもとで新たな展開があった。二〇〇七年には、民間サービスの購入についての税控除制度が導入され、さらに二〇〇九年には、介護や医療分野でサービスの選択を可能にする選択の自由法が施行された。自治体によって制度は異なるが、半数以上の自治体がこの制度を導入している（吉岡　2012：高田　2015）。

二〇一八年において提供された高齢者の在宅ケアサービスのうち、サービスの時間数で全体の二四％が民間の供給主体によるものである。都市部において民間供給主体の比率が高く、ストックホルムの場合は、サービスの時間数の七二％を占める（Peterson, 2017）。

また、施設（高齢者住宅）に居住する高齢者のうち民間の施設に居住するものが二〇％である

(Socialstyrelsen, 2020)。民間供給主体の内訳では、株式会社の比重が高く、しかも一部企業の寡占状態が指摘されている(Meagher and Szebehely, 2010)。

にもかかわらず制度における国の責任は維持されている。介護サービスにおける利用者の自己負担は自治体ごとに異なるが、上限が決められている。二〇二〇年の場合は月額二一二五クローナ(約二万五〇〇〇円)である。

さらに在宅であれ施設であれ、一定の生活費が高齢者の手元に残ることを保障しなければならない。そのため低年金の高齢者は実態としては無償のケアが受けられることになる。

つまり公的財源の規模は依然として大きいが、逆にいえばそれゆえに、企業参入と寡占化がすすむという事態をも生んでいる。

このように、スウェーデンにおける高齢者介護の仕組みは、かつてのような公共部門による一元的なサービス供給から大きく様変わりしつつある。

そしてスウェーデンにおける準市場化も、社会民主党政権から中道右派政権へ、そしてまた社会民主党政権へという政治的な振幅のなかで、本書でいう分権多元型と市場志向型の間で揺れているのである。

### 市民民主主義とコ・プロダクション

準市場や社会的投資をとおして、人々を社会参加を可能にする最低限のアセットとつなぐ。これが社会民主主義刷新の方向であり、ベーシックアセットの福祉国家への道ではないかと論じてきた。

そのような方向をすすむ上で、当事者に対して柔軟なサービスを提供できるという点では、行政よりも、非営利を中心にした民間の事業者に強みがあろう。さらに当事者と周囲の人々がサービス供給に直接参加できれば、当事者とアセットの距離は最短になりうる。

この点については、スウェーデンの政治学者ヴィクター・ペストフが提起していた市民民主主義論が示唆的である（ペストフ　2000）。

市民民主主義とは、介護や育児などのケアサービスにおける民主主義という意味である。スウェーデンなど北欧社会民主主義は、民主主義を社会や経済の領域にも拡張してきたが、ケアサービスについては行政主導の集権的な仕組みが続いていた。

これに対して重要なことは、準市場の制度を発展させて、公的な財源のもとでの選択の自由を広げ、市民が不満なサービスから「離脱」できるようにすることで、サービスの内容について「発言」できる条件を確保することである（ハーシュマン　2005）。

さらにペストフが重視するのは、「離脱」の可能性をてこにした「発言」という次元に留まらず、利用者たる市民が、サービスを供給する専門職（介護福祉士や保育士）と共同してサービスを実現していくことである。これはサービスのコ・プロダクション（共同生産）と呼ばれる（ペストフ　2000：259-281：小田巻　2016）。

今日の福祉にとって重要なのは、生活困窮者であれ、高齢者であれ、あるいは障害のある人であれ、当事者が元気になり、生活が成り立ち、社会参加が広がることである。そのために決まった処方箋はない。

そうであるからこそ、当事者や友人、家族も交えて、より適合的なサービスや組み合わせを模索できる条件が不可欠になる。

障害がある人が、より自分らしく暮らすために、自ら介助者を選び、行政はその報酬などを負担する仕組みも発展してきた。スウェーデンでは、アメリカの障害者運動の影響を受けたストックホルムの自立生活運動などが要求し、一九九〇年代半ばには当事者の介助者選択を可能にするアシスタンス補償法（ＬＡＳＳ）が成立した（ラッカ　1997）。

さらに準市場によるコ・プロダクションのためには、協同組合やＮＰＯなどの社会的企業がサービスを担うことが重要である。ペストフが保育サービスを委託するべき組織としてまずあげたのは、社会的企業であった。

社会的企業については、第二章でも触れたが、協同組合やＮＰＯなどの非営利組織を中心とした事業体の総称である。社会的企業には、当事者自身を迎え入れたり、友人や家族を巻き込んだりする柔軟性がある。

ペストフが注目した社会的企業の一つに、スウェーデンの両親協同組合がある。両親協同組合とは、親が協同組合の組合員となり、保育士などを雇用して保育所を運営する組織である。自治体の保育所と同じ財源が保障され、保育料も変わらないが、両親が保育の運営とケアサービスに様々なかたちで関わる（Vamstad, 2012）。

　筆者も、かつてストックホルム郊外の両親協同組合保育所を訪問し、保育士にインタビューをしたことがある、前職は自治体保育所に勤めていた保育士が、両親協同組合は子どもと両親のニーズにダイレクトに応えることができ、その点でやりがいを感じると答えていたことが印象的であった。

日本でも、生活協同組合、労働者協同組合、ワーカーズコレクティブなどが、介護保険制度や子ども・子育て支援新制度のなかでサービス供給を担っている。社会学者の上野千鶴子は、生活協同組合やワーカーズコレクティブの福祉サービスについての調査もふまえて、福祉多元主義の方向に福祉社会の未来をみいだしている。

　上野が福祉多元主義と呼ぶのは、官セクター（中央政府と地方政府）の所得再配分の機能、民（市場）セクターにおける資源の最適配分、協セクター（協同組合やＮＰＯ）における当事者ニーズの顕在化、私セクターにおける「代替不可能な情緒関係の調達とケアにかかわる意思決定」を、「それぞれのセクターの能力と限界を前提にしたうえで、それらを相互補完的に組み合わせる」ものである（上野　2011：456–457）。

　間違っても、官セクターのパターナリズム（生活介入主義）、民（市場）セクターの収益優先、協（非営利）セクターのアマチュアリズム、私セクターの家父長制がつながるような事態になってはならない。官民協私がそれぞれの強みを発揮し合うベストミックスこそが追求されなければならないのである。

## 両性のケアへの関与

育児政治において社会民主主義の立場は、両性就労支援型のかたちを推進してきた。このかたちも、変化しつつある。

保育サービスだけに依存するのではなく、父親と母親が等しく子育てに関わる条件が重視されるようになっている。先の上野のいい方を借りれば、私セクターの「代替不可能な情緒関係の調達とケアにかかわる意思決定」をどう組み込むかが課題である。

スウェーデンでも、育児休業における「パパの月」が三カ月まで延長され、実際に男性の取得率が上昇していることは述べたとおりだが、加えて、非血縁者を含む身近な人を看取るための休業保障（Närståendepenning）や障害者が家族などを介助者として雇用できる制度（前述のＬＡＳＳ）も導入されてきた。

このように両性が育児や介護に関与していくことは、なぜ大切か。

まず私セクターは、制度の歪みがない限り、当事者に最適なケアにもっとも近い場となりうる。回りくどいいい方になるのは、残念ながら家族、近隣、友人などの私セクターには様々な圧がかかり歪みが生じているのがむしろ普通だからである。

ここでいう歪みとは、専門家の知見に基づいた公的支援が欠落して、家族が、とくに女性がケアをおしつけられている状況、あるいはハラスメントやネグレクトが起きている現実を指す。

次に、人が人をケアするということが、私たちの取り結ぶ関係のなかでも、根源的な関係とみなされるからである。アメリカの心理学者キャロル・ギリガンの提起などを契機に、一九八〇年代以降に展開されてきた「ケアの倫理」論がこのことを強調してきた（岡野　2012：ブルジェール　2014）。「ケアの倫理」論は、同時期に台頭した新自由主義の「強い人間」像とは対照的に、幼少、高齢、障害など、「弱い人間」のあり方を出発点に据えた。そして、そこに深く関わる営みに人間存在の根源的なあり方をみいだしてきたのである。

こうした価値転換が、新たな両性支援型が模索される背景にあった。

だが、両親や家族による私的なケアを、当事者のニーズとの近さから重視するのであれ、「ケアの倫理」から評価するのであれ、そこには大きなジレンマがある。ケアという営為にふさわしい評価を与えることが、「磁力としての新自由主義」の支出削減を容認したり、これまで女性が家族のなかで育児や介護を担わされてきたことを肯定することにつながりかねない、というジレンマである。

実際にスウェーデンにおいても、中道右派政権下の二〇〇八年に、キリスト教民主党のイニシアティブで、家族育児給付の制度が導入された。これは、保育サービスを利用せずに家庭において三歳未満児を保育する世帯に、現金給付で報いるものであった。だがこの現金給付は、スウェーデンではほとんど利用されず、社会民主党が政権に戻った後の二〇一五年に廃止された。

こうした経験をふまえつつ、新たな社会民主主義においては、私的なケアを大きな制度の歪みから救い出し、当事者のニーズとの近さや「ケアの倫理」という価値を発揮できる条件を確保しなければならない。

アメリカの政治学者ジャネット・ゴーニックと社会政策学者マルシア・メイヤーズは、両性が等しく就労し、かつケアも担うというかたちを実現するため、必要となる政策リンケージを大きく三点あげている。

それは第一に、有給の育児休業あるいは介護休業の制度が両性のケアへの関与を可能にすること、第二に、労働時間が短縮・柔軟化され、パート労働者とフルタイム労働者間の差別がなくなること、第三に、保育サービスのかたちについて柔軟な選択が可能になり、両親が就労とケアの多様な組み合わせを実現できるようになることである（Gornick and Meyers, 2009：21-26；水島　2012）。

### 地域密着型の社会的投資

北欧社会民主主義において貧困政治の屋台骨となった社会的投資（積極的労働市場政策）による貧困抑制もまた、見直しを迫られている。

手厚い就労支援や職業訓練で、失業者や職を失うリスクを抱えた人々を、より生産性の高い安定雇用に移していくというのが、これまでの北欧型の社会的投資であった。

たとえばスウェーデンにおいて貧困を抑制してきたのは、事後的に貧困を救済するのではなく、困窮に陥る前の段階で就労に必要な知識や技能を提供する、就学前教育や積極的労働市場政策の展開であった。

その際に、教育や訓練を受ける期間の所得保障が重視された。生活保護のような公的扶助も、前述のとおり受給期間は短かった。高生産性部門で仕事に就くことで、その後は勤労所得で生活が成り立つことが前提とされていた。

だが、そのスウェーデンですら高生産性部門は雇用を吸収しなくなり、長期失業者の数も増大している。

まして日本に適用しようとした時には、複合的な困難を抱えた「新しい生活困難層」にとって、職業訓練でいきなり高生産性部門に職を得るというのは、あまりにハードルが高い。結果的に、非正規・不安定就労に人々を追い込む新自由主義的な施策に転化しかねない(宮本 2020a)。

旧来型の社会的投資が高度な情報経済を支えることは、依然として重要である。都市社会学者のマニュエル・カステルとペッカ・ヒマネンは、フィンランドに、アメリカのシリコンバレーとは異なった、福祉型の情報社会をみいだした(カステル/ヒマネン 2005)。スウェーデンでも同様に福祉国家と情報社会の相乗的な関係がある。社会的投資政策が、グローバルなIT経済で競争力を発揮していく機会を広げることは、今後も期待される。

だが、これからの社会的投資には、こうしたIT経済を牽引するいわば「オフェンス」の機能だけではなく、社会的包摂の仕組みを強化し、困窮を防御する「ディフェンス」の役割も求められていく。

日本でも労働者協同組合やワーカーズコレクティブ、生活協同組合、社会福祉法人などが、多様で柔軟な働き方を創出する取り組みをすすめている。こうした労働統合型の社会的企業は、「新しい生活困難層」を始め、自身の心身状況や家族の事情から働き方に制約がある人々に、いわばオーダーメード型の働き方を提供する。

これまでの北欧型の社会的投資に対して、社会的企業など非営利部門を組み込んだ社会的投資を、イギリスの社会学者スーザン・ベインズらは「イノベーティブな社会的投資」と呼んでいる（Baines, Csoba, Sipos and Bassi, 2019）。本書は第二章において、これを地域密着型の社会的投資として論じた。「新しい生活困難層」のように複合的困難を抱えた人々を、包括的相談支援を含めた最適なサービスと所得保障で、オーダーメード型の就労や多様な居場所につないでいく、こうした社会的投資こそ新たな社会民主主義に不可欠となろう。

## 3　ベーシックアセットという構想

### 二つのAI・BI論

「例外状況の社会民主主義」であることを超えて、二一世紀中盤の社会に適合しうる社会民主主義的な制度や政策を構想することは可能なのか。

本書はその構想の提示自体を目的としたものではない。だが、なぜ社会民主主義的な傾向をもった施策が定着しなかったのかを考え、前節では、可能でありかつ望ましい社会民主主義の条件についても検討した。

ではこれからの福祉政策は、人々に何を保障することを目指すべきなのか。

序で触れたベーシックインカム、ベーシックサービス、ベーシックアセットという三つの構想を対比するなかで考えていきたい。

まずベーシックインカムについては、第二章でも取り上げた。一口にベーシックインカムといっても、その給付水準、他の社会保障制度をどこまで代替するか、財源調達の税制をどう設計するかで大きく異なった制度になる、ということを示した。

ベーシックインカムについてここでもう一点加えておきたいのは、AI問題との関連についてである。これから雇用の多くがAIに置き換わってしまえば、勤労所得で生活できなくなる人が急増し、社会保険制度も持続困難になるという予測がある。だから、ベーシックインカムが不可欠になる、とされる。

とくに最近ベーシックインカム（BI）を提起する論者たちは、AI・BI論と呼びたくなるほど、両者を一体のものとしてみる傾向がある。

ここで強調したいのは、「AIが雇用をなくす。だからベーシックインカムを」という時の、「だから」の意味が二つに分かれる、ということである。実はここでも、新自由主義的AI・BI論と社会民主主義的AI・BI論が分かれるのである。

フェイスブックのマーク・ザッカーバーグやテスラ社のイーロン・マスクなど、アメリカの巨大ビジネスの経営者によるベーシックインカムの提唱は、新自由主義的ＡＩ・ＢＩ論である。新自由主義的なＡＩ・ＢＩ論は、ＧＡＦＡのようにネットワークからの莫大な私的収益を得る体制そのものに異議を唱えるものではない。

しかし、勤労所得を失う人が多数となり、消費需要そのものが縮小することに対しては懸念を表明する。そして問題解決の手段としてベーシックインカムの導入を求める。

これに対して、社会民主主義的なＡＩ・ＢＩ論は、莫大な収益を生むプラットフォームやアルゴリズムが私的に所有されること自体に対して異議を唱え、その歪みを正す手段としてベーシックインカムを提起する。

社会民主主義的なＡＩ・ＢＩ論がしばしば強調するのは、スマートフォンからロボットに至るまで、その開発にどれだけ公的な財源が投入されてきたかという点である。

そして、ＩＴネットワークは人々が日々、発信し、検索するなどして、膨大な情報を提供することで成り立つコモンズであるということである。

ギリシャの経済学者ヤニス・ヴァルファキスの主張は序でも紹介した。ヴァルファキスは、ベーシックインカムは税による再分配としてではなく、コモンズからの配当として給付されるべきであるという。

また、イギリスの経済学者ガイ・スタンディングも、自然環境や文化などのコモンズと並んでデジタルネットワークのような知識のコモンズを重視し、そこからの不労所得に依存する人々すなわち「ランティエ」（rentier）に負担を求めることから、ベーシックインカムの財源を調達できるという考え方を示している（Standing, 2019a）。

### ベーシックサービスの提起

そのようなユニバーサル・ベーシックインカムにおいて、人々に分け隔てなく保障していくものは、あくまで現金給付である。

これに対して、ベーシックサービスとは、人々に等しく保障していくものの中心に対人的な公共サービスを据える考え方である。この考え方は、二〇一七年にロンドン大学のグローバル・プロスペリティ研究所（ＩＧＰ）がレポート「未来のための社会的活性化　ユニバーサルなベーシックサービスの提案」のなかで提起をして、注目を浴びるようになったものである（Social Prosperity Network, 2017）。

ベーシックサービスとは何か。この研究所の議論自体が変化しているが、二〇一九年のレポート「ユニバーサルなベーシックサービス　理論と実践」では、良質で無償の保育サービス、高齢者・障害者介護サービス、無償パスの提供を含めた公共交通サービス、情報サービスの四つをとくに重点的なサービスとしてあげている。このうち情報サービスとは、すべての市民にブロードバンドの情報環境を提供することである（Institute for Global Prosperity, 2019）。

なお、二〇一七年のレポートでは、対人公共サービスとしては、家賃と住民税無償で一五〇万戸を提供する住宅サービスと、二二〇万の低所得世帯への食料供給サービスの二つを加えて議論をしていた。

こうしたサービスは、ニーズによって誰でも利用できるかたちで（多くの場合無償で）提供されるゆえに、ユニバーサル・ベーシックサービスとされる。そのサービス水準は、最低賃金を得ているならば、誰でも生活が維持できる基本的な条件を提供する、というところに設定される。

ベーシックサービスはどのように供給されるのか。公的な財源が投入されることはいうまでもないが、供給の主体には社会的企業、協同組合、ＮＰＯなどが担い手となりうること、そして分野によってはバウチャー（クーポン）制度なども導入されうるとされている（Institute for Global Prosperity, 2019 : 16）。

その限りでは、ベーシックサービスは本書で検討してきた準市場の制度を活用することを想定しているといってよいであろう。

明らかなことは、ベーシックサービスが、ベーシックインカム論への強い対抗意識のもとで提起されている、ということである。ベーシックサービス論を主導する論者であるイギリスの経済学者アンナ・コートは、ベーシックインカムが「ガマの油（snake oil）」のように万能薬を謳うが怪しい代物であると批判する（Coote, 2018）。

ベーシックインカムに対するベーシックサービスの優位性として以下のような点があげられてい

る（Institute for Global Prosperity, 2019）。

第一に、再分配としての効用である。イギリスの経済学者トム・セフトンの研究では、所得五分位で下から二分位までの人々が受け取る公共サービスの価値は、最上位の人が受け取る価値の倍に相当する（Sefton, 2002）。

たとえば、公共交通や情報サービスは、こうしたサービスを必要としていない富裕層よりも低所得層に大きな利益を提供する。もっとも逆にいえば、ユニバーサルなサービスといっても、（とくに格差が広がっている場合）中間層からも低所得層からも支持される対人サービスは実現が難しいことになる。

第二に、対人サービスは参加機会を拡大し、人々が連帯するきっかけになりうる、という点である。スウェーデンの政治学者ボー・ロトシュタインらが強調するように、良質な公共サービスが社会関係資本を拡大するのである（Rothstein and Stolle, 2003）。これに対して、ベーシックインカムには人々がつながる機会を減少させる可能性があることが指摘される。

第三に、財源活用の効率性である。ある水準を超えたベーシックインカムを供給しようとすると、膨大な予算が必要になりかねない。これに対して、ベーシックサービスは限られた財源を有効に活用することができるとされる。

二〇一七年のレポートでは、公共交通、情報、住宅、食料のサービスを先に述べた水準で実現することは、四二一・六億ポンドの予算で実現でき、この額はイギリス政府の現行予算のうち、家族手当などの一部を抑制することで十分実現可能とされていた。

第四に、ベーシックサービスには社会的投資としての見返りがあることが強調される。たとえば二〇一九年のレポートでは、イギリスのケンブリッジシャーにおける低所得世帯の二歳児一二〇〇人への五年間の保育サービス支出は、両親の就労やその後の矯正費用の削減などとの関係で、一ポンドにつき八・四ポンドのリターンがあるという計算を示している。

## ベーシックインカム派からの反論

ベーシックサービス論からのベーシックインカム批判については、ガイ・スタンディングが反論している（Standing, 2019b）。

その反論の根本にあるのは、「ベーシックインカムの主張者は、パターナリスティックな国家に制限をかけようとするのに対して、ベーシックサービスの主張者は、パターナリスティックな国家の拡大を目指す」という点である。

ベーシックサービスがユニバーサルである基準は、人々の基本的なニーズに対応することである。けれども何が人々のニーズかという判定は、政府や自治体が中心になっておこなうことになる。政府によるパターナリズムつまり生活介入主義が問題である、というのは繰り返されてきた福祉国家批判であるし、たしかにベーシックインカムはその克服を謳ってきた。

だが、ベーシックインカムがほんとうにパターナリズムの対極にあるかは考えてみる必要がある。

様々な所得保障を一本化するベーシックインカムは、人々の生活を根本から左右する。人々は国の一制度に強く依存することになる。もし国の決定で給付額が急に切り下げられたらどうなるであろうか。

ではサービス給付はパターナリズムを脱却できるか。本書のこれまでの議論に照らしても忘れてはならないのは、だからこそ準市場の制度や両性のケアへの参加（「ケアの倫理」やサービスの「コ・プロダクション」）が提起されてきた、ということである。

グローバル・プロスペリティ研究所によるベーシックサービスの提起は、供給体制の詳細を示していないが、準市場型を想定しているようにも読み取れる。また、全国に六五〇のサービス供給の協議体を設置するなど、地域ごとに民意を強く反映させることでパターナリズムを抑制しようとしている（Social Prosperity Network, 2017）。

だが、本書がみてきたように、準市場の制度が利用者、当事者の意向を反映するかたちになるには、財源以外に、専門家の位置づけや供給主体のあり方など、様々なハードルがある。

ベーシックサービスの構想は、少なくとも現状では、本書が問題としてきたようなハードルを超えて、分権多元型の福祉を構築していく見通しを示しているとはいいがたい。

さらにスタンディングは、ベーシックサービスの提起が、ユニバーサルつまり普遍主義を名乗りつつ、とくに二〇一七年レポートの住宅サービス、食料サービスの提起のように、低所得層に対象を絞っている点で、普遍主義とは呼びがたいと批判している。

先にも述べたように、対人公共サービスは、たしかに「相手を選ぶ」傾向がある。豊かな中間層の人々が、廉価な公営住宅、食料サービス、さらにはコストを抑制した保育や介護のサービスを歓迎するとは考えにくい。

他方で、中間層以上の人々に受け入れられる保育や介護のサービスを実現しようとする時に、自己負担などが増大し、本書でもみてきたように、低所得層のほうが排除される「マタイ効果」が広がりかねない。

格差が拡大する社会のなかで、対人的な公共サービスを普遍化していくことは、ベーシックサービス論者がいうほど簡単ではないのである。

### サービス給付と現金給付の連携

ベーシックインカム対ベーシックサービスという構図は、一見分かりやすいが、実は対立になっていない。

序でも述べたとおり、リベラルなベーシックインカム論者で、公共サービスの財源もすべてベーシックインカムに充当してサービスは市場に委ねてよい、という人はまずいない。ベーシックサービス論者はどうかといえば、現金給付はそれはそれで大事という。

結局は、現金給付もサービス給付もどちらも、という議論なのである。

ところがみてきたように、欧州の社会民主主義政党の「第三の道」路線が支援型サービスばかりを押し出した反動として、ベーシックインカム論が台頭した。そしてその後、ＧＡＦＡの経営者までがベーシックインカムをいい出すに及んで、今度はベーシックサービス論が登場した。

このように議論は現金給付とサービス給付の間で過大な振幅をみせ、分かりやすい議論を歓迎するメディアが議論の単純化に手を貸している。

重要なのは、サービス給付と現金給付の新しい連携である。本書では第二章において、地域密着型の社会的投資というかたちで、その連携の一つのありかたを示した。

それは、包括的な相談支援をとおして、「新しい生活困難層」などの人々を多様な就労や居場所につなげ、勤労所得の不足については、住宅手当、家族手当など補完型の所得保障を組み合わせようとするものであった。

こうした連携について、さらに大きなビジョンを示していた論者として、イギリスの社会学者ポール・ハーストがいた。ハーストの構想は、準市場とベーシックインカムの組み合わせのビジョンでもあり、ごく簡単に紹介しておこう（Hirst, 1994：宮本 2016）。

ハーストは、行政主導の福祉制度から脱却し分権多元型の福祉を実現するために、福祉のサービスは民間組織に委ねるべきだと主張する。ただし民間組織については、内部の民主主義を強め、構成員の自発性を基礎にした組織（アソシエーション）に近づいていくことが求められる。

民間組織が供給するサービスは、公的な財源でまかなわれる。ハーストは三つの公的財源を準市場と連結させようとする。

第一にベーシックインカム〈ハーストは「最低所得保障」〈Guaranteed Minimum Income〉と呼ぶ）である。市民は準市場のなかでサービスを選択し、ベーシックインカムによって購入する。同時にベーシックインカムは労働時間の短縮を可能として、両性によるケアへの関与を広げることが期待される。

第二に、地方政府のもとに置かれる基金協議会が管理する公的な補助金である。市民は事前にサービスを利用する予定の民間組織を登録しておく。民間組織には、その登録状況に応じて公的財源から補助金が給付される。

第三に、障害福祉などの付加的給付については、別個の公的財源からも支払いがなされる。

ハーストはこのように、すでに一九九〇年代の前半に、ベーシックインカムと準市場型の福祉供給の積極的な連携を提起していた（筆者は、二〇〇三年にハーストを日本に招聘したが、きわめて残念なことに、同氏はシンポジウムの準備中に急逝され、来日は実現しなかった）。

**ベーシックアセットと再分配**

さて、以上の議論をふまえつつ、これからの社会民主主義がどのような普遍主義を実現するのか、人々に何を保障していくことを目指すのかと考えたとき、「ベーシックアセット」は有力な回答の一つとなる。

序で紹介したとおり、ベーシックアセットは、カリフォルニア州パロアルトのシンクタンク未来研究所（ＩＦＴＦ）やフィンランドのシンクタンクであるデモス・ヘルシンキなどが提起する考え方である。

普遍的な給付の対象となるのは、アセットである。アセットとは「有益で価値のある物や人」を総称するものである（Demos Helsinki, 2019）。デモス・ヘルシンキは、このアセットについて、私的なアセット、公共（行政）のアセット、コモンズのアセットを区分している。

未来研究所のレポートも、私的なアセット、公共（行政）のアセットに加えて、コモンズに相当する「オープンなアセット」を区分する。その上で、この三つの領域にまたがって、資本、インフラ、空間、自然環境、データ、コミュニティ、ノウハウ、権力の八つのアセットを提示している。

ベーシックインカムが給付対象とする私的アセットも、ベーシックサービスが重視する公共（行政）のアセットもたしかに重要である。また両者の組み合わせについても新しいかたちが構想されなければならない。

同時に、今日の資本主義のもとでは、現金給付と行政サービスの組み合わせで解決できない課題が現れている。コミュニティやデジタルネットワークへの参加を広げ、持続可能な自然環境を誰もが享受できるようにすることなどである。つまりコモンズのアセットをいかに人々にオープンにしていくか、という課題である。

序でも述べたように、福祉国家の再分配政策によってコモンズへのアクセスを広げていくことは可能である。

デジタル課税やベーシックデビデントは、デジタルネットワークというコモンズが私的に占有されることに対して、そこからの利益や配当を社会全体に還元させていく手段であった。

また環境税は、コモンズとしての自然環境の私的な消費を抑制しつつそこからの収益に配当を求めるものである。ドイツの石油税や電力税、イギリスのエネルギー使用税のように、環境税を社会保障の財源として充当している国もある。

だが、コモンズ(あるいはオープンアセット)それ自体はもともと再分配できるものではない。コモンズのアセットをさらにオープンにしていくためには、たとえばデジタルネットワークに関しては、デジタル課税などに留まらず、プラットフォームやデータを他の事業者や個人にも開放していくなどの政策が求められよう。

自然環境のアセットについても、再生可能エネルギーのデジタル技術を用いた分権的管理など、新たなガバナンスが必要になろう。

つまり、ベーシックアセットの提起は、あくまで再分配の次元に関わるベーシックインカムやベーシックサービスに対して、コモンズのアセットをいかに分かち合うかという新たな次元を含む議論で、単純に同列に並べることはできないのである。

コモンズのアセットを共有していくためには、旧来の再分配政策の枠には収まらない諸施策が併用されていく必要がある。福祉政策と環境政策、住宅政策、情報通信政策などとのリンケージが重要性を増す。

結果として、具体的なアセットの中身は多様になり、その分曖昧さも増してしまう面がある。その点について、デモス・ヘルシンキのレポートは、「ユニバーサル・ベーシックアセットは、単一の政策手段というより、未来の経済政策パラダイムに向けた一個のメタファーであり、問題発見の方向性として理解されるべき」とも述べている（Demos Helsinki, 2019 : 37）。

**「普遍性」「複合性」「最適性」**

ベーシックアセットは、このように射程の長い構想であるが、本書はこれを福祉政策の枠のなかで取り上げている。福祉政策としてのベーシックアセットの重要性を、ここではその「普遍性」「複合性」「最適性」にみいだしたい。

**①ベーシックアセットの「普遍性」**

ベーシックアセットは、普遍主義的なビジョンである。誰もが、社会参加を実現できる条件として、予め制度として保障される。アセットという言葉が使われている理由もそこにあるといえよう。

したがってこの構想は、「事後的補償から事前的予防へ」という社会的投資論の構想と重なる。また、事後的な再分配から事前の「当初分配」（predistribution）への転換を提起したアメリカの政治学者ハッカーの構想ともつながる（Hacker, 2015）。

しかし、（考えてみれば当然のことながら）「予防」であり「当初分配」でもあるということは、文字通り時間軸で事前に、すべてのサービスや給付がパッケージとして配られているということではない。

就学前教育のように、人生の出発点で予め提供されていることが必要なサービスもある。だが、ベーシックアセットとなるべき多くのサービスや所得保障は、ライフサイクルで生起する様々な困難に対して、時間軸としては「事後」に対処する。

しかしその際、「社会的弱者」を層として括り出し保護するのではなく、人々の継続的な社会参加を可能にし、社会的排除を防ぐという点で「予防」になる。また、そのようなサービスや所得保障が、誰でも必要になるものとして、当初から普遍的な権利として約束されている、という点で「当初分配」となる。

ベーシックインカムやベーシックサービスも、普遍主義的であることが強調される。この場合、給付が誰にも等しく同額、同質であることが普遍主義を名乗る理由である。つまり制度としての普遍主義である。

これに対してベーシックアセットは、レジーム（体制）としての普遍主義である。個別のサービスのあり方や現金給付の額は、人によって異なっていて、所得制限付きの制度も含まれる。だが誰もが必要なときに、いずれかのアセットを活用して社会参加を実現できるという点で、普遍的なのである。大事なことは、アセットのパッケージを受け取る集団と受け取らない集団が二極化しない、ということである。

普遍主義的な福祉国家を代表するスウェーデンも、レジームとしての普遍主義である。現金給付の制度の多くは所得比例型で、受給者によって給付額は異なる。他方で公的扶助はもちろん住宅手当など、選別主義的制度もある。サービスも前述のとおり多様性を増している（宮本 1999）。

むしろ、給付額が異なることで中間層を含めて福祉国家体制への支持層が広がった。それゆえ、スウェーデンの社会学者コルピとパルメは、（ベーシックインカムのような）均一給付の制度は、結局は中間層の離反を招き、むしろ福祉を縮小させていくと主張するのである（Korpi and Palme, 1998）。

### ②ベーシックアセットの「複合性」

ベーシックインカムであれベーシックサービスであれ、唱える人のほとんどは現金給付も公共サービスもいずれも必要という。

だが、政府や自治体によるサービスは基本的にパターナリズムと考えるベーシックインカム論者は、準市場をどう発展させるかという構想には関心を寄せない。

他方でベーシックサービスを提起するコートとパーシーは、住宅が社会的包摂の条件としていかに重要かを論じても、公的扶助や住宅手当がどのように住宅サービスと連携するべきかには立ち入らない（Coote and Percy, 2020）。

だがきわめて重要なのは、サービスと所得保障がいかに連携するかなのである。求職者にとっての就労支援サービスと失業手当、高齢者にとっての介護サービスと年金給付、子どもと保護者にとっての保育サービスと児童手当は、切っても切り離せない。もし両者を切り離して論じるならば、人々が直面している現実からは遠のいてしまう。

貧困政治におけるワークフェアの経験は、就労支援サービスと失業手当あるいは公的扶助が不幸なかたちで連携した例である。当事者のモティベーションを高め、就労支援サービスを効果的にするという口実で、現金給付が機械的に削減された。その結果、第二章で触れた映画「私は、ダニエル・ブレイク」で描かれたように、そもそも就労が困難な人々が大きな苦難を強いられた。

### ③ベーシックアセットの「最適性」

ベーシックアセットが、人々の社会参加を広げるためには、人々が対人サービスと現金給付の最適な組み合わせを利用できることが求められる。

「新しい生活困難層」が増大するなかで、人々の困難はより多重化、複合化している。これを解きほぐし、人々の積極的な社会参加を実現するために何が必要か。

述べてきたように、明確な回答は、当事者も行政や専門家も持ち合わせているわけではない。したがって、ベーシックインカムで当事者がサービスを購入できるかたちにしても、またベーシックサービスというかたちで人々に同質のサービスを保障しても、複雑な問題を解決する最適解につながる保証はまったくない。

必要なのは、困窮者支援であれ、介護や育児の支援であれ、一人ひとりに最適なサービスや所得保障との組み合わせについて、当事者が専門家とも相談し協議しながら選択できて、場合によっては試行錯誤ができる仕組みである。

本書はそのような仕組みとして、準市場や包括的相談支援を組み込んだ地域密着型の社会的投資、協同組合やNPO、社会福祉法人などの非営利の供給主体に担われたサービスの「コ・プロダクション」が重要であることを強調した。

ベーシックアセットの考え方は、こうした制度を発展させ定着させていく理念としても有益なのである。

### 承認とつながりの分配

デモス・ヘルシンキのレポートは、ベーシックアセットを提起するに際して、「帰属感の衰退」という問題をその提起の出発点に置いている。確かに、普遍的、複合的、最適なベーシックアセットは、人々をコミュニティにつなげるツールとなりうる。同時に、ベーシックアセット論においては、コミュニティそのものがコモンズのアセットとして位置づけられる。

参加やつながりを分配する、あるいはコミュニティへの帰属を保障する、といういい方には違和感を覚える人もいるであろう。

かつての産業資本主義は、「前近代」的な関係の残滓としての家父長制家族や地域の共同体に依存するところが大であった。その紐帯は、人々のリスクを吸収しつつも、しばしば個人を抑圧してきたのである。とくに日本の生活保障では、職場や地域の濃密な関係が人々を縛った。

こうした紐帯は耐用年数を過ぎ衰滅しつつある。生活保障の制度が不安定化していることもあり、地域には帰属先を失った人々の孤立が広がっている。人里離れた庵で豊かな自己内対話を重ねることができる人もいるが、都会の喧噪のただ中で孤独を感じ自己肯定感を喪失する人もいる。

しばしば「リベラル派」が陥る失策は、自己肯定感につながる帰属先をみいだせずにいる人々に、帰属先からの自由と自律を説くことである。

非正規であるがゆえに職場の紐帯から排除された人々、結婚したくても経済的条件などから結婚できない若者に対して、職場への忠誠心を求める労務管理を批判したり、家父長制的家族を糾弾しても、空回りしてしまう。

多元的な帰属の対象が失われたときに、若い世代の孤立感や心許なさ、定年後男性の喪失感は、排外的なナショナリズムのエネルギー源ともなりうる。

したがって、地域の多様なコミュニティの持続と再生を支えつつ、他方において、帰属するコミュニティを選択したり場合によっては離脱できる条件を広げることが必要になる。

本書が取り上げてきた生活困窮者自立支援制度あるいは地域密着型の社会的投資の仕組みは、中間的就労や居住のコミュニティの形成を促進しつつ、人々をこうしたコミュニティにむすびつけていこうとするものである。

コミュニティをアセットとして位置づけつつ、人々の参加を支援しようとするベーシックアセット論は、こうした構想を発展、定着させていく枠組みとなりうる。

## 「選び直し」のためのビジョン

ベーシックアセットというのは、排除や孤立が進行する現状からかけ離れた、遠大な構想のように響くかもしれない。だが本書がこうしたビジョンを取り上げたのは、この国の福祉政治が手放してきてしまったものを確認したいという、きわめてリアルな関心からである。

本書は、日本における生活保障の現状を振り返り、既存の制度の狭間で「新しい生活困難層」が増大していることを指摘した。その上で、貧困、介護、育児の政治の展開を振り返り「例外状況としての社会民主主義」のもと、生活困窮者自立支援制度、介護保険制度、子ども・子育て支援新制度などがいかに制度化されてきたかをみた。

本来はこうした諸制度は、人々が必要とする最適な給付を実現し、日本の生活保障をベーシックアセットの福祉国家に近づける可能性をもっていた。その意味で、これまで積み重ねられてきた制度や政策を全否定してしまうのは間違っている。

しかし、一連の諸制度の可能性は決して活かされてはいない。

こうした制度や政策は、「磁力としての新自由主義」にも掣肘されていて、その結果、弱者が弱者に依存するような家族や地域の現状も生まれている。まっとうな保守主義者なら首をかしげるような、「日常的現実としての保守主義」である。

私たちは介護保険制度や子ども・子育て支援新制度、あるいは生活困窮者自立支援制度などが、本来の趣旨に沿って発展していくように、こうした諸制度を選択し直し、新たな軌道に乗せていく必要があるのではないか。

ベーシックアセットのビジョンや、こうしたビジョンと連携した準市場や地域密着型の社会的投資の構想は、そのための指針となるべきものなのである。

# あとがき

本書は、この約三〇年の福祉政治を分析した上で、その「前向きな批判」を試みたものである。貧困、介護、育児をめぐって、この国の困難は打開されないままだ。諸制度の現状については厳しい批判的検証が必要である。だが、積み重ねられてきた政策はすべて間違っていたのか。そこに込められた理念はもともと的外れであったのか。

必ずしもそうではない、というのが本書の見方である。むしろ、当初の政策の狙いがなぜ成就せず、場合によっては後退してしまっているのか、その理由を明らかにすることこそ必要ではないか。そこにこそ再出発のカギがあるからである。

このような議論の仕方は、あまり時代の空気に合っていないかもしれない。

最近は、自由主義が日本の福祉をことごとく解体して今に至っているとするような議論も多い。混迷した現実に対しては、このように断じたほうがすっきりするのであろう。これからに限っていえば、筆者自身も、そのような展開が現実になっていくことを怖れている。

だが、少なくともこの三〇年の貧困、介護、育児の政策と制度に関しては、新自由主義に還元できない様々な積極的な理念や知恵の積み重ねがあった。それがなぜ道半ばで行き詰まり、制度が当初の理念から乖離するかという分析を経なければ、その先に行くことはできない。

他方でまったく逆に、ＳＮＳなどでは政治と政策の現状を批判する人を、ほとんど「クレーマー」のようにみてしまう議論も増えている。とくに若い世代のほうが政権や内閣の支持率が高いというデータに接すると、筆者などはなぜだろうと考え込んでしまう。若い世代は万事に批判的であって当然ではなかったか。そんな時に、数年前に話題になった映画「シン・ゴジラ」を改めて観ていて、その一場面にピンとくるものがあった。

官邸周辺に政府のゴジラ対策に不満なデモ隊が押し寄せ、それぞれ勝手なシュプレヒコールをあげる。カメラが切り替わって映し出されるのは、深夜の官邸内。ゴジラへの不眠不休の対応に追われ、机に突っ伏して仮眠をとる若い行政官たちの姿だ。このコントラストにいかなる評価が込められているかは明らかだ。斜陽の母国を案ずる若い世代には、批判するより汗を流している（と思われる）人を応援したい、という気持ちも強いのだろう。

だがまずデモ隊とクレーマーとは違う。他方で、今時の政権や内閣は、現場で汗をかいている公務員をも脅しつけ、忖度させ、自らの権力維持のために使い倒そうとする。自己利益に囚われたクレーマーたちは、もっと権力の中心側にこそ、いるのではないか。

この点を含めて問われるべきは、やはり日本の福祉政治だ。政策や制度の形成に多大なエネルギーが費やされ、市民団体を含めて多くの人々が関わり、当初の構想では決して間違った方向を向いていたわけではない。では、いったん開かれたようにみえた道が閉ざされているのは、どのような政治対抗の結果なのか。そして事態を打開できるのはいかなるビジョンか。

筆者が専攻する政治学は、こうした視角からの問題解明に力を発揮できるツールであると信じて、本書を書き進めた。本書は、二〇一四年度の日本政治学会共通論題で報告したペーパーの一部を下敷きにしているところもあるが、基本的に書き下ろしである。

本書が、福祉政治を正しく振り返り、その新規まき直しに展望を拓いていく一助となることを願ってやまないが、そのような本を書こうという私自身の企てがどこまで実現できているかは、読者諸賢の評価を待つほかない。

筆者は福祉政治の研究者として大学に身を置くことに加えて、政策形成の現場や福祉の実践の場でも様々なおつきあいをいただいている。そこから得た知見を、どこまで議論に活かせたかについてもあまり自信はないが、関係者の方々には日頃のご厚意にお礼を申し上げたい。

また、本書の草稿をお読みいただき有益なご教示をいただいた、早稲田大学の菊池馨実教授、関東学院大学の田中聡一郎准教授、下関市立大学の萩原久美子教授、朝日新聞編集委員の原真人氏、厚生労働省・大臣官房人事課調査官の渡邊由美子氏、釧路公立大学の千田航准教授に深い謝意を表したい。にもかかわらず、本書に事実関係の誤りなどが残されているとすれば、すべて筆者のうかつさからである。

加えて、本書の分析枠組みの一部、とくにリスクのあり方が介護政治と育児政治を分岐させていったという見方は、上智大学の香取照幸教授が、厚生労働省の局長在職中に交わした議論にヒントを得ている。介護保険制度および子ども・子育て支援新制度の形成に大きな役割を果たした同氏と、いろいろ意見交換する機会に恵まれたことは幸運であった。

この本が出版できたのは、ひとえに、朝日新聞出版・書籍編集部の矢坂美紀子氏のおかげである。最初に執筆の依頼があったのは、実に七年前であった。その後、矢坂氏は驚くべき忍耐力で、私のエンジンがかかるのを待ってくださった。またなんとかエンジンがかかってからも、低速すぎて交通違反になりかねないスピードに耐えてくださった。ただこの長きにわたるやりとりがあったからこそ、本書はかたちをなすことができた。記して感謝したい。

二〇二一年一月

宮本太郎

# 年表

| 年 | 主な社会保障・福祉政策および関連事項 |
|---|---|
| 一九五〇 | 新生活保護法施行 |
| 六一 | 国民皆保険・皆年金体制の確立 |
| 六四 | 福祉六法体制成立 |
| 七三 | 「福祉元年」　田中内閣のもとで老人医療費無償化や年金の物価スライド制 |
| 八一 | 第二次臨時行政調査会（土光臨調）発足 |
| 八六 | 社会福祉基本構想懇談会「社会福祉改革の基本構想」 |
| 八九 | 消費税三％で導入　ゴールドプラン策定　合計特殊出生率一・五七に |
| 九〇 | 福祉八法改正 |
| 九一 | 育児休業法成立 |
| 九三 | 保育問題検討会発足　非自民連立政権 |
| 九四 | 自社さ連立政権　エンゼルプラン策定　新ゴールドプラン策定 |
| 九七 | 介護保険法成立　児童福祉法改正　消費税が五％に引き上げ |
| 二〇〇〇 | 介護保険法施行 |
| 〇一 | 小泉内閣「待機児童ゼロ作戦」を閣議決定 |
| 〇三 | 財政制度等審議会が介護保険財政について建議　若者自立・挑戦プラン策定 |

| | |
|---|---|
| | 少子化社会対策基本法成立 |
| 〇五 | 介護保険法改正　予防給付導入など |
| 〇六 | 少子化社会対策会議が「新しい少子化政策について」をまとめる |
| 〇八 | 社会保障国民会議設置（福田康夫内閣） |
| 〇九 | 安心社会実現会議設置（麻生太郎内閣）　民主党政権成立 |
| 一〇 | 子ども手当施行　参議院選挙で民主党・菅政権が大敗　社会保障改革に関する有識者検討会設置 |
| 一一 | 東日本大震災 |
| 一二 | 「社会保障・税一体改革大綱」閣議決定（野田佳彦内閣）、子ども・子育て関連三法を含む「社会保障・税一体改革」関連八法が成立　自民党が政権奪回 |
| 一三 | 社会保障制度改革国民会議が報告書（安倍晋三内閣）　生活困窮者自立支援法成立 |
| 一四 | 消費税が五％から八％へ |
| 一五 | 子ども・子育て支援新制度施行　生活困窮者自立支援法施行 |
| 一七 | 「新しい経済政策パッケージ」閣議決定　保育・幼児教育無償化へ |
| 一八 | 生活困窮者自立支援法改正 |
| 一九 | 消費税が八％から一〇％へ |
| 二〇 | 社会福祉法改正　包括的相談支援の事業化 |

# 文献（日本語）


阿部彩（二〇一四）『子どもの貧困Ⅱ　解決策を考える』岩波新書
有岡二郎（一九九六）「介護保険法案の国会提出をめぐる政治力学」（『社会保険旬報』一九一三号）
池田省三（二〇一一）『介護保険論　福祉の解体と再生』中央法規出版
池本美香（二〇一三）「幼児教育・保育分野への株式会社参入を考える　諸外国の動向をふまえて」（『ＪＲＩレビュー』四巻五号）
伊田賢司（二〇一四）「配偶者控除を考える」（『立法と調査』三五八号）
井手英策（二〇一三）『日本財政　転換の指針』岩波新書
稲垣誠一（二〇一八）「高齢女性の貧困化　第三号被保険者制度の財政影響」（『年金と経済』三七巻三号）
今井貴子（二〇一八）『政権交代の政治力学　イギリス労働党の軌跡　1994-2010』東京大学出版会
岩永理恵（二〇一一）『生活保護は最低生活をどう構想したか　保護基準と実施要領の歴史分析』ミネルヴァ書房
上野千鶴子（二〇一一）『ケアの社会学　当事者主権の福祉社会へ』太田出版
魚住明代（二〇〇七）「ドイツの新しい家族政策」（『海外社会保障研究』一六〇号）
埋橋孝文（二〇一一）『福祉政策の国際動向と日本の選択　ポスト「三つの世界」論』法律文化社
宇野重規（二〇一九）「コモンズ概念は使えるか　起源から現代的用法」（待鳥聡史・宇野重規編著『社会のなかのコモンズ　公共性を超えて』白水社）
エスピン-アンデルセン、イエスタ（二〇〇一）『福祉資本主義の三つの世界　比較福祉国家の理論と動態』

（岡沢憲芙・宮本太郎監訳）ミネルヴァ書房
――（二〇一一）『平等と効率の福祉革命　新しい女性の役割』（大沢真理監訳）岩波書店
エドソール、トマス・B／エドソール、メアリー・D（一九九五）『争うアメリカ　人種・権利・税金』（飛田茂雄訳）みすず書房
大熊由紀子（二〇一〇）『物語介護保険　いのちの尊厳のための70のドラマ（下）』岩波書店
大澤真幸（二〇二〇）「〈宗教としての資本主義〉の現在　そして未来……」（『思想』二〇二〇年八月号、一一五六号）
大沢真知子（二〇一五）『女性はなぜ活躍できないのか』東洋経済新報社
大沢真理（二〇〇二）『男女共同参画社会をつくる』NHKブックス
――（二〇一三）『生活保障のガバナンス　ジェンダーとお金の流れで読み解く』有斐閣
岡野八代（二〇一二）『フェミニズムの政治学　ケアの倫理をグローバル社会へ』みすず書房
岡本祐三（一九九六）『高齢者医療と福祉』岩波新書
沖藤典子（二〇一〇）『介護保険は老いを守るか』岩波新書
小沢修司（二〇〇二）『福祉社会と社会保障改革　ベーシック・インカム構想の新地平』高菅出版
オストロム、エリノア／ウォーカー、ジェイムス（二〇〇〇）「市場でも国家でもなく　集合的行動領域での変換過程を結びつけること」（D・C・ミューラー編〈関谷登・大岩雄次郎訳〉『ハンドブック公共選択の展望　第一巻』多賀出版）
小田巻友子（二〇一六）「コ・プロダクションの社会政策的位置づけ　NPMからNPGへ」（『立命館経済学』六五巻三号）
介護保険制度史研究会他編著（二〇一六）『介護保険制度史　基本構想から法施行まで』社会保険研究所
カステル、マニュエル／ヒマネン、ペッカ（二〇〇五）『情報社会と福祉国家　フィンランド・モデル』（高橋睦子訳）ミネルヴァ書房

金谷信子（二〇一八）「介護保険サービス市場における経営主体別事業者のパフォーマンス　質の相違とクリームスキミングに関する分析」（The Nonprofit Review, Vol. 18, No.1）
菊池馨実（二〇一〇）『社会保障法制の将来構想』有斐閣
――（二〇一九）『社会保障再考〈地域〉で支える』岩波新書
岸宣仁（一九九八）『税の攻防　大蔵官僚四半世紀の戦争』文藝春秋
北明美（二〇〇二a）「日本の児童手当制度の展開と変質（上）　その発展を制約したもの」（『大原社会問題研究所雑誌』五二四号）
――（二〇〇二b）「日本の児童手当制度の展開と変質（中）　その発展を制約したもの」（『大原社会問題研究所雑誌』五二六・五二七号）
ギデンズ、アンソニー（一九九九）『第三の道　効率と公正の新たな同盟』（佐和隆光訳）日本経済新聞社
久我尚子（二〇一七）「『パワーカップル』世帯の動向（1）」（ニッセイ基礎研究所『基礎研レター』二〇一七年八月二八日）
九津見雅美・伊藤美樹子・三上洋（二〇〇四）「介護保険サービス決定における要介護者と家族の主体性に関連する要因の検討　利用者の基本属性による違い」（『日本公衆衛生雑誌』五一巻七号）
倉田賀世（二〇〇九）「保育所入所の法的性質をめぐる考察　一九九七年児童福祉法改正を契機として」（『季刊社会保障研究』四五巻一号）
――（二〇一四）「メルケル政権下の子育て支援政策　パラダイム転換の定着と拡充」（『海外社会保障研究』一八六号）
倉田聡（二〇〇一）『これからの社会福祉と法』創成社
栗良平（一九八八）『栗良平作品集2　一杯のかけそば・ケン坊とサンタクロース』栗っ子の会
厚生労働省政策統括官（二〇一八）『グラフでみる世帯の状況　国民生活基礎調査（平成二八年）の結果から』厚生労働統計協会

国立社会保障・人口問題研究所（二〇一九）「2017年社会保障・人口問題基本調査　生活と支え合いに関する調査　報告書」国立社会保障・人口問題研究所
小林美希（二〇一八）『ルポ保育格差』岩波新書
駒村康平（一九九九）「介護保険、社会福祉基礎構造改革と準市場原理」（『季刊社会保障研究』三五巻三号）
――（二〇〇八）「準市場メカニズムと新しい保育サービス制度の構築」（『季刊社会保障研究』四四巻一号）
小宮山洋子（二〇一二）『厚生労働大臣・副大臣742日』八月書館
児山正史（二〇〇四）「準市場の概念」（『年報行政研究』三九号）
――（二〇一七）「準市場の優劣論と介護保険制度導入後の結果（1）」（『人文社会科学論叢』三号）
――（二〇一八）「準市場の優劣論と介護保険制度導入後の結果（2）」（『人文社会科学論叢』四号）
近藤康史（二〇〇八）『個人の連帯　「第三の道」以後の社会民主主義』勁草書房
齋藤純一（二〇一七）『不平等を考える　政治理論入門』ちくま新書
堺恵（二〇二〇）『児童扶養手当制度の形成と展開　制度の推移と支給金額の決定過程』晃洋書房
榊原智子（二〇一九）『「孤独な育児」のない社会へ　未来を拓く保育』岩波新書
佐藤滋・古市将人（二〇一四）『租税抵抗の財政学　信頼と合意に基づく社会へ』岩波書店
佐藤満（二〇一四）『厚生労働省の政策過程分析』慈学社出版
佐橋克彦（二〇〇六）『福祉サービスの準市場化　保育・介護・支援費制度の比較から』ミネルヴァ書房
柴田悠（二〇一七）『子育て支援と経済成長』朝日新書
澁谷智子（二〇一八）『ヤングケアラー　介護を担う子ども・若者の現実』中公新書
清水真人（二〇一五a）『財務省と政治　「最強官庁」の虚像と実像』中公新書
――（二〇一五b）『消費税　政と官との「十年戦争」』新潮文庫
清水谷諭・稲倉典子（二〇〇六）「公的介護保険制度の運用と保険者財政　市町村レベルデータによる検証」（『会計検査研究』三四号）

ジャコービィ、サンフォード・M（一九九九）『会社荘園制　アメリカ型ウェルフェア・キャピタリズムの軌跡』（内田一秀・中本和秀・鈴木良始・平尾武久・森杲訳）北海道大学図書刊行会
シュトレーク、ヴォルフガング（二〇一七）『資本主義はどう終わるのか』（村澤真保呂・信友建志訳）河出書房新社
新川敏光（二〇〇七）『幻視のなかの社会民主主義』法律文化社
人口問題審議会（一九七四）『日本人口の動向　静止人口をめざして』人口問題審議会
菅沼隆・土田武史・岩永理恵・田中聡一郎編（二〇一八）『戦後社会保障の証言　厚生官僚120時間オーラルヒストリー』有斐閣
須田木綿子（二〇一七）「民間サービス供給組織の広域化と地方自治体の役割　介護保険制度」（『社会政策』九巻二号）
関智弘（二〇一二）「保護率の行政学　誰が政策を変容させるのか」（『公共政策研究』一二号）
セン、アマルティア（二〇一一）『正義のアイデア』（池本幸生訳）明石書店
――（二〇一八）『不平等の再検討　潜在能力と自由』（池本幸生・野上裕生・佐藤仁訳）岩波現代文庫
高田清恵（二〇一五）「社会福祉サービスにおける利用者による選択と公的責任　スウェーデンにおける自由選択システム法を手がかりに」（『琉大法學』九三号）
高村学人（二〇一二）『コモンズからの都市再生　地域共同管理と法の新たな役割』ミネルヴァ書房
竹中治堅（二〇〇六）『首相支配　日本政治の変貌』中公新書
多田隼士（二〇一五）「女性の活躍促進のための新たなアプローチの必要性　ダグラス・有沢の法則の変化とその要因」（『ファイナンス』二〇一五年四月号）
橘木俊詔・迫田さやか（二〇一三）『夫婦格差社会　二極化する結婚のかたち』中公新書
田中拓道（二〇一七）『福祉政治史　格差に抗するデモクラシー』勁草書房
田宮遊子（二〇一七）「親の配偶関係別にみたひとり親世帯の子どもの貧困率　世帯構成の変化と社会保障の

効果」（『社会保障研究』二巻一号）
千田航（二〇一八）『フランスにおける雇用と子育ての「自由選択」 家族政策の福祉政治』ミネルヴァ書房
辻一郎（二〇〇六）『介護予防のねらいと戦略』社会保険研究所
辻由希（二〇一二）『家族主義福祉レジームの再編とジェンダー政治』ミネルヴァ書房
堤修三（二〇〇七）『社会保障改革の立法政策的批判 2005／2006年介護・福祉・医療改革を巡って』社会保険研究所
戸室健作（二〇一六）「都道府県別の貧困率、ワーキングプア率、子どもの貧困率、捕捉率の検討」（『山形大学人文学部研究年報』一三号）
中北浩爾（二〇一四）『自民党政治の変容』NHKブックス
――（二〇一九）『自公政権とは何か 「連立」にみる強さの正体』ちくま新書
中山徹・杉山隆一・保育行財政研究会編著（二〇〇四）『幼保一元化 現状と課題』自治体研究社
二木立（二〇一九）『地域包括ケアと医療・ソーシャルワーク』勁草書房
西澤由隆（二〇一八）「『失われた20年』と政治的格差 『福祉か減税か』に関するパズルをめぐって」（『同志社法学』三九六号）
萩原久美子（二〇一三）「子ども手当 チルドレン・ファーストの蹉跌」（日本再建イニシアティブ『民主党政権失敗の検証 日本政治は何を活かすか』中公新書）
――（二〇一五）「子どもの最善の利益の名のもとに 保育制度改革は敗北の歴史か、対抗軸の不在か」（『現代と保育』九二号）
橋本健二（二〇一八）『アンダークラス 新たな下層階級の出現』ちくま新書
ハーシュマン、アルバート・O（二〇〇五）『離脱・発言・忠誠 企業・組織・国家における衰退への反応』（矢野修一訳）ミネルヴァ書房
濱口桂一郎（二〇一三）『若者と労働 「入社」の仕組みから解きほぐす』中公新書ラクレ

原田泰（二〇一五）『ベーシック・インカム　国家は貧困問題を解決できるか』中公新書
平岡公一（二〇一七）「社会サービス市場の諸理論と国際比較研究の可能性」（『社会政策』九巻二号）
広井良典（二〇〇六）『持続可能な福祉社会　「もうひとつの日本」の構想』ちくま新書
藤井敦史・原田晃樹・大高研道編著（二〇一三）『闘う社会的企業　コミュニティ・エンパワーメントの担い手』勁草書房
藤井威（二〇一一）『福祉国家実現へ向けての戦略　高福祉高負担がもたらす明るい未来』ミネルヴァ書房
藤田菜々子（二〇一〇）『ミュルダールの経済学　福祉国家から福祉世界へ』NTT出版
ブルジェール、ファビエンヌ（二〇一四）『ケアの倫理　ネオリベラリズムへの反論』（原山哲・山下りえ子訳）白水社
フレイザー、ナンシー（二〇〇三）『中断された正義　「ポスト社会主義的」条件をめぐる批判的省察』（仲正昌樹監訳）御茶の水書房
ベヴァリッジ、ウィリアム（二〇一四）『ベヴァリッジ報告　社会保険および関連サービス』（一圓光彌監訳）法律文化社
ペストフ、ビクター・A（二〇〇〇）『福祉社会と市民民主主義　協同組合と社会的企業の役割』（藤田暁男・川口清史・石塚秀雄・北島健一・的場信樹訳）日本経済評論社
ヘックマン、ジェームズ・J（二〇一五）『幼児教育の経済学』（古草秀子訳）東洋経済新報社
星野信也（二〇〇〇）『「選別的普遍主義」の可能性』海声社
ホックシールド、アーリー・R（二〇一八）『壁の向こうの住人たち　アメリカの右派を覆う怒りと嘆き』（布施由紀子訳）岩波書店
堀勝洋（一九八一）「日本型福祉社会論」（『季刊社会保障研究』一七巻一号）
堀江孝司（二〇〇五）『現代政治と女性政策』勁草書房
ボルザガ、カルロ／ドゥフルニ、ジャック（二〇〇四）『社会的企業　雇用・福祉のEUサードセクター』（内

山哲朗・石塚秀雄・柳沢敏勝訳）日本経済評論社
増田雅暢（二〇〇三）『介護保険見直しの争点　政策過程からみえる今後の課題』法律文化社
――（二〇〇八）『これでいいのか少子化対策　政策過程からみる今後の課題』ミネルヴァ書房
増山幹高（一九九八）「介護保険の政治学　政策理念の対立と収斂」（『日本公共政策学会年報一九九八年』有斐閣）
三浦まり編（二〇一八）『社会への投資〈個人〉を支える〈つながり〉を築く』岩波書店
三浦まり・宮本太郎（二〇一四）「民主党政権下における雇用・福祉レジーム転換の模索」（伊藤光利・宮本太郎編『民主党政権の挑戦と挫折　その経験から何を学ぶか』日本経済評論社）
水島治郎（二〇一二）『反転する福祉国家　オランダモデルの光と影』岩波書店
三菱総合研究所（二〇一二）「居宅介護支援事業所における介護支援専門員の業務および人材育成の実態に関する調査報告書」
――（二〇一九）「介護保険サービス提供主体の法人類型に応じた特質に関する調査研究報告書」
宮口幸治（二〇一九）『ケーキの切れない非行少年たち』新潮新書
宮本太郎（一九九九）『福祉国家という戦略　スウェーデンモデルの政治経済学』法律文化社
――（二〇〇九a）『生活保障　排除しない社会へ』岩波新書
――（二〇〇九b）「アクティベーション型保障へ舵を切れ　民主党政権と生活保障の転換」（『世界　臨時増刊号』七九九号）
――（二〇一三）『社会的包摂の政治学　自立と承認をめぐる政治対抗』ミネルヴァ書房
――（二〇一六）「利益政治の転換とリアル・デモクラシー」（宮本太郎・山口二郎編『リアル・デモクラシー――ポスト「日本型利益政治」の構想』岩波書店
――（二〇一七）『共生保障〈支え合い〉の戦略』岩波新書
――（二〇二〇a）「社会的投資戦略を超えて　資本主義・福祉・民主政治をむすび直す」（『思想』二〇二

○年八月号、一一五六号）
――（二〇二〇b）「地域共生社会をどう実現するのか　二〇二〇年の社会福祉法改正を中心に」（『実践成年後見』八九号）
宮本みち子（二〇一五）「若年無業者と地域若者サポートステーション事業」（『季刊社会保障研究』五一巻一号）
ミラノヴィッチ、ブランコ（二〇一七）『大不平等　エレファントカーブが予測する未来』（立木勝訳）みすず書房
村上泰亮・公文俊平・佐藤誠三郎（一九七九）『文明としてのイエ社会』中央公論社
ライシュ、ロバート・B（一九九一）『ザ・ワーク・オブ・ネーションズ　21世紀資本主義のイメージ』（中谷巌訳）ダイヤモンド社
ラツカ、アドルフ・D（一九九七）『スウェーデンにおける自立生活とパーソナル・アシスタンス　当事者管理の論理（改訂版）』（河東田博・古関ダール瑞穂訳）現代書館
リプスキー、マイケル（一九九八）『行政サービスのディレンマ　ストリート・レベルの官僚制』（田尾雅夫訳）木鐸社
ルグラン、ジュリアン（二〇〇八）『公共政策と人間　社会保障制度の準市場改革』（郡司篤晃監訳）聖学院大学出版会
ロールズ、ジョン（二〇〇四）『公正としての正義　再説』（エリン・ケリー編・田中成明・亀本洋・平井亮輔訳）岩波書店
――（二〇一〇）『正義論（改訂版）』（川本隆史・福間聡・神島裕子訳）紀伊國屋書店
薬師寺克行（二〇一二）『証言　民主党政権』講談社
山崎史郎（二〇一七）『人口減少と社会保障　孤立と縮小を乗り越える』中公新書
山田篤裕（二〇一〇）「国際的パースペクティヴから観た最低賃金・社会扶助の目標性」（『社会政策』二巻二

号)
山田昌弘(二〇〇七)『希望格差社会 「負け組」の絶望感が日本を引き裂く』ちくま文庫
結城康博(二〇〇八)『介護 現場からの検証』岩波新書
吉岡洋子(二〇一二)「2000年以降のスウェーデンにおける高齢者福祉 「選択の自由」拡大とそれに伴う諸対応の展開」(『海外社会保障研究』一七八号)
吉田徹(二〇二〇)『アフター・リベラル 怒りと憎悪の政治』講談社現代新書
和田勝編著(二〇〇七)『介護保険制度の政策過程 日本・ドイツ・ルクセンブルク国際共同研究』東洋経済新報社
渡辺英克(二〇一九)「再編に厚労省の壁 規模の経済が効かない「産業」 居住系施設は再編メリットも」(『エコノミスト』二〇一九年六月四日号)

# 文献（欧文）


Ackerman, Bruce and Anne Alstott, 2000, *The Stakeholder Society,* Yale University Press.

Adema, Willem, Pauline Fron and Maxime Ladaique, 2011, Is the European Welfare State Really More Expensive? Indicators on Social Spending, 1980-2012; and a Manual to the OECD Social Expenditure Database(SOCX), OECD Social, Employment and Migration Working Papers, No.124, OECD Publishing.

Baines, Susan, Judit Csoba, Flórián Sipos, and Andrea Bassi, 2019, "Social Investment in Welfare: A Sub-national Perspective", Susan Baines, Andrea Bassi, Judit Csoba and Flórián Sipos (eds.), *Implementing Innovative Social Investment: Strategic Lessons from Europe*, Policy Press.

Beck, Ulrich, 1999, *World Risk Society*, Polity.

Bonoli, Giuliano, Bea Cantillon and Wim Van Lancker, 2017, "Social Investment and the Matthew Effect: Limits to a Strategy", Anton Hemerijck (ed.) *The Uses of Social Investment,* Oxford University Press.

Bonoli, Giuliano and Fabienne Liechti, 2019, "Good Intentions and Matthew Effects: Access Biases in Participation in Active Labour Market Policies", Marius R. Busemeyer, Caroline de la Porte, Julian L. Garritzmann and Emmanuele

Pavolini (eds.), *The Future of the Social Investment State: Politics, Policies and Outcomes*, Routledge.

Coote, Anna, 2018, “Basic Income? It’s Snake Oil”, *The Political Quarterly*, Vol. 89, No. 4.

Coote, Anna and Andrew Percy, 2020, *The Case for Universal Basic Services*, Polity.

Demos Helsinki, 2019, Universalism in the Next Era: Moving Beyond Redistribution, Next Era Papers: Demos Helsinki.

Emmenegger, Patrick, Silja Häusermann, Bruno Palier and Martin Seeleib-Kaiser,(eds.), 2012, *The Age of Dualization: The Changing Face of Inequality in Deindustrializing Societies*, Oxford University Press.

Esping-Andersen, Gøsta, 2002, “Towards the Good Society, Once Again?”, Gøsta Esping-Andersen, Duncan Gallie, Anton Hemerijck and John Myles, *Why We Need a New Welfare State*, Oxford University Press.

European Social Policy Network, 2019, In-Work Poverty in Europe: A Study of National Policies, European Commission.

Ferrarini, Tommy, 2006, *Families, States and Labour Markets: Institutions, Causes and Consequences of Family Policy in Post-War Welfare States,* Edward Elgar.

Ferrarini, Tommy and Ann-Zofie Duvander , 2010, “Earner-Carer Model at the Crossroads: Reforms and Outcomes of Sweden’s Family Policy in Comparative Perspective”, *International Journal of Health Services*, Vol. 40, No.3.

Fitzpatrick, Tony, 2003, *After the New Social Democracy: Social Welfare for the Twenty-First Century*, Manchester University Press.

Gornick, Janet C. and Marcia K. Meyers, 2009, "Institutions that Support Gender Equality in Parenthood and Employment", Janet C. Gornick and Marcia K. Meyers (eds.), *Gender Equality: Transforming Family Divisions of Labor*, Verso.

Gorz, André, 1999, *Reclaiming Work: Beyond the Wage-Based Society*, Polity.

Hacker, Jacob S., 2015, "The Promise of Predistribution", Claudia Chwalisz and Patrick Diamond (eds.), *The Predistribution Agenda: Tackling Inequality and Supporting Sustainable Growth*, I. B. Tauris.

Hemerijck, Anton, 2017, "Social Investment and its Critics", Anton Hemerijck (ed.), *The Uses of Social Investment,* Oxford University Press.

Hirst, Paul, 1994, *Associative Democracy: New Forms of Economic and Social Governance,* The University of Massachusetts Press.

Institute for Global Prosperity, 2019, Universal Basic Services: Theory and Practice-A Literature Review, UCL: IGP.

Jordan, Bill, 1998,*The New Politics of Welfare: Social Justice in a Global Context*, SAGE Publications.

Kenworthy, Lane, 2011, *Progress for the Poor*, Oxford University Press.

Korpi, Walter, 1978, Social Democracy in Welfare Capitalism: Structural Erosion and Welfare Backlash and Incorporation? , Discussion Papers, No.473, Institute for Research on Poverty, University of Wisconsin.

——, 2000, “Faces of Inequality: Gender, Class and Patterns of Inequalities in Different Types of Welfare States”, *Social Politics*, Vol. 7, No. 2.

Korpi, Walter and Joakim Palme, 1998, “The Paradox of Redistribution and Strategies of Equality: Welfare State Institutions, Inequality and Poverty in the Western Countries”, *American Sociological Review*, Vol. 63, No. 5.

Le Grand, Julian and Will Bartlett,1993, “Introduction”, Julian Le Grand and Will Bartlett (eds.), *Quasi-Markets and Social Policy*, Macmillan.

Lowi, Theodore J., 1964, “American Business, Public Policy, Case-Studies and Political Theory”, *World Politics*, Vol. 16, No.4.

Meagher, Gabrielle and Marta Szebehely, 2010, Private Financing of Elder Care in Sweden: Argument for and against, Arbetsrapport/ Institutet för Framtidsstudier 2010:1, No.1.

Merton, Robert K., 1968, “The Matthew Effect in Science”, *Science*, Vol. 159, No. 3810.

Mood, Carina, 2013, “Social Assistance Dynamics in Sweden: Duration Dependence and Heterogeneity”, *Social Science Research,* Vol. 42, No.1.

Morel, Nathalie, 2007, “From Subsidiarity to ‘Free Choice’: Child-and Elder-care Policy Reforms in France, Belgium, Germany and the Netherlands”, *Social Policy & Administration*, Vol. 41, No.6.

Morel, Nathalie, Bruno Palier and Joakim Palme, 2012, “Beyond the Welfare State as We Knew It”, Nathalie Morel, Bruno Palier and Joakim Palme (eds.), *Towards A Social Investment Welfare State? : Ideas, Policies and Challenges*, Policy Press.

Morgan, Kimberly J., 2006, *Working Mothers and the Welfare State: Religion and the Politics of Work-Family Policies in Western Europe and the United States*, Stanford University Press.

Murray, Charles, 2006, *In Our Hands: A Plan to Replace the Welfare State*, American Enterprise Institute for Public Policy Research.

OECD, 2011, *Doing Better for Families*, OECD, Paris.

——, 2016, *Education at a Glance*, OECD, Paris.

——, 2017, *Tackling Wasteful Spending on Health,* OECD, Paris.

Ortiz , Isabel, Christina Behrendt, Andrés Acuña-Ulate and Quynh Anh Nguyen, 2018, Universal Basic Income Proposals in Light of ILO Standards: Key Issues and Global Costing, ESS: Working Paper No. 62, ILO.

Pestoff, Victor, 1992, "Third Sector and Co-operative Services : An Alternative to Privatization", *Journal of Consumer Policy*, Vol. 15, No.1.

Peterson, Elin, 2017, "Eldercare in Sweden: An Overview", *Revista Derecho Social y Empresa*, No. 8.

Rothstein, Bo and Dietlind Stolle, 2003, "Introduction: Social Capital in Scandinavia", *Scandinavian Political Studies*, Vol. 26, No. 1.

Rothstein, Bo and Eric M. Uslaner, 2005, "All for All: Equality, Corruption and Social Trust", *World Politics* Vol. 58, No. 1.

Sefton, Tom, 2002, Recent Changes in the Distribution of the Social Wage. CASEpaper, No.62, Center for Analysis Social Exclusion, London School of Economics.

Social Prosperity Network, 2017, Social Prosperity for the Future: A Proposal for Universal Basic Service, UCL: IGP.

Socialstyrelsen, 2020, Statistics on Elderly and Persons with Impairments: Management Form 2019, Socialstyrelsen.

Standing, Guy, 2019a, *Plunder of the Commons: A Manifesto for Sharing Public Wealth,* Pelican Books.

——, 2019b, Why 'Universal Basic Services' is No Alternative to Basic Income, Open Democracy(https://www.opendemocracy.net/en/oureconomy/why-universal-basic-services-is-no-alternative-to-basic-income/)

Vamstad, Johan, 2012, "Co-Production and Service Quality: The Case of Cooperative Childcare in Sweden", *VOLUNTAS: International Journal of Voluntary and Nonprofit Organizations*, Vol. 23, No. 4.

宮本太郎（みやもと・たろう）
1958年東京都生まれ。中央大学大学院法学研究科博士後期課程単位取得退学。立命館大学法学部助教授、ストックホルム大学客員研究員、北海道大学大学院法学研究科教授等を経て、現在、中央大学法学部教授。専攻は福祉政治、福祉政策論。主な著書に『福祉政治　日本の生活保障とデモクラシー』（有斐閣）、『社会的包摂の政治学　自立と承認をめぐる政治対抗』（ミネルヴァ書房）、『生活保障　排除しない社会へ』『共生保障　〈支え合い〉の戦略』（ともに岩波新書）ほか。

朝日選書 1019

貧困・介護・育児の政治
ベーシックアセットの福祉国家へ

2021年4月25日　第1刷発行

著者　宮本太郎

発行者　三宮博信

発行所　朝日新聞出版
〒104-8011　東京都中央区築地 5-3-2
電話　03-5541-8832（編集）
03-5540-7793（販売）

印刷所　大日本印刷株式会社


Published in Japan by Asahi Shimbun Publications Inc.
ISBN978-4-02-263106-0
定価はカバーに表示してあります。

落丁・乱丁の場合は弊社業務部（電話 03-5540-7800）へご連絡ください。
送料弊社負担にてお取り替えいたします。

昭和天皇 上・下
保阪正康
日本人にとっての天皇という存在の意義を問い直す

ともに悲嘆を生きる グリーフケアの歴史と文化
島薗進
災害・事故・別離での「ひとり」に耐える力の源とは

境界の日本史
地域性の違いはどう生まれたか
森先一貴 近江俊秀
文化の多様性の起源を追究し日本史をみつめなおす

人事の三国志
変革期の人脈・人材登用・立身出世
渡邉義浩
なぜ、魏が勝ち、蜀は敗れ、呉は自滅したのか?



失われた近代を求めて 上・下
橋本治
作品群と向き合いながら、捉え直しを試みる近代文学論

増補改訂 オリンピック全大会
人と時代と夢の物語
武田薫
スタジアムの内外で繰り広げられた無数のドラマ

〔天狗倶楽部〕快傑伝
元気と正義の男たち
横田順彌
こんな痛快な男たちが日本にスポーツを広めた

永田町政治の興亡 権力闘争の舞台裏
星浩
政治家や官僚にパイプを持つジャーナリストが活写する

## 文化的な家——文化的な都市

「イタリアの江戸っ子たち」を見ていると、落語は、日本に限らず、本来、人というものがどうあるべきかを問う芸能であることを感じる。どう生きることが幸せで、どういった日常が豊かなのかを日本やイタリアだけではない人類共通の根源的な問いとして突きつけてくる。

ナポリでの滞在は、道を渡ろうとすれば信号が機能せず、電車に乗ろうとすれば切符が買えない、ホームに着いたところで時間通りに来るなんて信じていたら、痛い目に遭う。常に緊張感があり対応力が問われ、暮らすのに必死であった。が、生きている実感は大きかった。それらの不便さや不具合を乗り越える過程の他者との触れ合い、そしてそのような経験を他者と共有し、ああでもないこうでもないと言い合う時間。一見、無駄と思われるいろいろなやりとりが、振り返るととても豊かで楽しかった。

一方で、現代の東京は潔癖なくらいに綺麗なまちと一切間違えないシステム（電車は時間通り、自動販売機もスピーディーに機能）で埋め尽くされている。東京の日常は通い慣れた道なら目をつぶっていても過ごせるくらい予期せぬことは何も起こらない。もちろん、そこに面白いエピソードや、驚くような偶然は生まれるはずがない。

ナポリのみならずイタリアでは、どのような場合でも都市空間やテクノロジー、機械を人間が主体となって使いこなしているという場面が見られる。先程の信号然り、最終的な判断は人間に委ねられる。日頃から自分の思い通りにならないことは当然で、理不尽なことも受け入れ、ときに諦めながらも柔軟にたくましく生きている。その訓練は対人関係にも生かされている。

そう考えると、現代の日本人はあらかじめ整備されたそれらに従うままで、制御されているようにも見えてくる。間違ったことを嫌い、非効率なものを排除し、有意義なものしか受け入れない。それに慣れた私たちは、思い通りにならないことが許せず、ちょっとしたエラーも受け入れない訓練を受けている。そして、それは人に対する不寛容さにもつながる。

ことに東京ではあらゆるシステムが完璧な一方、コミュニケーションを極力避け、ちょっとした間違いに不寛容で攻撃的な人々が増えている。それに対してナポリでは、人が皆生き生きとしていて正常な状態にあるように感じる。つまり、あらゆるものは壊れているが肝心の人間が壊れていない。

考えてみれば、銭湯も長屋もそういった現代の東京を埋め尽くす価値観の上にはない。日常の不具合を受け入れ、性格の合わない人とも共存する。効率を求めすぎず、多様な価値観を認め合う。イタリア的で、落語的だ。

再び登場するが、立川談志がとある落語のまくらで「不快感の解消を自分でやるのを文化と言い、できてるのを文明」と言っていた。そして、建て替えるなら「適当に文化の発揮できる家」がいいと言い、その例として〝長屋〟を出している。ついでに雨漏りは自分で対処したいとももらしている。

ナポリの家もそうだった。数百年前の建物を住み継いでいる集合住宅で度々目にしたのが、ベランダの窓に吊り下がる紐のついたバケツだ。彼らはそれを上げ下げして、簡単な買い物を済ませる（図11-14）。下ろされたバケツにはご近所から日用品が配達される。建物も古いのでエレベーターがついていない、ついていても壊れていたり降りるのが面倒などの理由でバケツを使っているのだろう。建物を取り壊して新しくすることなく、現状を受け止めて不快感の解消を自分たちでどうにかする〝文化的な家〟だ。そして、そこにはまた物や人とのコミュニケーションが生まれている。

図11-14　バケツを下ろして買い物をするナポリの日常

## 長屋と銭湯と東京の今後

日本の〝文化的な家〟である長屋の話に戻る。先に記した根津の長屋のご高齢者はお亡くなりになったり、店を閉じて転居されたり、と今、長屋は何回目かの存続危機にある。幸い裏手には若者が入り、新陳代謝が始まっているが、先々どのくらい維持されるのかはわからない。そのような中、アイソメは、裏長屋の子どものコロナ禍下の勉強スペースとなったり、長屋に移り住んできた新住人と旧住人が一緒に餅をつくって正月の準備をする場所となったりと、長屋ぐらしをつなぎとめる一助となっている。

稲荷湯の長屋も現在、地域の人々にとってのコモンスペース、〝地域の長屋〟として活用が始まっている。興味をもった若い世代や新住人たちがふらりと立ち寄るようになり、長らく継承

図11-15　新旧の住人が交流する稲荷湯長屋の湯上がりのひととき

されてきた界隈の温かいご近所の関係性にやんわりと接続しようとしている（図11-15）。

　周辺一帯で建て替えや世代交代が進む中で、開放的で地域住人がつながりやすい特性をもつ長屋のような空間は、新旧の住人たち、世代間の隙間を埋める役割を果たし、地域の代謝においてよい界隈性を継ぐ拠点となりうる。筆者はそのような場を地域の中でなんとか維持し、育てていきたい。

　しかしながら、このような試みは、止まることを知らない東京の変貌の中で極めてささやかだ。そして、イタリアでの気づきから考えても、私たちが落語的な世界を日常から失ってしまっている事態は、想像以上に深刻だ。私たちのほとんどは面白いエピソードや、予期せぬ偶然が生まれようのない都市空間と、人や物と向き合うことのない日常に支配されている。

　手がかりとなる長屋も銭湯も消えゆく中で、頼れるのはやはり落語だろう。私たちは本来あるべき人のつながり、日常の豊かさを、引き継がれてきた落語という芸能から、幸い、気づくことができる。

　私たちは皆、落語の中の住人を手がかりに、長屋や銭湯の残る街並みのみならず、異常なまでに無駄を排除してしまった日常と、それに伴って壊れかけている人間性を見直す必要がある。

改めて、落語の中で語り継がれる、物質的な豊かさに頼らない生活、日常の不具合を乗り越えるための笑いや共助の姿勢は、私たちが今一度立ち戻らなくてはならない価値観ではないだろうか。

（1）有志団体「文京建築会ユース」の活動。二〇一一年発足、東京都文京区にて地域の魅力を掘り起こす活動を展開する。日本建築家協会の文京地域会と東京建築士会の文京支部が共に活動する「NPO法人文京建築会」が母体。
（2）『明治湯屋新聞――本郷区・小石川区』。二〇一三年、文京シビックセンター・ギャラリーシビックにて開催「ご近所のぜいたく空間〝銭湯〟」展（文京建築会ユース企画・制作）を機に編纂された。発行人の一人の林丈二氏が、明治時代の新聞から拾い集めた、文京区（かつての本郷区・小石川区）にあった湯屋で起こった数々の事件を湯屋に関する挿絵と共に収める。
（3）企画＝文京建築会ユース・Mosaic Design Inc.・山村咲子建築アトリエ、企画協力＝たいとう歴史都市研究会・decodes ltd.・hokkyok Inc.、設計＝Mosaic Design Inc.・山村咲子建築アトリエ、運営サポート＝アイソメ住人・利用者・近隣住人。
（4）『東京新聞』二〇一七年五月五日。
（5）一般社団法人せんとうとまち（「文京建築会ユース」の活動から派生し銭湯に特化した支援活動）のサポートにより、滝野川稲荷湯とその隣にあった長屋を二〇一九年に国の有形文化財に登録。同時に、ニューヨークに本拠地をもつワールド・モニュメント財団のウォッチリスト2020に選ばれ、世界の危機的遺産の一つとして、当財団とアメリカン・エキスプレスより支援を受けてプロジェクトが実施された。

# 執筆者一覧

**川添　裕**(かわぞえ　ゆう)　1956 年生．横浜国立大学名誉教授．大衆文化史・日本文化史．『江戸にラクダがやって来た』『江戸の見世物』(岩波書店)．

**栗生はるか**(くりゅう　はるか)　1981 年生．一般社団法人せんとうとまち代表理事．文京建築会ユース代表．法政大学・慶應大学非常勤講師．建築・地域デザイン．

**小林ふみ子**(こばやし　ふみこ)　1973 年生．法政大学教授．日本近世文学．『天明狂歌研究』(汲古書院)，『大田南畝　江戸に狂歌の花咲かす』(岩波書店)．

**佐藤至子**(さとう　ゆきこ)　1972 年生．東京大学教授．日本近世文学．『山東京伝』(ミネルヴァ書房)，『江戸の出版統制』(吉川弘文館)．

**陣内秀信**(じんない　ひでのぶ)　1947 年生．法政大学名誉教授．イタリア建築・都市史．『都市と人間』(岩波書店)，『水都東京』(筑摩書房)．

**高村雅彦**(たかむら　まさひこ)　1964 年生．法政大学教授．アジア建築・都市史．『中国の都市空間を読む』(山川出版社)，『水都学 I-V』(共編，法政大学出版局)．

**田中　敦**(たなか　あつし)　1961 年生．落語名所探訪家．『落語九十九旅』『落語と歩く』(岩波書店)．

**中丸宣明**(なかまる　のぶあき)　1955 年生．法政大学教授．日本近代文学．『新日本古典文学大系明治編 15・17』(共著，岩波書店)，『物語を紡ぐ女たち』(翰林書房)．

**山本真鳥**(やまもと　まとり)　1950 年生．法政大学教授．文化人類学．『グローバル化する互酬性』(弘文堂)，『オセアニアの今』(明石書店)．

**横山泰子**(よこやま　やすこ)　1965 年生．法政大学教授．日本近世文学・文化．『江戸歌舞伎の怪談と化け物』(講談社)，『妖怪手品の時代』(青弓社)．

**田中優子**
1952年生．法政大学社会学部教授，法政大学総長などを経て，法政大学名誉教授．専門は日本近世文化・アジア比較文化．『江戸の想像力』(筑摩書房)で芸術選奨文部大臣新人賞，『江戸百夢』(朝日新聞社)で芸術選奨文部科学大臣賞・サントリー学芸賞．『江戸問答』『日本問答』(共著，岩波新書)，『苦海・浄土・日本——石牟礼道子もだえ神の精神』(集英社新書)ほか著書多数．2005年度紫綬褒章．江戸時代の価値観，視点，持続可能社会のシステムから，現代の問題に言及することも多い．

落語がつくる〈江戸東京〉

---

2023年9月14日　第1刷発行

編　者　田中優子《たなかゆうこ》

発行者　坂本政謙

発行所　株式会社 岩波書店
〒101-8002 東京都千代田区一ツ橋 2-5-5
電話案内 03-5210-4000
https://www.iwanami.co.jp/

印刷・三陽社　カバー・半七印刷　製本・松岳社

---


ISBN 978-4-00-025508-0　　Printed in Japan